漢家天下

呂氏興衰

權傾天下，呂后專政！
宗室能否奪回帝位？

清秋子　著

女主攝政，呂后為史上第一人。

《史記》載曰：「元年，號令一出太后。」加之這位少帝，實是個身分不明的「偽太子」，故後世史家，便將呂后稱制的數年間，統稱為「高后」紀年，而不稱帝號。

目錄

春歌悠揚，千古絕唱再現

劉邦駕崩這日，正是高帝十二年（西元前195年）四月，風日晴和，天已漸熱。長安城內，官民心雖懸懸，卻未曾察覺有何異常。那長樂宮中，有近臣周緤、徐厲披甲持劍，把守在前殿門。甲辰這一日，忽見涓人籍孺悲泣奔出，徐厲便知大事不好，棄劍於地，放聲大哭。呂后在殿內聽聞哀聲，頓時心生怒意，搶步出了殿門來，厲聲喝住。

見周、徐二人值守殿門多日，形容憔悴，呂后這才容色稍緩，訓誡道：「二位將軍，今上之安危，老身比你二位憂心更甚。堂堂偉丈夫，理當多擔待，何必做哀哀小兒女狀？你等都是老臣了，跟從陛下日久，如何事到臨頭就慌了手腳？陛下自有天佑，匈奴單于尚奈何不得他，區區箭傷，如何就能掀翻了他？」

兩人聞聽此言，面露狐疑。徐厲拾起掉在地上的劍，插入劍鞘，拱手一揖，回道：「陛下聖躬有恙，臣一月以來寢食難安，唯恐有失。今聞皇后之言……陛下之恙，似無大礙。」

呂后便叱道：「徐厲，莫非你也通醫術？如若不通，今上的病況，你便無須多嘴，只守牢了這宮禁，便是大功。自今日起，長樂宮內外戒嚴，非持我所頒符節者，不得出入。所有宮門落鎖，唯留北闕進出。你二人，將臥榻也移至北闕下，晝夜輪替，一刻也不要闔了眼。有私自出入者，先斬了再說！」

周緤、徐厲互望一眼，心中惴惴，勉強領了命，正要轉身退下，呂后又喚住二人，從袖中取出一個錯金符節來，吩咐道：「速去宣闢陽侯來。」

周緤接過符節，略一遲疑：「唯酈陽侯一人嗎？」

呂后面露威嚴，高聲道：「正是！你二位記住，唯此一人，可任由出入宮禁。今日起，便無須老身另行宣召了。」

二人聞命，面色都一沉，雖有滿心的怨憤，也只得唯唯而退，自去布置了。

呂后見二人走下階陛，方轉身回殿，集齊了前殿的涓人，疾言厲色道：「今上雖已殯天，然天下事並非亂了章法，自有哀家一人擔待，無須驚惶。自今日起，前殿諸人不得出殿，有事在殿門交代謁者，飯食由御廚送入。殿內之變，若有一人洩漏，諸人都連坐，盡數笞死，並夷三族，誰個也逃不了！莫怪我今日話沒說到。」

眾涓人聽了，心知呂后欲瞞住皇帝死訊，不擬發喪，便都面色慘白。猶豫片刻，終不敢言聲，只能伏地應諾。僅有親信宦者宣棄奴，壯起膽子道：「啟稟皇后，時交孟夏，天氣已漸熱了……」

呂后渾身一顫，怒視宣棄奴一眼，喝道：「還稟報什麼！速令少府多送冰來，堆在榻上。」

掌燈時分，審食其奉呂后宣召，倉皇來至宮內。在寢宮門口，見呂后一臉肅殺，心知情形不妙，正要開口問，卻見呂后目光凌厲，高聲道：「如何來得這般遲？快隨我來，去偏殿商議。」

至偏殿，兩人屏退左右，隔案坐下。呂后便扯住審食其衣袖，急道：「審郎，今夜起，這天下，便由你我二人共擔了！」

審食其不由大驚失色：「什麼？今上他……」

「不錯。那失心翁，終是走了。白日裡，我已吩咐好，阻斷了宮內外交通，聖駕殯天之事，一時尚不至外洩。這漢家天下，該如何擺布，今夜裡，你我就要有個章法出來。」

審食其聞言，登時汗出如雨，結結巴巴道：「萬事如麻，教臣如何說起？不知皇后有何打算？」

呂后甩開審食其衣袖，叱道：「我已不是皇后，今日起便是女主了！生死安危，與你也大有關係。你只須說，那老翁一走，天下以何事為大？」

「自然是太子繼位，總要坐得穩方可。」

呂后眉毛一挑，詫異道：「太子乃劉氏嫡長子，如何便坐不穩？」審食其搖頭道：「只恐功臣諸將，沒有幾人能服……」

呂后不由面露怒意：「彼等皆封侯食祿，光耀門楣，連子孫萬代都得福蔭了，還有何不服？」

「不然。皇后請思之：沛縣舉事之時，諸將與先帝皆為秦編戶民，名分無有高下；只怕是蕭何、曹參之輩，身分還在先帝之上。然舉事以來，這班故舊北面為臣，能不常懷怏怏？想那未封侯之際，在洛陽南宮外，即有舊部聚議欲謀反。今先帝升遐，諸臣改事少主，他們不謀反才怪！」

呂后不禁驚懼而起，倒抽一口涼氣：「如此說來，哀家身旁，盡是些虎狼之輩了？」

審食其沉吟片刻，應道：「皇后明見。那秦二世在位時，陳勝吳廣之流，盡都在野；而今劉盈繼位，陳勝吳廣輩，卻早已在廟堂之上了。」

呂后渾身一震，雙目灼灼，直盯住審食其道：「與你相識二十餘年，終聽你說了句有見識的話！你意是說……諸功臣故舊，若不趁這幾日族誅，則天下便永不得安寧了？」

此時偏殿內外，沉寂如死，案上一盞膏油燈搖搖曳曳。審食其惶悚起身，渾身戰慄，應道：「理是此理，然生殺之謀斷，皆操於皇后。」

呂后睨視審食其一眼，嗤笑道：「你這人，就是膽小！哀家若有不測，你還活得了嗎？如今倒要謝那失心翁了，將彭越、英布除掉了才走，不然若倚賴你去殺賊，只怕是比登天還難了！」

審食其臉色發白，仍不能回神，只試探道：「皇后如有決斷，今夜當如何布置？」

呂后便拉了審食其一同坐下，緩緩道：「失心翁在世時，我常怪他心不狠，今日方知：他到底還是厲害！沒有了他，諸事頓覺不易擺布。好在除了前殿涓人之外，世上還無人知皇帝已昇天，這幾日，我挾他威名，內外還是鎮得住的。今日這誅功臣之計，乃驚天大計，容不得有半分疏漏。失心翁病危之際，曾遣陳平、周勃往燕地樊噲軍前；臨駕崩，又急召陳平轉回，與灌嬰同率十萬軍駐滎陽，不知布的是什麼局？你我這幾日，且謀劃周全再說。」

審食其低頭想想，道：「雖有那幾人在外，然功臣大多在朝，總比彭越、英布之流好應付。可依照除韓信之計，詐稱聖躬恢復，集諸將於殿前朝賀。屆時，只須百十個禁軍甲士，便可一併了結。在外統兵的那幾人，只須遣使持節前往，矯詔密誅，就如探囊取物耳。事畢，再擬先帝遺詔，布告天下，舉哀立嗣，其後之事便都順了。」

「話雖如此，亦不可急。且以從容示外，免得驚動了諸將，壞了大事。」「那麼今夜……」

呂后睨視審食其一眼：「這幾日，你不可再留宿宮中了！宮內外交通已斷，我二人若都住在宮中，不知長安城內情勢緩急，豈不是雙雙成了盲聾？」

審食其連忙一揖：「臣知道了。臣這便回去，與家人好好商議。」

「諸呂那裡，也須由你分頭去知會。切記，謀而後動。事成與否，不在這一兩日內，只不要洩漏風聲才好。唉！上蒼逼我，竟要做出這等鬼祟事。當年被囚楚營，常聽劉太公嘮叨，唯恐劉邦身邊有趙高，敗壞大事。今日想來，若大事逼到頭上，人也只能做趙高了！」

審食其不禁瞠目：「這……這是哪裡話！以皇后之尊，扶正祛邪，萬不可以趙高自比。」

呂后冷冷一笑：「只須做成了事，便不是趙高！」

審食其不由一凜，凝視呂后良久，納罕道：「臣已追隨皇后多年，自以為知皇后者，莫如臣，然……帝未崩時，卻為何不見皇后胸中有如此大格局？」

「不見？你以為我乃小家婦嗎？」

「這……」

呂后便又笑：「審郎，你看得倒準。不錯，哀家就是小家婦！只知姑嫂勃谿，婆媳鬥法。然哀家出身，豈是劉氏賣餅之家可比，又怎能是個小家婦？」

審食其慌忙道：「先帝他……畢竟有特異之才。」

「哼，不通文墨之家，所生之子，其俗在骨。少時或還天真，老來做事便無一不俗。那失心翁不顧道統，寵姬妾而欲廢太子，哪有什麼特異之才？」

「先帝治天下，到底還是有胸襟。」

「他那胸襟，苟苟且且，連山賊英布都不服他。」

「垂拱而治，天下除先帝而外，卻也再無第二人了。」

「垂什麼拱？你只蒙了眼說話。他在位，今日這裡反，明日那裡反，終究還不是被英布射死？看老娘我今後治天下，才要端坐垂拱，令四方無刀兵之險，必不似他那般狼狽。」

審食其又是一驚，不由起身，失聲道：「皇后，妳……妳往日為何深藏不露？」

呂后便仰頭大笑：「審郎，你看我自歸漢營以來，是否愈發粗蠢了？」

審食其囁嚅道：「確是見妳器局日漸小了……」

呂后便逼視審食其，低聲道：「你終究還是不聰明。器局不小，哀家還能活到今日嗎？」

審食其立時倒吸一口涼氣：「原來如此！皇后處世，原是如此不易！」

呂后忽就閉口默然，半晌才道：「還說那些作甚？我那老父，也算是縣中名門了，可憐我這名門閨秀，卻受了那田舍翁半輩子的氣，連妖姬都敢來撒潑。算了，不提了！今日事，才是生死攸關。你且回吧。諸將心機，都似山賊一般，不知有幾百個洞眼，萬勿看輕了。白日裡，要多多打探，明晚再來。」

審食其抹了抹額上汗，唯唯而退，急忙出了宮門。

聽那譙樓上傳來更鼓，此時已近夜半。審食其心中忐忑，不欲回家，便吩咐御者，驅車直奔建成侯呂釋之的府邸。

且說呂氏這一門，乃單父（今山東單縣）呂公之後，有兩男兩女。呂后排行第三，上有二兄，長兄呂澤，昔年駐軍下邑，曾接應過劉邦敗軍，後封為周呂侯，惜命祚不長，已於高帝八年戰歿了，所生兩子呂台、呂產，皆為侯。

呂后次兄呂釋之尚健在，封為建成侯，此人生性勇武，可以倚賴。前不久，因廢立太子事，呂釋之曾出面為胞妹解難，逼迫張良獻計，請了「商山四皓」出來，護佑劉盈坐穩了太子位。如今皇帝崩逝，變故迫在眉睫，誅功臣之密議，當然要首先告知呂釋之。

此時，呂釋之早已睡下，在夢中被家僕喚醒，聞說是審食其登門，便知宮中有大事，連忙披衣起身，迎至中庭。見了審食其，心照不宣，拉了他步入密室，屏退了左右。

審食其四下看看，猶自不安。呂釋之便笑笑，一掌拍在審食其肩頭：「審公，你慌個什麼？我這裡，鬼都不敢隔牆來聽。吾阿娣有何吩咐，你只管說來。」

審食其這才安下心來，移膝向前，附於呂釋之耳畔，將呂后誅殺功臣之計，輕聲道出。

呂釋之好似聽到驚雷一般，霎時雙目圓睜，拍掌道：「宮中近日無聲無息，滿長安都在猜疑，妹夫果然是殯天了。好啊，好啊！皇后有這般旨意，我諸呂當仁不讓，率些家丁入宮去相助，自是不費事的。」

審食其便深深一拜：「在下以為，宮中之事，有百十名甲士便可辦妥；然諸將即便殺光，仍有文臣在，恐須建成侯親率家臣，前去進占相國府、太尉府、御史臺等處，以震懾朝野。此事倒也急不得，這幾日，且召諸呂子弟商議好。宮中如今已不准出入，唯我一人可以通行；明日起，我每日必來貴府一趟，為兩廂傳遞消息。」

「如此甚好。事成，審公功高蓋世，權位當是不輸於蕭、曹了。」

審食其一笑，起身告辭道：「有皇后在內，將軍在外，事焉有不成之理？只是萬勿洩漏風聲，以免驚動了諸將，那倒是難以收拾了。」

呂釋之笑道：「今上未崩時，我還可讓他們一讓；今上駕崩了，一群織蓆賣漿者流，我還怕他們什麼？」

送審食其出門，呂釋之反身回來，便去叫起長子呂則、次子呂祿，進了密室，父子三人商議至天明。待平旦時分，又差人去喚了呂澤次子呂產來，一同謀劃。

如此祕不發喪，捱過了三日。長安官民早便有疑惑，這幾日又見宮城戒嚴，宮門緊閉，無半個人影出入，就越發驚疑。市上流言四起，都在揣測皇帝生死。有那膽小的商家為祈福，在門前焚起香來，隨即家家效仿，香煙四溢。遠望閭巷內，竟如冬至祭日般，一派氤氳。

卻不料，呂后千叮嚀萬囑咐「事機務密，不得走風」，這深宮帷幄中的密謀，偏就洩露了出去。

原來，老將軍酈商之子酈寄，與呂祿年紀相仿，平素兩人走得近，鬥雞走狗，馳騁鷹揚，幾乎無日無之。劉邦崩後第四日，酈寄又邀呂祿出城圍獵，卻見呂祿睡眼惺忪出來，不大有精神。酈寄心生疑惑，便打趣道：「呂兄，昨夜良宵，又收了美姬入帳嗎？竟是這般氣色。」

呂祿聞此問，精神便一振：「哪裡！酈兄請上馬，你我去郊外說話。」

兩人帶了家臣，馳往驪山腳下。馳至半途，見隨從漸漸甩得遠了，呂祿便面露詭異之色，望住酈寄道：「天下從前姓劉，自今日起，天下便要姓呂了。日後，我免不了要封王，也須為酈兄討個王來做做。」

那酈寄本是機敏之人，聽出弦外之音，立時勒住馬，脫口道：「呂兄不可玩笑！你是說，君上他……」

呂祿也勒了馬，前後瞄瞄，壓低聲音道：「君上已殯天四日，宮中戒嚴，瞞過了四海萬民。漢家天下，如今只由皇后一人做主了。」

「哦！這個……祕不發喪，皇后是何打算？」

「那劉盈小兒，懂得什麼？如何坐得穩皇位？皇后所謀，還不是要誅盡功臣，討個眼前清淨。」

酈寄聞言，頓時臉色發白：「功臣遍布朝中，如何能誅得盡？」

呂祿便一揚鞭，催酈寄疾行：「走走！你怎就嚇得喪膽了？可知韓信是如何伏誅的，還不是如狐兔入籠一般？皇帝生死，並無人知，詐稱今已病癒，命諸將入宮謁見，諸將豈能有疑？到時有百十個甲士動手，任他是頂破了天的列侯，也要乖乖交出頭顱來。」

酈寄便不再言語，滿面都是陰霾色。呂祿見了，不禁納罕：「酈兄怎的了？誅功臣，與你有何干？」

酈寄便道：「吾父亦是功臣。」

呂祿一怔，隨即仰頭大笑，指點著酈寄，責怪道：「你這人，真是呆了！你我莫逆之交，我怎能聽任皇后殺你父？且安度幾日吧，轉告令尊切勿進宮，在家中靜候，自有消息。」

酈寄心中大駭，與呂祿敷衍了一回，草草射了幾隻鼠兔，便匆忙趕回府邸，滾下馬來，疾奔入中庭，大呼道：「阿翁！阿翁！」

酈商聞聲出來，厲聲喝斥道：「如此高聲，還有體統嗎？」

酈寄連忙跪下，顧不得左右有人，急稟道：「阿翁，事急矣！適才聞呂祿相告，今上已駕崩四日，皇后祕不發喪，欲盡誅諸將，將這天下交付諸呂。」

酈商便一震：「當真？」

「乃呂祿親口所言。」

酈商早也是疑心重重，聞此言，恍然大悟，不由大罵道：「皇后焉能狠辣如此？又是審食其那個鬼……你馬匹還在門外嗎？」

「在。」

「今日事，教左右隨從禁言。有洩漏者，笞死不饒！我且赴闢陽侯府邸說話。」酈商吩咐畢，便大步搶出門外，躍上馬背，連連加鞭而去。

到得審食其府門，正是夕食過後，日將斜時。閽人識得酈商，連忙迎上，酈商跳下馬來，將韁繩甩給閽人，口稱：「下臣酈商，前來拜見審公！」便大步邁入門內，於中庭背手而立。

閽人拴好馬，急忙入內室通報，那審食其正與幾個心腹商議，聞曲周侯來訪，心裡就一跳，連忙教眾人散了，自己出中庭來迎。

連日來，為謀誅功臣，審氏闔府都在磨刀霍霍。此時見酈商突至，其面色如鐵，審食其不由心就虛了，連忙賠笑道：「曲周侯屈尊前來，真是喜事臨頭。請，請！且入內室相談。」

酈商只略略一揖，雙腳並不挪動，道：「免了免了！我來，哪裡有喜事，只恐是有禍事臨頭。你我皆君子，不必去密室說話，就在這天日底下好了。」

見酈商來者不善，審食其只得強作鎮靜，吩咐僕人，將案几搬至庭樹下，端上瓜果盤，兩人便隔案坐下。

甫落座，審食其便連連拜道：「將軍近年隨君上，連破臧荼、陳豨、英布三賊，功高驚世，封邑五千一百戶，當世有幾人能及？在下每與人論及，諸人無不折服。」

酈商也未客套，只仰天望望，嘆口氣道：「老矣！明日，恐要隨君上赴黃泉了。」審食其聞言大驚，竟冒出一頭汗來：「將軍，此事可玩笑不得！」

「哼！玩笑不玩笑，旁人不知，闢陽侯你也不知嗎？」

審食其聽出不是言語，連忙屏退左右，恭恭敬敬拜道：「願聞將軍賜教。」

「吾今日聞傳言，君上已駕崩！居然四日不發喪，卻是何故？又聞皇后與足下密議，欲盡誅諸將，討個眼前乾淨。此固是好計，然此計若成，天下恐就再無寧日了。」

審食其臉色一白，心頭亂跳，幾欲癱倒在茵席上，暗暗罵諸呂口風太鬆。

酈商見審食其失色，這才略略一笑：「足下多謀，朝野盡知。老臣這裡有些道理，要說與足下聽。今有灌嬰，接任太尉職，將兵十萬，守於滎陽，由陳平輔之；又有樊噲、周勃討伐盧綰，統二十萬兵遊於燕代。漢家雄兵，盡在彼處，即便要與項王對陣，也是足夠了。這幾人在外，若聞皇帝已崩，諸將盡誅，能坐以待斃嗎？彼等必連兵回鄉，直搗關中。屆時，文臣叛於內，悍將反於外，足下之亡，蹺足可待也。審公，你究竟是何居心？回看秦末，二世而亡，不就是你這等人弄出來的嗎？」

審食其惶悚不敢抬眼，知此事抵死不能認帳，便低首囁嚅道：「將軍所言，當是至理；然將軍所聞，或為謠諑。在下……在下實不曾聞有此等事，或是諸將心焦，才疑皇后刻薄。在下以為，事必不至此，稍後我即入宮，向皇后諫言。」

酈商望住審食其，笑道：「是謠諑最好！只怕是箭在弦上，也由不得你了。皇后若事敗，足下豈可獨活？想來，足下必不會做蠢事；不如趁天色未暮，火速入宮，勸一勸皇后。」

審食其脫口道：「在下願從命。」

酈商便起身，似不經意間，看了看席上案几，讚道：「好案，好個老榆木！」

審食其笑道：「將軍好眼光。此乃秦宮之舊物，流落民間，在下以重金購得，今願奉送將軍。」

卻不料，酈商猛地抬起腳，朝木案一隻腿狠狠踹去！只聽「咔嚓」一聲，案足折斷，砧板傾覆，瓜果散落了一地。

審食其大驚，大張口不能合攏。

酈商便回首道：「足下看到了，若斷了案足，這案，還叫個什麼案？」說完，便冷笑一聲，拂袖而去。

審食其這才領悟，連忙起身，追上酈商，送至府門外，拱手謝道：「將軍救我於險境，實乃天助我審某！」

酈商擺擺手道：「虛言大可不必了。吾與諸呂，亦是情同手足。今日與你所言，天知地知而已，也請足下放心。」說罷便上了馬，揚鞭而去。

那審食其已全無主張，急喚家臣備好車駕，片刻未停，便馳往長樂宮去了。

待酈商返家時，恰好日暮，見酈寄率家臣聚於府門，持劍而立，便覺奇怪，忙問道：「孩兒，這般張皇，有何變故嗎？」

酈寄便迎上前道：「阿翁若再有片時不歸，我便要往闢陽侯邸，向他索人了。」酈商叱道：「莽撞！他敢把我怎樣？」

「那闢陽侯，連皇帝都敢欺，又有何事做不出來？」

酈商笑笑，拉了酈寄進門，低聲囑道：「都散了吧。若是陳平、周勃謀誅功臣，你我逃也逃不掉。今是婦人帷幄中密謀，事洩，便不敢再下手了。你只管好好去睡覺。」

酈寄頷首會意，恨恨道：「諸呂心狠，再不可與之為友了！」

酈商卻道：「吾與諸呂，素無仇隙。看今日情勢，更是不可得罪，你且裝作無事，照常交往便是。」

且說那廂，審食其連夜奔入長樂宮，見了呂后，將酈商造訪之事詳盡道出。

呂后怫然大怒道：「那酈商怎得聞之？定是呂祿輩得意忘形，隨口洩漏。如此豚犬，其命也薄！這天下，如何還敢託付於他們豎子輩！」

審食其連忙勸道：「皇后息怒，也不必責備子姪了。事既洩，便不能防人之口，想那諸將聞風，必也有所防備，或早已勾連了陳平、周勃也未可知。酈商所言，確也不謬，如今再假稱陛下康復，誆功臣進宮來，哪個還敢來？矯詔一出，必生激變，不如就此作罷。待來日，慢慢栽培諸呂子姪，封王封侯，占據要津，又何愁功臣不服？」

呂后向後一仰，背靠木幾上，頹然道：「近路不走，偏要走遠路，枉費了我一場心思，如今也只得忍下，再與功臣慢慢較量。你今夜，也無須闔眼了，去召叔孫通來，共擬出先帝遺詔吧。」

至次日，宮中果然有遺詔發出，為先帝發喪，大赦天下，並召百官眾臣入宮哭靈。百官聞之，雖早在預料之中，卻也不無震恐。

丁未日，正是吉日，入殮之後，楠木梓宮便移置於前殿正中。太子太傅叔孫通，率百餘名弟子，素服免冠，為先帝守靈。百官依序上殿，伏地致哀，一時素服如雪，哀聲震天。

百餘名功臣全不知這幾日蹊蹺，都爭相進殿，伏地慟哭。唯有酈商託病不入，只在家中焚香，流淚遙祭。

如此哭祭了二十餘日，至五月丙寅日，大行奉安，在長安城北下葬，號為「長陵」[01]。

[01] 位於今咸陽市渭城區窯店街道三義村附近。

長陵所在，離長安三十五里，在渭水之北，背山面水，端的是一塊寶地。當年蕭何修建長樂宮時，此陵地便已擇好，與宮室同時起造，費時五年方告完工。此陵東西長一百二十步，高十三丈，狀如覆斗，夯土而成。其規制宏大，好似城邑一座，其頂摩天，望之儼然。歷兩千年風雨剝蝕，至今猶存，堪與驪山始皇陵相媲美。

經蕭何籌劃，在陵北還建有城邑一座，是為陵邑。數年間徙來齊楚大姓、功臣貴戚，計有數萬人。此時進了陵邑，滿眼都是朱簷彩棟、深宅廣院，路上車馬相接、人煙稠密，已儼然一處大邑矣。

陵園之東，日後便成了功臣勳戚的陪葬地。後世有人曾作《長陵》曰：「長安高闕此安劉，祔葬纍纍盡列侯。」想來，劉邦長眠於此，終日可與臣屬相對，倒也不至於寂寞了。

出殯這天，驕陽似火，長安城內卻如陰霾壓頂。閭巷歇市，酒肆闔門，百姓爭相伏於道旁送靈。鹵簿過處，一片哀聲，老幼婦孺亦涕泗不止。此時長安尚未修起城垣，四周僅以壁壘設防。出殯佇列自北闕出，穿過市廛街衢，從木柵門出城，卻見柵旁有數十名監門卒，伏地哀哭，如喪考妣。

原來，劉邦起自鄉野，深知民間疾苦，做了皇帝，也並未氣焰熏天，總不忘恤孤憐寡。每逢過城門時，見戍卒辛苦，都要招呼一聲。戍卒皆知皇帝親切，無不心懷感念，當此際，自是悲從中來，大哭不止。

這日，眾人在炎陽下緩緩而行，綿延竟有十里之長。前導引幡為六十四人，所執銘旌、絹馬、雪柳等物，繁密如同一片雪海。繼之為千人鹵簿，浩浩蕩蕩，一如劉邦生前。

鹵簿過後，才是「大槓」，三百八十名壯士皆左袒，輪流抬著梓宮前行。梓宮之後，緊隨大隊文武百官、皇親國戚，人數不知凡幾，各隊之間，都雜有吹鼓倡優，一路奏樂，不絕於耳。

隊伍行走了一整日，至暮，在渭水畔歇宿。次日晨，人馬渡過渭水，抵達陵寢，依禮入葬，由太子劉盈主祭。諸臣聞少年儲君讀悼文，讀到「吾恐不足以勝天下之重」，忽覺淒涼，便一齊大放悲聲。那蕭何原本就體虛，慟哭片刻，竟險些癱倒，眾人連忙上前，七手八腳將他扶下。

落葬畢，群臣擁劉盈返城。越兩日，又赴太上皇廟，告祭祖先，併為劉邦擬議廟號。叔孫通代群臣上奏道：「帝起自細微之民，撥亂反正，平定天下，為漢太祖，功最高。應上尊號『高皇帝』。如此，上合三王之禮，下撫萬民之情。」

劉盈此時年方十七，尚未弱冠，然與叔孫通日夕相處，也深明老師這一套奧妙所在，當下便應允：「諸臣既已議妥，事不宜遲，可急上尊號，以示中外，儘早安撫人心。」

劉邦廟號，便由此議定，以太子詔令頒布天下。漢初的高帝紀年，便是緣於此。

因劉邦為漢之始祖，故後世都習稱他為「漢高祖」，相沿至今。

此詔之中，又令各郡國修建高帝廟，歲時祭享，不得輕慢。後又過了數年，劉盈想起，乃父曾在沛縣灑淚作《大風歌》，大有深意在。便又降詔，在沛縣亦建起高帝廟一座，以不忘根本。劉邦曾教過的歌兒一百二十名，皆收為廟中樂手。

告廟當日，劉盈繼位，尊呂后為皇太后；所有官吏都升爵一級，又特意重賞了郎官、宦官、謁者、太子驂乘等官，各賜爵二三級，並赦免天下輕罪刑徒，顯是有一番布德行仁的用心。因劉盈身後諡號為「惠」，故史家便稱他為「惠帝」。

一代豪雄劉邦，至此蓋棺論定。

高祖此人，起於草野間，提三尺劍而定天下，為華夏史上首位布衣出身的帝王。一生行跡，多在戰陣上馳騁，起伏跌宕，終成萬世大業。晚年雖多有疑心，誅殺了幾個功臣，然尚不至於濫殺。終其一生，位雖高而知悲憫，對百姓常存憐惜之心。以往秦稅「十收其五」，漢家則「十五稅一」，兩廂有天淵之別，庶民得以脫離暴秦之苦，享仁政之惠，才算是不再做豬狗，而做回了人來。高祖知民間疾苦，登帝位後，起居仍尚儉，不忍建造奢華殿宇，亦可見一片仁心。

太史公司馬遷論及高祖，推崇有加，稱上古三代忠敬崇文，至周秦間，世風日下，小人屢使詭詐，秦政又大施酷刑，便越發地不堪了。幸而有高祖扭轉世風，重開禮教，方得延續大統。

史家班固亦讚曰高祖雖「不修文學」，然生性明達，好謀斷，能聽諫。曾命蕭何、韓信、張蒼、叔孫通、陸賈等各司其職，明定法令儀禮之規，可謂籌劃宏遠，惠及萬代。

這些史家之論，還是很有道理的。

話說劉邦駕崩一事，傳遍天下，百姓唏噓感嘆，私心裡卻掂量不出：老皇帝走了，究竟是禍是福？然而世上有兩個人，卻是立即察覺：時運變了！

這頭一個人，便是盧綰。

盧綰身為燕王，經略北地，無端被劉邦猜疑，滿心都是委屈。灰頹之餘，棄國政於不顧，在屬臣范齊家中躲藏了多日。忽聞朝中以樊噲為將，率漢軍十萬東出，會同代趙之兵，前來征討，就更是悲憤滿腔。他既不甘心就擒，亦不願公然叛漢，只得率了親眷故舊數千騎，逃往塞下，在長城一線游弋，不與漢軍相抗。

如此飄蕩兩月餘，睜眼即見荒草遍地，故國之思愈難遏制，便想等到劉邦病癒，索性自縛了，去朝中謝罪，要死要活，隨他劉季處置便罷。卻不料，入夏五月，忽然聞劉邦駕崩，盧綰失神良久，方對親信范齊道：「劉季若在，念及鄉誼，必不欲置我於死地。今太子繼位，小兒懂得什麼，還不是呂后專國政！我若復歸，必入虎口，看來只能投匈奴了。」

范齊道：「昔日臣勸諫主公，可召漢使審食其、趙堯，當面剖白，主公不願屈從。今日回漢之路，眼見是斷了。」

盧綰舉目悵望南方良久，雙淚橫流道：「我投匈奴，逐水草而居，幕天席地，倒也罷了，不過是受些風霜之苦。而要拋了祖宗衣冠，更換胡服，那才是錐心之痛！」哀傷多日後，才狠了狠心，召集部下，言明苦衷，率眾人拔營而去，投了冒頓單于。

冒頓年前在燕代失地折將，心中多有怨恨，聞漢帝崩，正喜上心頭，忽又見盧綰率眾來投，更是大喜，當即封盧綰為東胡盧王。

盧綰安頓下之後，諸事卻並不遂心，所率舊部僅數千，終究勢單力薄，寄人籬下，常為周圍雜胡所侵擾，不勝其煩。蜷曲在穹廬中借酒澆愁，不由就生出了復歸之意來，然想到呂后刻薄，又不敢貿然返歸。如此遷延一年有餘，竟病死於塞外，終難瞑目，此為後話不提。

另一個為劉邦死訊所驚動之人，便是陳平。

陳平佯作押解樊噲，實則與樊噲每日酣醉，走走停停，等的就是朝中傳來喪報。

這日，一行人驅車至汜水關西，見日頭已偏斜，便早早入住館驛。眼見前面是崤函古道，過了古道，便是關中，沒有多少時日可以延宕了。在館驛門前，陳平眺望西邊疊嶂萬重，心中不免焦躁。

正在此時，忽見有一大隊使者，各騎快馬，旋風般馳來。於館驛門前停住，打尖換馬。因嫌驛吏接應不周，眾使者呼喝連聲，頤指氣使，猛地見陳平在此，這才斂了聲，都上前來揖禮問候。

陳平心中一動，忙問：「何事東去？」

為首使者答道：「稟曲逆侯：今上已於日前駕崩。我等奉遺詔，分赴各郡國宣諭。」

陳平心頭一震，勉強忍住狂喜，故意板起臉，申斥道：「這等大事，片刻也延誤不得，你等在此處吵鬧什麼？快換了馬，即刻上路！」

使者聞言，不敢怠慢，都趕緊換好馬，匆匆走了。望望使者漸遠，陳平這才搶步進了館驛，拉住樊噲道：「今上已殯天數日了！樊兄你這條性命，算是從黃泉底下拾了回來。我為樊兄慶幸，然也心憂——若是皇后遷怒於我，反倒是我命難保了！我意先行一步，返長安面謁皇后，盡力辯白。隨從、囚車都留與你，你且慢行。」

樊噲聞言，恍如夢寐，也不知該憂該喜，久久未發一語。陳平也顧不得他了，喚住一輛過路的郵傳車，亮了亮符節，便命郵傳吏掉頭載他回長安，限期抵達。那郵傳吏領了命，連忙掉轉車頭，準備啟行。忽又有一使者乘車而至，遠遠望見陳平，連聲大呼道：「有詔下，請曲逆侯接旨！」

陳平連忙恭立聽旨。原來，此詔乃劉邦駕崩前一日，倉促所下，命陳平與新晉太尉灌嬰，率十萬軍往駐滎陽。樊噲首級，則交與來使攜回。

陳平聽罷宣詔，脫口便問：「灌嬰將軍今在何處？」使者答道：「已集齊人馬，取道武關東行了。」

陳平沉吟片刻，對那使者道：「足下使命已畢，可轉回長安，然相國樊噲並無首級，活人倒有一個，就在這館驛中待罪。今上駕崩，事急如火，我須搶先一步回朝。將那樊相國託付於你，請好生伺候，乘車於後，緩緩還都。」

那使者摸不著頭緒，正欲細問，陳平卻不容他再問，跳上郵傳車，便喝令郵傳吏加鞭，一陣煙塵遠去了。

詔使望住陳平背影，驚得張口不能合攏。此時，樊噲從館驛內慢慢踱出，拍了拍使者肩膀：「呆什麼？我這裡好酒甚多，足下陪我，飲好了再走。」

三日後，陳平乘郵傳車進了長安，便疾奔入宮，趨至前殿高祖靈位前，伏地大哭，痛不欲生。未料在殿上哭了很久，卻不見呂后出來，陳平便使足了力氣，嚎啕大哭，其聲之嘹亮，驚動了左右殿。

在椒房殿，呂后早已聞報，知陳平已歸，因心中厭惡舊臣，便不欲立即召見。此時聽陳平哭得越發沒了節制，幾成民間號喪，這成何體統？便只得換了裝束，來至前殿宣慰。

呂后立在帷幕後，側耳聽了片刻，才走出來，問道：「陳平，日前先帝密遣你赴燕，宮中盛傳，乃是奉詔問樊噲之罪，可有此事？」

陳平止住嚎啕，抹一把淚，答道：「臣確曾奉密詔，與周勃同赴軍前，要立斬樊噲……」

呂后臉色便一白，打了個趔趄，險些站立不穩：「大膽！你、你果然將那樊噲殺了？」

「臣豈敢？臣念及樊相國功高，不忍行刑，只想漢家豈能自毀干城，於是與周勃商議，抗旨不遵，由周勃在軍前代將，臣擅自偕樊相國回朝。行至半途，忽聞先帝駕崩，臣如聞天塌，急急趕回，赴靈前舉哀。因囚車遲緩，故樊相國尚在路上，三五日內即至。」

呂后撫了撫胸口，臉色方轉白為紅，喘了幾口氣道：「這失心翁，嚇人不淺！只不知他如何竟要殺樊噲？」

「這……詔旨上並未言明。」

「未言明？我看，他臥入楠木棺材，你也還是怕他！殺樊噲，莫非為趙王母子？」陳平不敢答，只伏地俯首，算是默認了。

呂后便微微一笑：「原來如此！君與周勃，到底是老臣，知道深淺。那失心翁的亂命，你抗得好！無怪他彌留之際，囑哀家重用你等老臣。你有如此大功，哀家心甚慰，改日定要厚賞。」

陳平知此事已無險，心便放下，又伏地哀哭，叩首叩得咚咚作響。呂后看了一會兒，心中不忍，囑咐道：「君勞累了，且出宮，歇幾日再說吧。」

陳平止住哭聲，沉吟片刻，心中仍是懸懸——想自己一旦出宮，便只能任由人擺布，若樊噲之妻呂嬃進讒言，則不等辯白，人頭恐早已落地了。於是忍泣請道：「臣投漢家，寸功未建，便蒙先帝一手提拔，榮寵備至。先帝猝然昇天，臣實不捨，請太后允臣在宮中宿衛，陪伴先帝神位數月。再者，宮內逢大喪，萬事如麻，臣為新帝執戟，也是理所當然事。」

呂后不知陳平暗藏的心思，見他神情哀戚，話又說得懇切，便道：「君若有此心，也好。哀家便加你為郎中令，名正言順，統領宮禁守衛，護我母子，有閒暇則教我兒讀書。我兒雖做了皇帝，文武卻都還欠缺，你只管將那種種詭計教予他。世上之詐，非君莫屬；此兒之愚，也是非君不能救也。」

陳平強掩住內心之喜，抹乾了淚，向高祖靈位拜了三拜，才領命退下。

待陳平領了郎中令職，便去找了王衛尉，將宮中禁衛重新布置，守護更加嚴密。自此時起，陳平親執長戟，自率郎衛一隊，於北闕值守，宮內外氣象便頓覺森嚴。

如此值守才兩日，果然見呂嬃乘車前來，叩門求見皇太后。那呂嬃見了陳平，眼角瞟也沒瞟一下，便昂然直入，至椒房殿，急急對呂后道：「阿姊，都中盛傳，先帝昇天之前，曾遣陳平持密詔往軍前，要拿問樊噲，果有此事嗎？」

呂后道：「豈止是拿問，是要當場砍頭！」

呂嬃臉色便一白，險些癱倒：「啊？那麼真的砍了？」

「你慌什麼？陳平並未遵旨，樊噲現已押回，不日即至。」

呂嬃便怒道：「那陳平，是個什麼貨色？這主意，定是他出的！不然，姐夫何能恨樊噲至此？陳平未遵旨，是聞聽姐夫崩了，他還有膽量殺樊噲嗎？」

呂后便上前，拉了呂嬃坐下，勸慰道：「阿娣，你且息怒，我說與你聽。先帝恨樊噲，還能是何事？還不是為婦人之事……」

「哦！是為戚夫人？」

「不錯。樊噲不知走漏了什麼風，惹得你姐夫震怒，遣陳平、周勃往軍前，要就地誅殺。」

「那也無怪乎。樊噲與我，當眾咒戚夫人死，已不知有多少回了。」

「好在赴燕途中，陳、周二人商議，不忍骨肉自殘，於是抗旨，由陳平將樊噲帶回。燕地距此，相隔幾千里，陳平便是再有神通，如何又能知先帝駕崩？你若怪罪陳平，那便是錯了。先帝臨終託孤，只點了蕭何、曹參、王陵、陳平、周勃這幾人，眼光還不差。若非陳平老成，你那夫婿回不回得來，倒還難說了。」

「宮門前我見了陳平，他既回來，樊噲又何在？」

「只在這幾日吧，也該到了。待樊噲回來，我立赦他無罪，官復原職，就此百事皆消，你倒要好好謝陳平了。」

呂嬃臉色雖緩了下來，卻仍含有餘恨：「他那個鬼，總不會出好主意。不敢殺樊噲，也還是懼怕阿姊妳。今番算他押對了賭注，然也輪不到我去謝他。」

呂后便起身，笑道：「夫婿毫髮未損，這總是好事！你快回家去等著，見了面，叮囑那粗人，不要再酒後狂言了。這次險些掉頭顱，全因禍從口出。」

呂嬃氣不平，道：「今日姐夫走了，天下便是阿姊的，我又有何懼？」

呂后便指點呂嬃額頭，笑道：「今日說這話，算得什麼膽量？我在往日，還不是要裝作村婦，不然那老翁窺破我心機，不一刀斬了我才怪。今日你雖無險了，也要知收斂才是，阿姊豈是能活萬年的？」

呂嬃哪裡聽得進，只覺天地皆已在股掌之中，笑個不止。出宮時，見陳平還在值守，便疾步上前，似有話要說。陳平回首望見，吃了一驚，以為呂嬃要破口大罵。卻不料，呂嬃來至陳平面前，也不搭話，只白了一眼，又道了一個萬福，轉身便走了。

如此三日過後，朝使果然將樊噲送回。車至霸上，朝使招呼御者停車，與樊噲商議道：「相國，前日之詔，乃奪足下所有爵邑並立斬，迄今未有赦免令下來。今日還都，恐還須委屈足下，在後面囚車裡歇息片刻。入宮後，且聽太后吩咐。」

樊噲本不耐煩，然想到朝使一路上待己甚恭，儀規亦不好違拗，只得自己脫去袞服，鑽進囚車裡坐了，又笑問了一聲：「還須綁縛嗎？」

那朝使忙滿臉賠笑道：「哪裡哪裡！」

車行至長樂宮北闕，謁者通報進去，未及片刻，便有太后懿旨出來，命赦免樊噲之罪，復爵位食邑如故，立即宣召。

樊噲聽了，哈哈大笑，一腳踹開囚車柵門，跳下車來，穿好袞服，大搖大擺進了宮。

見了呂后，樊噲一改往日粗魯，伏地行了大禮，口稱：「罪臣樊噲，謝太后大恩。」呂后便笑：「幾日不見，你倒改了不少山林氣。」

樊噲道：「哪裡改得掉？實不慣稱阿姊為太后，好似稱呼老嫗一般。」

呂后笑笑，忽而斂容問道：「可知你鬼門關上走了一回，是何人護佑你無事？」「唯有阿姊了。能救我命者，天下還能有誰？」

「豈止是我，還有陳平呢！你那昏頭姐夫，當日發的密詔，命陳平赴軍前。我與呂嬃全然不知，故也救不得你。往日斬首令一下，任你是王侯公卿，也要頭顱落地；你僥倖得保全，多虧了陳平知權變。」

樊噲這才想起，拍額道：「阿姊若不提，我倒還忘了。陳平本是奉詔去索我命的，他刀下救了我，我哪裡能忘。只不知姐夫如何就迷了心竅，連自家人也要殺。」

呂后便嗔道：「你那大嘴，有多少海水怕也要漏光了！我問你，是何時咒了戚夫人？」

「豈止是咒？那幾日，我逢人便講：姐夫一走，我便要奪那母子的命。」

「果然如此！粗人，成得了什麼大事？且回府去吧，告誡你那渾家，不要再忌恨陳平了。再來亂講，便是進讒，我絕不能容。」

樊噲諾了一聲：「這個自然。」

「你受驚嚇不小，且於家中將養些時日。那相國一職，你還是不要做了，弄得險些掉了頭顱。你同周勃，能操練兵馬就好。天下事瑣碎，武人擺不平，還是由蕭何來辦吧。」

樊噲便笑：「甚好甚好！我也覺弄不妥朝中事，還是隨了周勃，操練兵馬去為好。」

「那便如此，近畿一帶兵馬，即由你二人統帶。你掌兵，便是呂氏掌兵，我也睡得安穩。」

「但問阿姊，姐夫走了，天下事何者為大，我也好鼎力相助。」

「我倒要問你：你日前緣何險些喪命？此事，就最大。」

「哦！是戚夫人⋯⋯」樊噲忽然領悟，連忙將後面的話嚥下了。

「不錯。那失心翁生前，幾個寵姬何其張揚，動輒給老娘臉色看，不想也有今日！明日起，便教那戚夫人，還有魏王豹撇下的什麼管夫人、趙子兒、唐山夫人之流，盡都幽禁在宮中，不得出入。何日死了，何日了之。」

樊噲一驚，想了想便道：「自魏王豹後宮擄來的美人，固不足惜，然那薄夫人仁善，不與諸姬同，朝野口碑都還好，今隨代王在邊地，也要召回嗎？」

呂后一笑：「薄夫人？就免了吧。哀家也知，失心翁最不憐愛的，便是薄夫人，直與我同病相憐。今日在代國為王太后，也算苦盡甘來了，且予優容便是。」

樊噲便道：「阿姊之意，我明白了。戚夫人如何，妳儘管處置；群臣中敢有說不的，管教他吃我一通老拳！」

此時的長信殿中，卻是另一番景象。戚夫人自劉邦駕崩後，終日埋首垂淚，只覺萬事渾渾噩噩。在長信殿各處走動，觸目都是傷情，晨昏起居，了無滋味。欲在梁上結一個繯，隨夫君一走了之，卻又捨不得如意，只盼將來母子能重聚。

想那先帝在時，自己恃寵而為，兩次鬧出廢立之爭來，那呂后焉能不啣恨？日後在宮中的日子，怕是不好過了，少不了要看悍婦臉色。想到呂后那副狠惡嘴臉，戚夫人便打了個寒戰，日後，還不知會生出些什麼禍端來。然轉念想道：自己畢竟是先帝寵姬，得專寵於一身，天下無人不知。呂后再如何霸道，也要顧及先帝臉面，或不致公然凌辱，自己只須收斂些便是了。

卻不料，高祖下葬尚未出一旬，長信殿內便闖入一群宦者來，手持繩索，如狼似虎。戚夫人見厄運來得如此之快，臉色驟變，厲聲喝問：「何人膽大？敢來此地撒潑？」

為首的宦者宣棄奴，斜睨戚夫人一眼，冷笑道：「還以為是昨日嗎？」便凶神惡煞般衝過來，將手中符節一舉，「戚夫人聽旨，新帝有詔：戚氏穢亂宮闈，罪不容赦，著即發往永巷刑役。」

戚夫人搶前一步，戟指宣棄奴鼻尖，大聲叱道：「新帝仁厚，怎能有如此亂命？先帝屍骨未寒，你們便如此待我，綱常何在？廉恥又何在？」

宣棄奴叉手腰間，傲慢答道：「戚夫人如有話說，可往黃泉稟告先帝。我等今日奉詔行事，勸夫人還是聽旨為好，免得我手下人動粗！」說罷一招手，眾宦者便一擁而上，要來拿人。

戚夫人憤然道：「放肆！往永巷，我自去好了。世事雖變，此處還是漢家，先帝之靈，饒不過你這等鼠輩！」

剛剛走了幾步，便聽宣棄奴又一聲令下：「所有戚氏宮婢，全數拿下，送往後庭勒斃。」

戚夫人大驚，回首罵道：「宮人何罪，竟遭此毒手！堂堂太后，可還存一絲天良嗎？」

話音還未落，眾宦者便捂住戚夫人口，捉手捉腳，拖出殿去了。

那永巷，乃是宮中一條長巷，有屋舍若干，平時有宦者在此，專門打理宮人各項事宜。依舊例，亦常在此處關押有罪宮人。

戚夫人被推至永巷，尚未回過神來，宣棄奴便下令道：「援照髡鉗之例，著戚氏在此舂米[02]服役，日有定限，不得偷懶。」

那戚夫人一驚，正要掙扎，卻被數名宦者緊緊捉住，拿了剃刀便剃；眨眼之間，一頭青絲已落地。少頃，又有數名宮女上來，擄去戚夫人身上錦衣，換了刑徒的赭衣。

戚夫人不禁仰天悲鳴一聲：「夫君⋯⋯」本欲破口大罵，然想到呂后並不在此，宦豎們只是鷹犬，罵亦無用，只得忍了，任那淚流如注。

自這日起，戚夫人便形同囚徒，整日粗茶淡飯，舂米不停。至日暮時分，若定限未及舂完，監守閹宦便黑著臉上前，破口大罵。

那戚夫人本為小戶女子，擅長彈唱，平素只知邀寵，在朝臣當中全無奧援，尤與沛縣舊部素無往來，待劉邦一走，便頓失庇蔭。心腹又全數被處死，失了耳目，已與一無助平民婦人無異。

後宮諸宮人聞之，都大起恐慌，紛紛緘口，誰也不敢多言。如此，

[02] 舂（ㄔㄨㄥ）米，在石臼內搗擊穀物，使之粉碎或去皮。

一場宮闈變故，就成了一樁隱祕，外面大臣無從得知。坊間雖有些傳聞，然誰都不願為後宮事惹禍上身，也就無人為戚夫人鳴不平了。

天氣漸漸入暑，酷熱難當。那永巷苦刑，從早到晚，更是生不如死。不過才數日，戚夫人便形銷骨立，往日光彩盡失。那一雙纖纖素手，能舉起木杵來，就已屬不易；在石臼中千萬次地搗，更是力不能勝，思之愈加痛楚，唯有以淚洗面。有那老宮人前來送飯，看得心酸，只能悄悄勸慰：「夫人且自寬心。太后嚴令，無人能違；我輩有心相助，也是不敢。」

戚夫人不勝勞苦，想起劉邦生前優柔寡斷，不由心生怨意，脫口恨道：「那彭越、英布遠在天邊，能害得了誰？你去殺了他們，有何用處……」

又想起老父戚太公已病歿，定陶（今屬山東省菏澤市）故里，已不可歸。這世上，唯有愛子如意在趙地，算是有個依託，然山河阻隔，卻是難見一面。想到此，心中便愈加哀傷。自編了一支歌謠，且舂米且吟唱，以抒怨憤。那歌詞曰：

子為王，母為虜！終日舂薄暮，常與死為伍。相離三千里，當誰使告汝？

此歌於後世收入《樂府詩集》，名為《戚夫人歌》，又名《舂歌》。當日戚夫人唱起，其聲哀婉，迴盪於永巷內，鄰近宮人聽了，無不心傷。

如此唱了數日，便有好事的宦者，暗伏於牆後，將歌詞默記，稟報了呂后。呂后聽了，大怒：「妖姬，還想倚賴妳那兒子嗎？『當誰使告汝』？我便來告訴他！來人！」當下，便遣了使者往邯鄲，召趙王如意入朝；打算等如意歸來，便在宮中誅殺，以斷了戚氏的僥倖之念。

哪知兩旬之後，使者垂頭喪氣而返，稟報導：「趙相國周昌抗旨，不允趙王入朝。」

呂后怔了一怔，倒也未惱怒，笑道：「這個木強人！」遂又遣一使者快馬北上，囑使者務必言明，是皇太后宣召趙王。

如是三回，遷延半年有餘，三名使者均碰了壁。那周昌只對使者道：「吾遵先帝之命，輔佐趙王。趙王之安危，乃臣之性命所繫，你輩區區一個朝使，便想拿走我的命嗎？若戚夫人召，倒還有個道理。太后素怨戚夫人，今召趙王歸，則老臣就是個痴子，也知這是要謀害趙王。你只管折返回去，空手覆命，就說趙王有病，不能成行，日後亦如是。只要老臣在，趙王便不可離趙，何日老臣死了，再任你們擺布！」

周昌強直，朝野無人敢與之相抗，使者亦不敢多言，只得怏怏而歸，照實覆命。

呂后聞報，大怒而起：「這個老榆木！」隨手摔爛了一個羹碗，正想發狠話，忽想起周昌昔年曾力保劉盈嗣位，不禁又搖頭苦笑，「罷罷，不去惹這老木頭了，老娘另想辦法。」

轉年初春，周昌忽然收到朝中傳詔，命他速返長安，新帝要面詢匈奴事宜。

周昌滿懷狐疑，只恐有詐，然朝令既至，又不得不遵，只得先至趙王宮中，囑如意要小心，嚴加禁衛。國中諸事，待他返回後再行舉措。

那如意僅為十三歲少年，遠離戚氏在邯鄲起居，全賴周昌照料。平素待周昌如同事父，乍聞周昌要入朝，不禁惶恐：「相國入朝，請勿淹留過久。」

周昌便笑道：「新帝召我，並無大事。老臣任趙相多年，國中上下要樞，皆為我親信，大王只須在邯鄲不動，便可保萬全。」

入夏後，周昌一路勞頓，馳入長安待召。當日，並未聞惠帝宣召，傳他入宮的，卻是呂后。

在長樂宮偏殿，呂后見了周昌，神色便頗不悅：「周昌，你是先帝老臣了，如何卻不懂規矩？年前，朝使三赴邯鄲，召趙王入朝詢問，你倒推三阻四的做什麼？」

周昌心中有數，一揖答道：「稟太后，臣係沛縣舊臣，豈不知所任天下之責？漢家寸土，皆是先帝率臣等流血奪得，欲保這天下，便要尊崇先帝。先帝曾囑我，須以命保趙王，臣豈敢任由趙王身赴險境？」

呂后聞言，立即變色：「清平年月，入朝如何就成了赴險境？」

「臣昨入長安，四下裡打探戚夫人消息，竟無一人知曉。想那戚夫人曾經專寵，先帝一去，則命如飄蓬，不知現下安危如何？趙王如意若貿然返長安，何人又能為他護翼？」

「周昌，你許是老糊塗了。先帝在時，你尚能抗命，力阻廢長立幼，保全太子嗣位；如今先帝崩了，你卻為何要袒護那妖姬之子？」

周昌將脖頸一挺，亢聲道：「太后聖明！知老臣心中唯有道統。趙王如意，乃新帝手足，亦是先帝骨血。先帝生前，對之鍾愛有加，將我外放趙地，實是為趙王計。老臣昔年護太子，是為道統；今日護趙王，也是為道統。漢家新立，天下都在看這一朝能否長久。臣以為：長久不長久，全看這道統立與不立。若太后不問道統，只問親疏，則周某……期期以為不可！老臣之心，望太后察之。」

這一番廷爭，竟說得呂后啞口無言，只是呆望周昌。瞠目半晌，才憤憤道：「沛縣舊臣，怎的多是你這般老榆木！罷了罷了，你且回家中歇幾日吧，趙地之事，暫無須費心了。」

周昌立時警覺：「太后，若朝中無事，臣即返國。那匈奴未服，邊事不可疏忽。」呂后便起身，一揮袖道：「你且退下，朝中怎能無事？」

待周昌回到府邸宿下，一覺醒來，發覺門外有執戟郎把守，奉詔不許周昌外出。周昌大怒道：「是將我軟禁了嗎？」

為首一員中郎將，即是赫赫有名的季布，此時上前一步，不卑不亢道：「太后有令，稱足下辛勞，須閉門歇息，無詔令不得外出。我等在此，是為攔阻訪客，免得打擾足下。」

周昌當即血脈僨張，叱道：「惜死之徒，有何顏面與我說話！」遂以掌猛擊大門，連聲大呼道：「先帝，先帝！我一沛縣舊臣，不能保你子嗣，反為一個楚降將所制。此等悖謬，到何處去尋天……天理呀！」邊呼邊擊，竟拍至掌心開裂，血流不止。從人見了，慌忙上前勸阻，將他扶入了室內。

呂后將周昌扣在長安，一面就遣使赴邯鄲，假惠帝之名，命趙王入朝。如意接到詔令，六神無主，問來使道：「周相國何在？」來使自是巧言哄騙，只說惠帝留住周昌，正在詳詢邊務。

如意遲疑了兩日，未有答覆，朝使便數度入宮相催，軟硬兼施，問道：「大王不欲見戚夫人乎？」如意便想：有阿娘與相國在長安，入朝之事，當無甚大風險。若抗旨不入朝，終不是事。只得允了來使，與之同返長安，去見惠帝。

且說那惠帝年幼時，雖不得劉邦喜愛，然其生性十分寬厚，頗識大體。日前聞母后將戚夫人打入永巷，心下便大不以為然，以為失之過苛。只在心裡盤算：總要尋個時機，將那戚夫人赦出來，不能教天下人在背後指戳脊梁。這日忽又聞報：趙王如意奉詔入朝，已近長安。不由心下一驚，知是母后謀劃，要加害這位幼弟了。

當下惠帝便傳令左右，備好輕輦一乘，要親赴霸上迎接。未等呂后耳目傳信，惠帝便親率郎衛一隊，微服出了宮，急赴霸上等候。

待如意車駕至，惠帝便在輦上連連招呼，如意抬眼望見，大喜過望。兩人便都跳下車來，執手寒暄，一刻也不願鬆開手。

兩人幼年時，常不在一處，對長輩間的糾葛，亦不甚了了。如今阿翁不在了，兄弟兩人相見，便更覺有骨肉之親。惠帝問過路上辛勞，拉住如意之手，登上車輦，一起入宮去見呂后。

呂后萬料不到惠帝有如此心機，只在心中暗罵：「小崽兒，你阿翁在時，怎的就沒有這等心機？」然礙於體統，又發作不得，只得假意問東問西，對如意安撫了幾句。

未等呂后想出頭緒來，惠帝便搶先奏請：「母后，如意弟千里入朝，實為不易；請允他與孩兒同住前殿，一般起居，我兄弟兩人也好朝夕相敘。」

呂后心中惱恨，強忍著未脫口罵出，一拂袖，算是允了。

惠帝得了准許，故意不看阿娘臉色，拉了如意便走。出得椒房殿來，便大笑道：「如意弟，記得幼年時，阿翁常怪我懦弱少武，誇你是個好坯子。如今我亦常自強，每隔三五日，便要圍獵，身手大有長進。你今後與我同住，萬事休問，只好好教我武藝便罷。」

見惠帝誠懇，如意心中才覺稍安。惠帝先前妃子吳氏，不久前已病故，此時尚未立皇后，寢宮只他一人獨住，此時便吩咐涓人：趙王來此，起居飲食，一律與自己相同，不得慢待。

如此住下，兄弟間有說有笑，倒也安然。如意惦記阿娘，又甚想見到周昌，然稍一提及，惠帝便婉言打住：「如意弟，這個不要急。既回了宮中，只管賞花飲酒便是，諸事容日後再安排。」

如意甚是疑心：莫不是阿娘已遭了大難？然又不敢追問，只得忍下，終日陪著惠帝宴樂。那惠帝也知母后心思，不敢去勸諫，只能處處護住如意，形影不離。呂后得知，只恨不能一口吃掉如意，然亦深知，此事不可用強。只得吩咐宮中耳目，多多打探兩兄弟消息，容日後再說。

如此一來，欲加害如意一事，便擱置下來。呂后想起便苦笑：「這崽崽，倒與我鬥起智來！」索性將此事放下，反倒常遣宦者前來噓寒問暖，又時有酒肉賜予如意，似已捐棄前嫌。惠帝卻不敢大意，凡太后有酒肉送至，必令近侍先嘗，再令來人回去覆命。如此周折，只為防著母后暗中下毒。

如此過了夏秋，倒也無事，惠帝漸漸放下心來，想著頑石亦可感，何況人心乎？母后既知我與如意相投，天長日久，必也能淡忘往日怨恨。想到此，心頭便敞亮起來。

至惠帝元年十二月中，正是天寒地凍時。這日惠帝興起，要去郊外狩獵，依例起了個大早。看看天色未明，如意還在酣睡，實不忍心將他喚醒。想想狩獵也不過大半日，午後便可歸來，這半日，森嚴宮禁之內，還能生出何事來？於是任由如意貪睡，不去喚醒，自顧披掛整齊，帶了左右出城而去。

待到午後，惠帝興盡而歸，馬背上馱了些黃羊野雉，要與如意一同烤來吃。進得殿來，只見涓人神色惶惶，問之，皆支吾不能答，心下不由大驚，便直奔寢宮。見榻上帷簾低垂，宦者宮女全都閃避一旁，當下情知不妙，搶步上去，撩起帷簾來，只見如意臥於榻上，七竅流血，軀體已然僵直了！

惠帝慌了，忙伸手去探如意鼻孔，哪裡還有呼吸？

數月來，僅離開這大半日，如意便莫名暴斃。這等慘事，人何以堪？惠帝痛徹肺腑，抱屍大哭，心中也恨不能立即去死。

由暮入夜，也不知哭了多少時辰，有涓人看不過，上前勸慰。惠帝也不理，喝退眾人，只留了一個心腹近侍閎孺，為如意清洗了身體。

見如意面如白堊，雙目緊閉，如酣睡未醒，惠帝便更是心痛，壓低聲音問那閎孺道：「這半日，有甚外人進殿？」

閎孺悄聲回道：「晨間天明後，椒房殿有太后身邊一宦者至，攜醴酒一卮，說是由長沙王進獻，太后命專賜趙王。時趙王方醒，不欲飲酒；那宦者疾言厲色，喝令趙王當即飲下，說是太后立等覆命。趙王不得已飲了，復又大睡。未幾，小人掀簾探看，見趙王伏於榻上，情形有異。小的連喚數聲，也未見動靜，忙將他翻過身來看，竟是七竅流血了……」

惠帝不由大怒：「殿中近侍甚多，為何不攔住那賊子？」

「陛下不在，何人敢阻擋太后身邊人？」

「趙王便乖乖喝了？」

「哪裡，哀懇半晌，卻通融不得。」

「趙王如何說？」

「趙王求告道：『小主人請求寬恕，帶話給太后，如意願為黑犬黃貍，為太后效命。』」

惠帝聞之，淚如雨下，道：「如此竟不放過？」

閎孺回道：「來人只是惡語叱道：『皇子金貴，做狗也無須你來做！』便強灌毒酒與趙王。」

「那人是何姓名？」

「名喚田細兒。」

惠帝癱坐於地，呆望殿角半晌，心知是母后趁隙下的毒手，倘若下令追究，又有誰敢去查？遂長嘆一聲，揮退了閎孺，復又流淚不止，獨自抱著如意屍身至深夜。待眼淚流乾，才喚涓人進來，料理趙王入殮事。又傳令下去，明日為如意發喪，只說是因病暴薨，以王禮下葬。著人立時赴叔孫通府邸，將噩耗告知，徵詢應如何加諡。待天明，涓人回報：叔孫先生查了典籍，回覆說應諡為「隱王」。

如意下葬當日，惠帝悲若失魂，又執意下詔：遍賞官吏，各賜爵一級；民有死罪者，可出重金免死。長安官民對趙王之死，原就多有猜測，此恩賞詔一下，眾人更是感嘆唏噓。

忙碌完畢，惠帝喚來閎孺，命他密遣得力人手，窺得田細兒行蹤，可放手懲處。

這閎孺，本是個少年郎官，聰明伶俐，容貌俊美。惠帝身邊宮女雖眾多，卻獨鍾這俊美孌童。此人裝束幾近妖冶，冠插雉羽，帶嵌珠貝，惠帝看了甚喜歡。於是，近侍諸郎也都紛紛效仿，一時間，未央宮內外，滿眼都是搖搖曳曳。呂后見不得此等情景，卻也無奈，只賭氣不給這些郎官好臉色。

卻說閎孺領了命，揣摩惠帝心思，決意要下個狠手。便帶了幾個少年宦者，在宮內僻靜處看準，猛地攔下了田細兒。

那田細兒正行走間，忽遭人喝斥，抬頭一看，見是惠帝親信攔路，各個都虎視眈眈，心中便暗叫不好。只聽閎孺低聲喝道：「賊子！那趙王金枝玉葉，你也配來謀害？」

田細兒嚇得面無人色，連連求饒道：「小人怎敢有此狗膽，我是奉……」未等他一句說完，閎孺便飛起一腳，將他踹翻。眾人撲上來，剝去外衣，一頓亂拳狠腳。

田細兒吃不住痛，連聲哀叫：「諸位阿翁，饒命，饒命呀！」閎孺冷笑一聲：「我饒得你，那趙王卻饒不得你。」

田細兒情知閎孺要下死手，慌忙扯開喉嚨大叫：「太后呀，救我——」閎孺叱道：「天王老子，也救不得你了！」說罷，便朝左右一使眼色。

眾少年宦者會意，各個從身上掣出短棍來，死命毆擊。那田細兒癱倒在地，起先還能哀號數聲，到後來漸漸聲弱，動也動不得了。只片刻工夫，竟活活被毆死！

閎孺上前，踹了田細兒兩下，冷笑一聲：「狗仗人勢，也須是一條中用的狗！」便下令將屍身裝入布袋藏了起來，又將田細兒的腰牌、鞋靴拋在宮牆下，布了個疑陣。

候到天黑，閎孺帶領一眾宦者，持了惠帝符節，謊稱搬運細軟，將布袋運至未央宮，墜上巨石，拋下太液池中去了。

雖如此，惠帝仍不能解心中之恨，神色常帶憂戚，在長樂宮遊走，無時不想到如意音容。旬日之後，竟是越發不能忍耐，便向母后奏請，要搬去未央宮起居，不願再見長樂宮舊物。

呂后吃了一驚，冷笑道：「你羽翼才豐滿，便不想再見老娘這張臉了。可嘆當初，為保你太子位，費了我多少心機！」

惠帝卻淡淡道：「此乃無利不起早也，就如商賈事。保住我太子位，便也保住了母后之位，這有何奇怪？」

呂后聞言，險些氣結，指著惠帝鼻子叱道：「豎子！竟如此說話！你這孱頭，當年我若再生一子，也輪不到你做皇帝！」

宣棄奴見不是事，忙過來打圓場，朝呂后叩頭道：「兒大不由母，在民間也是常事，太后請息怒。新帝豈能不念母恩？不過是一時言語相激，有所唐突。想那天地之大，誰還能比嫡親更親？不在一處住，反倒天天想著，豈不是更好？」

呂后聞言，轉念想了想，也樂得讓兒子搬走，自己若與審郎行樂，將更是無顧忌，於是便允了：「也罷，那未央宮原本就是為你建的，空閒了多年，豈不可惜？既搬過去起居，不妨就在那邊理政，兩宮之間，涓人多跑腿就是，我看也好！」

惠帝長出一口氣，連忙謝恩道：「兒初掌朝政，母后還須多多教誨。」

呂后便嗔道：「你阿翁尚且教不好你，我又哪裡能成？天下太平，你只管依著黃老之術做事，不折騰，不瞎鬧，便是個好。那個……你如意弟既已病歿，哀也無益。你幼弟劉友，人還懂事，可由淮陽王徙為趙王，免得北地無主。」

惠帝遵命退下，等不及涓人搬運細軟，當日就住進了未央宮。因未央宮在長樂宮之西，故君臣也將此處稱為「西宮」。

惠帝在未央宮安頓好，便不再每日向母后請安。初幾日，呂后頗感不安，然數日之後，覺眼前清淨了許多，便不再多想。這日，忽有宮人來稟報：宦者田細兒不見了蹤影，唯留有腰牌等物，棄置於宮牆下，疑似外逃了。

「他如何要逃？」呂后心中疑惑，忽地想起當日，田細兒來報，說如意飲下毒酒前，曾哀告「願做黑犬黃貍以效命」。莫非如意於地下作祟？

略想了想，呂后便又搖頭，自語道：「新死之鬼，哪裡有本事作祟？」不由得自語，「定是他著了暗算……此等事，定是那劉盈所為！」便在室內徘徊，有心要追查，又恐牽連出毒酒案來，在眾臣面前便不好看，想想只得作罷，遙望西宮冷笑道，「小兒輩，殺了我的人，倒還有些性子！只可惜，你詭計百出，能阻得住他母子死嗎？」

想到此，當即便喚來宣棄奴，命將戚夫人嚴刑處置。

宣棄奴道：「此事易耳！然如何嚴刑，請太后吩咐，小的必親手處置。」

「以煙火熏聾耳！」

「諾。」

「灌下致啞藥！」

「諾。」

「剜去雙眼！」

「這個……」

「再斬去手足！」

「……」

「扔到茅廁中去，任由生死。」

宣棄奴聞聽此命，臉色便漸至慘白，伏地不起，久久未應命。呂后心中納罕，問道：「你怕的甚？」

「回太后，小的……想起了田細兒。」

呂后便拍案叱道：「想起他做什麼？新帝已遷去西宮，如何還能再來搗鬼？你畏懼新帝，難道就不怕哀家嗎？」

宣棄奴連忙叩首道：「不敢。小的這便遵命，只是……賜戚夫人死，一繩索便罷，何須這許多手段？」

「放肆！莫非你也心存憐惜？你今日憐他人，他人卻未曾憐你。不見那戚氏猖獗之日，老娘我也只能佯作潑婦，稍露謀略，便是個死！」

宣棄奴聽得愕然，大張口不能閉，良久才道：「事竟如此？太后往日委屈，小的實不知。我這便去處置戚夫人！」

呂后又喝道：「且慢！先傳令下去：自今日起，便不再有什麼戚夫人了，只叫個『人彘[03]』就好！」

這日在永巷中，宣棄奴帶了一群閹宦，如狼似虎般闖入，拽起戚夫人來，一語不發，便七手八腳行刑。幾刀下去，便見血如噴泉。那戚夫人慘呼了十數聲，便痛昏過去，再也無動靜了。眾閹宦弄了許久，才照呂后所囑，將戚夫人弄成個「人彘」，拋在了茅廁裡。

寂寂長巷，從此不再有《春歌》迴盪。巷內宮人聞知變故，無不神色悽慘，都不忍望那茅廁一眼。

如此過了數日，惠帝正與閎孺互倚著賞花，忽有宣棄奴求見，稱奉太后旨意，請惠帝去看「人彘」。

惠帝大奇，不由問道：「朕狩獵數年，未曾聞有『人彘』，此為何物？」宣棄奴俯首答道：「太后有詔，陛下見了便知。」

惠帝便帶了閎孺，從飛閣複道來至長樂宮。宣棄奴一語不發，只顧在前頭引路。堪堪走近了永巷，惠帝便起疑：「引朕來這裡做什麼？」

宣棄奴緊走兩步，一指茅廁道：「太后吩咐，請陛下自看。」

惠帝狠狠盯了宣棄奴一眼，掩了鼻子，從茅廁門伸頭進去看，見有一物蠕動，不覺便吃了一驚，急喚道：「閎孺，閎孺，你來看，這是什麼？」

閎孺探頭去看了，疑疑惑惑道：「是人？」惠帝便厲聲問宣棄奴道：「此乃何人？」「回陛下，此乃……戚、戚夫人。」

惠帝面露驚怖，呆了一呆，隨即撕肝裂膽地叫道：「天呀，天呀！」便癱倒在地，放聲大哭。

---

[03] 彘（ㄓˋ），本指大豬，後泛指一般的豬。

閎孺大驚失色，連忙去扶。宣棄奴也慌了，正欲伸手相助，閎孺忽地攔住，怒道：「你嚇到了陛下，即是有九條命，也萬難抵罪！」說罷，便一用力，將惠帝扶起，匆匆回了未央宮。

受此驚嚇，惠帝便一病不起，每日只能臥於榻上，時哭時笑。幾日後，方清醒過來，思之愈憤，便命閎孺去向呂后傳話：「此非人所為，天地亦不能容。臣為太后之子，終不能再治天下了。」

閎孺聞此言，雙腿戰慄，畏葸不敢從命。

惠帝怒道：「你便照此去說！太后還能吃了你嗎？」

閎孺無奈，只得壯起膽來，去見呂后，將惠帝言辭複述了一遍。

呂后聽了，果然未怪罪閎孺，只微微一笑：「豎子不願治天下了？那麼也罷，老娘親為好了。」言畢即起身，踱至殿門，大笑兩聲，望空大呼道：「失心翁，那黃泉底下，你可遂了心願乎？」

正所謂：人有百樣，命有千種。呂后這邊得意時，可憐那邊戚夫人，卻是酷刑加身，又熬了不知有幾多時日，才無聲無息地消殞。

回想自彭城之戰起，戚氏以一民家弱女，攀上了劉邦這曠世雄主，數年間，享盡了人間頭等的榮華，也算是運氣奇佳。向日在洛陽南宮，更是夫唱婦隨，堪比神仙眷侶，平常人哪得此種福分？然其終係小家婦，心無遠慮，為愛子之故，在宮闈爭鬥中強出頭，將那帝王家事，混同了尋常大小婦之爭，一旦夫亡，便頓成囚徒，可謂小智而不察大道。唯其受辱之時，昂然不屈，作《舂歌》以抒憂憤，竟遭酷刑而死，又著實令人憐憫。

如意母子死後，周昌於府邸聞之，大慟，伏地望北泣道：「季兄，周昌負你，又怎有臉面苟活？」自此閉門不上朝，任憑呂后如何宣召，他只是不應。在家三年，竟至鬱鬱而終。

那惠帝受了一場驚嚇，亦是身心俱損，臥倒不起，竟然病了一年有餘。病癒後，亦不願再理政，只日日縱酒淫樂，此為後話了。

劉肥忍辱，巧避殺身之禍

至惠帝元年春正月，處置戚氏母子事告罷。群臣風聞此事，心中震恐，全未料呂后手段如此迅疾且狠辣，這才知太后絕非尋常悍婦，真是極有城府的一個女主，便都各自加了小心。朝堂之上，都不敢輕言是非，朝政便也漸漸安穩了下來。

呂后心中大暢，時逢上元佳節，便夜召審食其入宮，披裘衣，於長信殿廊下小酌。

此時天尚微寒，靜夜無風，有圓月清輝灑在庭中。樹叢中，數盞鎏金宮燈，微光搖曳，可謂清雅之至。呂后飲得高興，對審食其慨嘆道：「此乃何處？長信殿也。一年前此間人，已下九泉對酌去了。」

審食其面露尷尬，清咳一聲道：「先帝終究聖明，所慮甚周。今四海之內，已無梟雄，太后方可得坐享清平。」

呂后便嗔道：「清平個甚？彭越、英布之流，固然滅盡；然劉氏子弟諸王，與我呂家皆無血脈之親，哪個可與我一心？齊王劉肥，乃外婦子也，我做新婦時，便看他不慣。代王劉恆，薄夫人子也，唯這一個尚知本分。餘者梁王劉恢、淮陽王劉友、淮南王劉長、新封燕王劉建，全為妖姬所生。母既無品，子必無行，占去了好端端的半個天下，我豈能放心？」

「那淮南王劉長，乃故趙姬之子，由太后養大，恐不致有異心。」

「劉長不至於反，其餘者，則實難料也。」

「太后請無慮，抱定『無為而無不為』之旨便好。」

呂后直視審食其半晌，嗔道：「你是佯裝糊塗嗎，我豈能不為？」

審食其笑笑，回道：「劉氏子弟，蔓草也，難成大才，留待他日除之亦不遲。倒是這長安新都，四面無城牆，萬一匈奴南來，怕是要動搖社稷根本。」

「不錯！明日起，便徵發長安一帶男丁，起造城牆。天下之都，豈能以壁壘、木柵護衛之？」

「起造城牆，無論如何，也需丁壯十萬以上。長安乃新闢，左近男丁能有多少？恐人數不夠。」

「那就連男帶女，一併徵發。」

「造城徵發婦女？史無先例吧？不如盡發關中及隴西男丁。」

「那不成。從隴西徵丁壯來，天寒路遠，與民不便。修城池事，男女就男女好了，陰陽相雜，就當是三月三歡會了，做苦役也不累。」

審食其便笑：「女子坐天下，便也徵女子服勞役，恰合情理。」

呂后也一笑，忽而又道：「看今日朝廷，劉盈仁弱，真乃我一個婦人坐天下，直弄到寢食難安，你須多為我謀劃。」

「這個自然。太后當政，天命許之，臣當竭力而為。」

「無須你來阿諛我！」呂后以袖猛拂審食其，忽又壓低聲道，「我只問你：天下之主，婦人做得做不得？」

審食其臉色立時變白：「怕不成。」

「何故呢？」

「老子曰：『不敢為天下先。』史無先例之事，怕是行不得也。」

「審郎，你我推心已久，你說實話，我不怪罪你。史無先例之事，為何我就做不得？」

「民心難服，天下易亂，恐要留罵名於身後，得不償失也。」

「哦——」呂后呆了半晌，悵然道，「那就罷了！人就是死，也還要個臉面，不能留罵名於身後。罷了！算我今夜未有此問。」

「玆事體大，不可貿然；小事則可不妨一試。」

「哦？果真如此嗎？那麼，我早有一念，今日便說與你聽：各諸侯封邑，都叫個國，聽來仍似春秋諸國，怕是將來惹禍的根苗。我早有意，各封國相就不叫相國了，改稱丞相，有如縣丞；唯留朝中一個相國，統領萬方。要教那天下人都知道：我漢家，即為一大國。家國天下，從此一體。」

「太后之見識，宏遠無人可及，不妨就改了吧。」

「如此改名，而不改實，天下還不至於亂吧？」

「名即是實，天下人自可領會。」

呂后大喜，舉杯一飲而盡，笑道：「婦人雖不能登大位，然有其實，便也是個皇帝了。」

審食其不由驚愕，望著呂后，不能言語。呂后笑問：「看我作甚，我講錯了嗎？」

「沒有錯。然……此話萬不可對他人言。」

「說與你無妨，我才敢講。你難道早前心中無數？」

「皇后用心，實出臣之意料。」

呂后得意大笑道：「何為韜略？這便是！若不坐上龍庭，心思便用不到這上面來。莫非，你也以為哀家不過是個田舍婦？」

審食其笑了一笑：「早知如此……臣也可少操許多閒心。」兩人又飲了數巡，審食其覺不勝酒力，便要告退。

呂后嗔道：「告退個甚？且留宿宮中便好。劉盈去了西宮，此處便是你我二人福地。」

審食其酒意上頭，衝口便出：「後世有史，臣怕做了嫪毐……」呂后酒意正酣，只是大笑：「你哪裡就趕得上嫪毐！」

次日，以惠帝之名，果然有詔下，命將各封國相之官稱，均改為丞相。又命蕭何復任相國，總領百官，其首要之務，便是主掌建造長安城牆。十日內，即徵發長安六百里內男女十萬人，全力營建。

詔令一下，關中道上，一時車馬喧闐，丁壯如蟻。眾民夫見世事翻新，新朝興旺，無不甘願效力。男築城，女擔土，老少喧呼騰躍。如此日出而作，日落挑燈，辛勞了一月，築起了十里高牆，連帶廚城門、洛城門、橫門三個城門，為長安之北城牆。其餘東西南三面，留待來年。

新起的長安城牆，既高且厚，端的是世無其匹。城高有三丈五尺，下寬一丈五，上寬九尺，皆是築版夯土，錐刺不進，堅不可摧，城外還掘有深兩丈的護城壕。城池各門，均有三個門洞，左為出城道，右為入城道，中為天子御道，各不相擾。

此時，蕭何經營長安已有七年，擘畫規制，可謂耗盡心血。城南地勢高，為兩宮禁苑；城北平闊，為百姓聚居處，共闢有八街八陌，縱橫如田字格。街巷之間，有閭里一百六十處、集市九處。街衢兩旁，遍植槐、榆、松、柏等樹木，枝葉茂盛，蔽日成蔭。連年又遷入豪門大戶，眼看著市井繁華，車馬輻輳，已具非凡氣象。有那匈奴與外藩來使，初入長安城，直看得眼直腿軟。

至二月末梢，天將暖，春耕在即。築城勞役至三十日整，戛然而止，民夫悉數歸家，未違農時，又領了官家補給的糧穀，都覺新朝寬仁，漸有了些盛世模樣，不似那暴秦活活要人命。

這一年，中外無事。至年末，風調雨順，田禾又大熟。呂后大喜，帶了審食其登上洛城門遠眺，只見沃野千里，晴空一碧，便與審食其擊掌相慶道：「他劉盈不孝，我有審郎！天下若就這般，一年年治下去，哀家之名聲，將高過始皇帝了。」

審食其笑道：「始皇何足道哉，文王或可比擬。」

呂后微笑片刻，忽而斂容叱道：「沒心肺的話，你還是少說。只要失心翁那些孽子還在，我哪裡敢比周文王。」言畢，便覺心神不寧。

下得城來，恰遇蕭何正親督吏民築城，呂后忙上前問候。蕭何驚見呂后至，連忙整衣揖道：「太后，築城乃老臣職司，十數年來，不知築了多少城，可保萬無一失，太后不必掛心。」

呂后笑道：「哀家豈是不放心，我與審公巡城，信步到此而已。」

審食其也上前一步，對蕭何揖道：「相國壽已漸高，細事可不必躬親。」

蕭何微微一笑：「審公，話雖如此，然老臣哪裡敢懈怠。這長安，乃萬代之都，非尋常城邑可比，諸事都須竭力。先帝大業，我不曾有刀劍之功，唯有料理這細事，可報先帝恩，故夙夜不敢大意。」

呂后素敬蕭何，加之劉邦臨終有囑託，便更是多有倚賴。此刻望了望蕭何，鼻子就一酸：「相國，看你氣色，大不如前，還須多加保重。漢家大業，哀家一個婦人，勢單力孤，若沒有相國輔佐，又如何能擔得起？前日聞左右言：相國為子孫置業，皆在偏僻處，且不起造大屋。這又是何故？以相國之功，留些福廕給子孫，還有誰敢非議嗎？」

「回太后，並非老臣畏人言。老臣身後，子孫賢與不賢，非臣所能知。若後世子孫賢，則窮鄉陋室，正是效法我儉樸之道，可求自安；若子孫不賢，敗落下去，則荒僻之所，也不至為豪強所奪，這豈不是兩全嗎？」

呂后聞言便笑：「相國所謀，久遠矣，恐不止十代八代。先帝得了你輔佐，實是天意，他萬不該無端疑你。」

蕭何怔了一怔，忽而輕嘆道：「吾命不如審公矣！」

呂后與審食其聞蕭何此嘆，面面相覷，不知是何意。呂后想想，便道：「相國功高，只可惜不能再加封了，不知諸令郎如何？」

蕭何便搖頭一笑：「長子蕭祿、幼子蕭延，皆中人之資也，不足掛齒，到時只配襲爵罷了。」

呂后感慨道：「昔日吾家遷沛縣，縣令設宴接風，還是蕭公幫忙收的禮錢呢！當時情景，恍如昨日，然轉眼間吾輩皆老矣。來日無多，榮華亦是無用，只願兒孫無事便好。」

蕭何聞之動容，揖謝道：「太后知老臣之心，臣心中便甚慰。世間爵祿，不過一時之榮，誰也帶不到黃泉底下去。若老臣閉目之時，是在臥榻上，那便是完滿了。」

呂后與審食其對望一眼，不禁失笑：「這有何難！爭戰已息，誰還能死於刀劍？相國受先帝之託，身負天下，此時便言身後事，豈不是太早？為天下計，還請多多保重。哀家事雜，許久未曾見蕭夫人了，不知近來如何？」

「謝太后垂詢。若論精神健旺，賤內倒還比我強些。」

「那好那好！改日倒要與蕭夫人聚聚。今日事忙，哀家這便回宮去了。」說罷，便別過蕭何，與審食其上了車輦，起駕回宮。

秋日一過，便是惠帝二年（西元前 193 年）冬十月，按秦漢曆，又逢新年。元旦這日，群臣朝賀，諸侯也有來朝的。這一次，是楚王劉交與齊王劉肥，相偕入朝。

惠帝病臥年餘，此時已漸癒，遂於元旦這日臨朝，受眾臣朝賀。那楚王劉交，乃劉邦幼弟，諸王中僅有之惠帝直系長輩，隨軍征戰，多有負傷，常覺精神不濟。半日的朝賀下來，甚感疲累，便急忙回楚邸去歇息了。

劉肥興致卻高，只想與惠帝趁機多敘。惠帝幼年時在豐邑，常與劉肥玩耍，以竹鞭作馬，滿閭巷跑。惠帝仁厚，不忘這段總角之誼，見了劉肥，只覺得親。朝賀當日，便在未央宮設宴，款待劉肥，也請母后來共飲。

那劉肥之母曹氏，係劉邦外婦，生了劉肥之後，過世得早。呂后嫁入劉家時，劉肥已由太公夫婦撫育至六歲，便也呼呂后為「阿娘」，是為庶長子。呂后身為嫡母，如今惠帝宴請劉肥，也不好冷臉拒絕，於是便換了衣飾，帶著宣棄奴，來至未央宮中。

惠帝在飛閣之下恭迎，將呂后扶至偏殿，在主座坐下。呂后見主座設有兩個案席，不由便一怔，開口問道：「盈兒，一個劉肥來朝，何勞你這般排場？」

惠帝回道：「阿肥兄坐鎮齊地，地廣人眾，頗為操勞。兒臣今為他接風，是為盡孝悌。」

呂后冷笑一聲：「你阿翁偏心，封劉氏子弟之時，凡操齊語之地，盡歸阿肥，他封邑焉能不大？比韓信還要威風了！」

「阿肥兄總還是不易。」

「那當然。他自幼肥壯如豬，胃口好，太公為他取名，便是據此而來。如今封邑廣大，物產甚豐，怕是吃也要吃累了！」

母子正說話間，閎孺自外而入，報稱齊王劉肥已駕到。

惠帝連忙迎出，見到劉肥，不容他施大禮，便扯住他衣袖道：「今夕我母子三人小聚，算是家宴，一切虛禮可免，如在豐邑時，敘些家常而已。」說罷，便執劉肥之手入內。

劉肥見了呂后，喚了一聲：「阿娘！」便伏地行了大禮。

呂后略欠一欠身，笑道：「才說你幼時肥壯，胃口了得。看你今日這模樣，想是在齊地多吃了魚蝦，堪堪更肥了。」

「託阿娘的福！肥兒這是飽食終日，返國後，自當勤政才是。」

呂后一笑：「勤政不勤政的，萬事都是阿娘在擔著，你輩終究是省心。且坐下吧。」

惠帝連忙搶上一步，引劉肥往呂后左側的空位去，一邊便道：「今日家宴，全不拘禮，權當此處即是中陽裡。我持家人之禮，以待阿肥兄，請阿兄也入上座。」

劉肥哈哈一笑，向劉盈揖道：「阿弟心意，為兄領了。入漢營以來，再無這般家宴了，今日重溫，好不快活！」說著，便在呂后左側坐下。

惠帝則退至右邊客座，面北而坐。

呂后一見，臉上遽然變色，轉頭注目劉肥良久，心中暗道：「豎子，不亦狂乎！與盈兒稱兄道弟，倒也罷了，居然還敢入上座！」當下就不悅，只顧埋頭喝悶酒。

未幾，兩兄弟談及當年征彭城事，劉肥笑道：「那日兵荒馬亂，阿弟阿妹走失，我急得大哭，任憑阿娘如何罵我，也罵不住。」

呂后便抬起頭來，冷冷一笑：「你們那阿翁，鐵石心腸！盈兒、魯元在他車上，追兵將至，他倒能忍心將兩人踹下。若是你阿肥在車上，只怕他也踹不動。」

兩兄弟只當是玩笑話，聽罷都大笑。

呂后看看，心中恨意愈深，便回首喚了宣棄奴來，低聲吩咐了兩句。宣棄奴領命，躬身急急退下。少頃，便從長樂宮攜了兩卮酒來，置於呂后案頭。

呂后忙起身，將兩卮酒移在劉肥面前，道：「近日御廚的酒，無高手料理，越發的寡淡了，只如白水。來來來，此乃楚王所獻的醴酒。肥兒，今日團聚，得敘天倫，為十年間所未有，你當為阿娘祝酒，一醉方休。」

劉肥不禁動容，含淚而起，捧起一卮，便要為呂后斟酒。

呂后連忙以手遮杯，拒道：「阿娘近日累了，不勝酒力。此美酒難得，你自己只管飲。」

劉肥便手執酒卮，起身恭立於呂后前，準備祝酒。惠帝見了，也連忙起身道：「兒與肥兄一起，也為阿娘祝酒。」說罷，便去端另一卮酒。

呂后見狀大恐，倏地起身，一把奪下惠帝手中酒卮，叱道：「大病方癒，你如何能飲？」

劉肥見狀，心中生疑，忽地想起如意暴死事，不知今日這酒中是否也有名堂，遂不敢飲，佯作站立不穩，晃了一晃，放下酒卮道：「兒臣旅途勞頓，今日才這幾杯，便醉了……」

呂后忙以溫言安撫：「你氣壯如牛，這幾杯酒下肚，何足道哉？」

劉肥未作答，又假作頭暈欲嘔，蹲下身去片刻，方起身向呂后、惠帝揖道：「慚愧，出醜了！臣先告退，容他日再飲。」言畢，不等呂后發話，便搖搖晃晃退下殿去。

呂后怔了一怔，正要將他喚回，卻不料劉肥甫一出殿，便急趨如飛，跑出宮外，招呼守候在外的屬官，登車奔回了客邸。

回到客邸，劉肥連呼僥倖，猶自驚魂未定，急命左右以重金賄賂相熟的涓人，打探虛實。次日，宮中便有消息傳回，說那兩卮醴酒，果然是毒酒！

劉肥聞報，如五雷轟頂，頓時癱坐於地。想昨晚雖是僥倖脫險，然太后既有此心，又怎肯罷休？此次，怕是難以脫身了。

輾轉一夜未眠，劉肥苦思解脫之道而不得，心知若再拖一兩日，又將有大禍臨頭，便急喚屬官前來密商。

劉肥的妻舅駟鈞，性格一向暴烈，此時聞劉肥擔憂之言，便大言道：「大王為高帝庶長子，金枝玉葉，世無其二，哪個敢動你？管他！你安居都中，必無事。」

座中，郎中令祝午卻搖頭道：「太后當朝，不可硬頂，不如趁夜逃走。人不在羅網中，終究可得騰挪。」

兩人說過，眾人也七嘴八舌，全無一個好方略。唯有內史[04]衛益壽沉穩多智，從容獻計道：「太后欲害大王，必是因心中惡之，如能變其為善意，自可無事。」

劉肥苦笑道：「這個，孤王如何不知？然……難矣！」

「依臣之見，不難也，可以財貨賄之。」

劉肥便哂道：「衛公玩笑了，太后擁有天下，宮中不缺珍玩，我拿什麼可以賄賂？」

衛益壽微微一笑，建言道：「臣職掌財賦，於財貨事多有所察，天下不貪心之人，萬里也難覓一個！以太后而論，其嫡親子女，僅有今上與

[04]　內史，此處指漢諸侯國之屬官，掌財賦之事。

魯元公主二人。今上之富有，便無須說了，然魯元公主卻不然。其夫張敖，因得罪先帝，由王降為侯，食邑甚少，太后又不便逾制，無計為魯元增食邑。文章便可從此處做起。」

劉肥聽到此，雙目立即放光：「哦？你意是說……」

「請大王上表，自請割讓封土，獻予魯元公主做湯沐邑，此舉必獲太后歡心。如此賄賂，手面闊大，又不必鬼鬼祟祟。公主既得了這實惠，天下人亦無話可說，太后如何能不喜？屆時大王趁勢辭行，太后又焉能不允？」

劉肥聽到此，喜得一拍膝頭：「好計！到底是整日鑽錢洞的，知道天大的事，也大不過錢財。好，孤王就依你所言，去賄賂咱自家阿娣。」

衛益壽又道：「諸王之中，大王得先帝垂顧，土地最廣，坐擁七十二城，何人可及？這便是惹人嫉恨之處。」

劉肥不覺驚悚：「哦？原來如此。」

衛益壽朗聲道：「那當然！先帝在時，無人敢妄議；先帝不在了，這便是惹禍的端由。」

劉肥登時汗流如注：「這……這七十二城，倒是七十二柄斧鉞，加在我頸上。」

「正是。封土之貴，怎比得上性命金貴？大王不可糊塗。」

「孤王知道了。這七十二城，今後誰若想取，就任由他取去。」

次日天剛明，劉肥便親手寫了表章，差人遞進宮中，稱願將城陽郡獻予魯元公主。

表章送走，劉肥心仍忐忑，拉了駟鈞、祝午相陪，不吃不喝坐等回音，只擔心等來的是噩訊。然事正如衛益壽所料，未幾，朝中便有詔下，欣然允准齊王所請，並曉諭天下，以示嘉勉。

詔書送至客邸，劉肥大喜，忍不住與駟鈞擊掌相慶：「天下果然沒有不愛財的！」隨即，又上表懇請辭行。

原料想太后必會恩准返國，然接連幾日，宮中卻毫無動靜。劉肥大急，又召衛益壽來密議。衛益壽也難料太后喜怒，沉思半晌，才道：「宮中無回音，便是太后仍不放心大王。大王既示弱，便索性做到底，不如再上一表，請尊魯元公主為齊之王太后，大王以母禮事之。公主得此名分，位即在諸侯之上，不由得太后不喜。」

劉肥面露疑惑，忍不住問：「如此，輩分豈不是亂了嗎？我嫡母為皇太后，阿娣又為王太后，孤王究竟是皇子呢，還是皇孫？」

衛益壽道：「人之好名，概莫能外；即便是鬼怪，亦不欺諂諛之人。此表所請，尊齊王太后也罷，以母禮事公主也罷，事雖荒謬，其意甚明，就是要巴結。太后見大王以笑面諂之，焉有發怒之理？」

劉肥這才大悟，不禁苦笑道：「好好！清平人世，硬要呼女弟為娘！千載之下也是奇事。」說罷，即援筆寫好了表章，差人火快遞進了宮去。

果不其然，此表遞上，才過了一夜，天明即有大隊宦者、宮女、樂工、庖廚，攜酒饌、禮器絡繹而至，叩開客邸大門，稱太后、陛下及公主稍後即至，要與齊王餞行。

劉肥剛剛睡醒，聞司閽來報，怔了一怔，遂大笑三聲，從榻上一躍而起，急忙穿好袞服，口中不停讚道：「衛公智者，智者也！救了孤王一命。」

客邸上下，頓時手忙腳亂，準備接駕。待收拾停當，劉肥便與屬官出了大門恭候。片刻過後，宮中鑾駕便到了，有數百名郎衛在前，傳警淨街。但見金瓜斧鉞、黃傘旌旗，塞了滿滿一條街巷。

劉肥與屬官俱伏於邸門外，行大禮相迎。呂后緩緩下得車來，一手牽著惠帝，一手牽著魯元，對劉肥笑道：「肥兒，你做了齊王，比幼年時曉事多了，倒還不是只長肉膘。快快起來吧，一同入內。」

呂后打量一眼齊國屬官，見到有駟鈞在，便問道：「駟鈞！劉肥家中，只你一個猛虎，非老娘，誰也鎮不住你，近來脾氣可改好些了？」

駟鈞正要答話，劉肥連忙搶著道：「駟鈞已非同往日，再無倔強脾氣，太后請放心。」

呂后笑道：「萬年江河，居然也可以西流了？聽這話，只似在做夢。好了，今日我母子聚會，諸臣就不必陪了。」

一行人至正堂落座，呂后坐主座，面朝東；惠帝坐於左側，面朝南；魯元坐於右側，面朝北。劉肥這次也知趣了，便面朝西，坐在下座。

呂后環視座次，莞爾一笑：「肥兒，今日為你送行，乃自家人便宴，比照前回在未央宮，就無須拘禮了吧？」

劉肥起身答道：「肥兒數年來，也讀了些書，再看世相，便不再糊塗，知秦亡乃是不用禮，漢興乃是克己復禮，即便家宴，禮也不可失。我既尊魯元為王太后，即要行長幼之禮，方合乎天道。」說著便跪下，膝行至魯元面前，伏地行大禮。

那魯元樂不可支，拂了拂袖道：「肥兒，你之心意，為母已知。快快平身吧！」

此言一出，舉座皆大笑。呂后仰頭笑道：「魯元，你新收這一子，來得倒容易。如此肥碩，只不要將你那家底吃窮了。」

魯元掩口笑道：「我肥兒知孝敬，哪裡會害我！」

呂后跟著笑罷，便道：「我那痴婿張敖，也是命苦，王做不成，委屈做了個宣平侯。今日魯元做了齊王太后，那張敖豈非成了太上王了？」

眾人皆大笑：「便請母后冊封他好了！」

呂后見滿堂盡歡，心中甚喜，竟將猜忌心全都拋掉了，越看劉肥越覺順眼，便一揮袖，吩咐立於旁側的宣棄奴道：「命宮中樂工上來，奏雅樂，為我母子助興。」

不多時，樂工就位，一時笙簧齊鳴，樂韻悠揚。

酒過數巡，呂后道：「你們阿翁，自沛縣舉兵後，便如弓弦緊繃，片時不得鬆弛。

我母子跟著東奔西忙，也難得小聚。今日家宴，送肥兒東歸，我母子只管敘舊便是。」

惠帝等三人，便講起幼年趣事。魯元忽然想起，便問呂后道：「張敖僅長我幾歲，我便嫌他迂腐；母后當年，如何就敢嫁四十歲之老男？」

呂后略有酒意，笑道：「我那時在閨閣，哪裡有自己主張？還不是你們外祖呂公做主。那沛縣令原本也有意，求我為他兒媳，外祖只是不肯，強令我嫁與那田舍翁。為娘我若在今日，只怕他劉季給我叩半日頭，我也不嫁！」

惠帝笑問：「外祖看我阿翁，好在何處？」

「外祖僅粗通相術，自以為識人。當日他也是酒飲多了，信口亂說，稱半生閱人，無如劉季那般大貴的。」

劉肥便大笑，為呂后祝酒道：「外祖眼光犀利！我阿翁阿娘，果然都成大貴。」

呂后也笑個不住，搖頭道：「外祖哪裡就眼光好？只不過，盲眼貍碰上了一隻死鼠！記得那日，在沛縣田中，我帶你們薅草，有過路老叟向我討食水，說了一番話，那才是好眼光。」

惠帝道：「當日事，我還約略記得，那老叟鬚髮皆白，只記不得他說了些什麼。」呂后便一指惠帝，笑道：「說我來日之貴，皆因此男！」

魯元、劉肥目視惠帝，皆大笑不止。

呂后望望魯元，頓起今昔之慨：「那時阿翁為亭長，不知為何煩了，有些年告退歸鄉，以務農為生。其間又得罪官府，藏匿他鄉，不敢現身……那時家貧如洗，四鄰嘲笑，為娘所嘗苦頭，一言難盡。幸得魯元耐苦，年七歲，便能代我勞作，抱哺幼弟，多有分擔。」

劉肥便慚愧道：「當時，兒臣甚不曉事，多貪玩。」

呂后便嗔道：「整日不見你蹤影，只曉得隨太公鬥雞！盛夏下田，唯我母女蓬首跣足，汗流浹背，不知有何等狼狽。」

惠帝便詫異：「阿娘阿姊，竟有如此之苦！當時我全不知曉，只覺得野外好玩。」呂后便笑：「是呀，生子有何用？惹氣而已！」

惠帝又望住魯元：「阿娘嫁給阿翁，自是父母之命。阿姊嫁給張敖，恐不是父母之命吧？」

呂后搖頭道：「哪裡話！還不是你們阿翁看中張敖。」

劉肥便道：「此事我約略知曉。先是阿翁戲言，要嫁魯元為張耳兒媳。然僅一言，媒妁未定，仍舊命阿娣選婿，選來顯貴子弟三十人。三十人中，唯張敖才貌出眾，射藝又佳，阿翁甚讚之，阿娣卻羞而不答。倒是那、那……有人在旁道：『魯元已心許之。』阿翁這才當場敲定。」

劉肥此處提到之人，便是戚夫人。聞劉肥所言，呂后便瞥他一眼，道：「陳糠爛穀之事，還提起作甚？總之魯元所嫁，甚合我意。這張敖，端的是個好婿！肥兒、盈兒，你們做人，都須效仿他。」

如此，四人杯觥交錯，意興盎然，竟從朝食時分，直飲到日暮，仍覺意猶未盡。宴罷，呂后、惠帝與魯元便起駕回宮。劉肥恭送至大門外，似不經意間對呂后道：「孩兒入朝，已出來多日了，齊地諸事，實不放心。」

呂后便道：「你明日就回吧，有事再來。有那稀罕海味，莫忘了孝敬阿娘。」得此允准，劉肥大喜，連忙行大禮謝恩。

鑾駕走後，劉肥進了客邸，即下令連夜收拾行囊，立即起程。眾屬官都覺驚愕，駟鈞不由跳起，問道：「何不天明再走？」

衛益壽對眾人道：「旦夕之間，生死殊途。今夜若不走，鬼神也不知明日將有何事。諸君為大王計，寧肯勞苦，也迂闊不得。」

眾人這才恍然大悟，立時收拾好行囊，至夜半時分，開門望望街上無人，便擁著劉肥，快馬向東馳去。

未及半月，劉肥一行便奔回了齊都臨淄（今山東省淄博市）。相國曹參與劉肥之子劉襄、劉章、劉興居、劉將閭等早已聞訊，皆在西門外恭候。

劉肥一路驚魂未定，此時仍心有餘悸，諸子將他扶下車來，卻是腳麻不能行走。抬頭見諸子皆華衣袞服，便大怒道：「豎子，只知享樂，全不解乃父之危！錦衣玉食，豈是平白從天上落下來的，你輩還能消受幾日？我醜話在先，今日起務必收斂，闔門皆布衣蔬食，不許張揚，尤不許仗勢欺人，只俯首做那犬羊便好。」諸子不明就裡，聞言皆大駭，伏地連聲應諾。

曹參則道：「諸公子皆有為，大王不必苛責。」

劉肥便苦笑：「相國有所不知……唉，不提也罷。」

劉肥回到齊王宮，還未進殿，便兩腿一軟，暈厥倒地。王后與眾姬妾見了，慌忙將他扶起，攙回寢宮，又七手八腳灌下藥去。

良久，劉肥方甦醒過來，望住王后，嘆道：「好歹保得一命，然可保得善終乎？」此後，竟大病三月不起。病癒後，亦不敢隨意出宮了，萬事有賴於曹參，每日只焚香而坐，少言寡語。

惠帝二年春正月起，天下各處，忽然頻現異象。正月末，有齊國使者來報，說是蘭陵縣一戶人家井中，有兩龍戲水，三日間滿庭金光，霧氣蒸騰，至第三日入夜，忽又不見了。

呂后閱罷奏報，大惑，不知是吉是凶，喃喃道：「兩龍？其一乃劉盈也。還有一龍，又是誰人？」

審食其在側低語道：「正是太后。」

呂后瞥他一眼，叱道：「亂說！哀家如何便是條龍？此相，恐不是祥瑞，無須理會了。」

「蘭陵縣在齊地，或是應在劉肥身上？」

「閉嘴！他哪裡配。或是他弄出的名堂，來恭維我也未可知，只不要理會便好。」

隔了幾日，又有郵驛急報說：隴西忽發地震，山為之崩，水為之不流，百姓皆驚恐。

呂后更是惶惑，怏怏道：「今年如何連連犯沖？總是那劉盈不得力。」

審食其便勸道：「新帝雖柔弱，然其心和善，仁聲在外，天下皆服。登位才及一年，尚欠歷練，太后可無須焦慮。」

「你也休來寬慰我！劉盈病癒後，不理政事，只夥著那個閎孺，晝夜廝混，哪還有個人君的樣子？」

「總還是少年浮浪，不知緩急。」

「什麼少年浮浪？老鼠之子，總免不了好打洞！那失心翁，生前有個戚氏狐媚不算，還有個男寵籍孺，終日廝混，不男不女，實為改不了的閭里惡習。他一歸天，我便將那籍孺拘禁在永巷裡。」

「應早為劉盈立皇后，便可約束。」

呂后搖頭道：「正是這選皇后之事，不可匆促。前太子妃吳氏，倒還聽話，只可惜早早病歿，無福做皇后。今議立皇后，倘若選人不當，便是引來了豺虎，哀家從此倒要多事了。」

審食其一驚，思忖片刻道：「難選亦要選。皇后缺位，日久臣民皆有疑惑，今日若不著手，則永無選出之日。選皇后事，總須耐心；況乎太后慧眼，於數萬民女中，豈能無一人可選？」

呂后便拉下臉來，冷冷道：「我擇兒媳，你急的甚？吾輩今日尚體健，然天不假年，轉眼吾輩便垂老矣，那新婦時日卻甚多，漸漸使起心計來，天下還能再姓呂嗎？你審郎，怕也要掂掂頭顱的輕重了。」

審食其摸摸後頸，倒吸一口涼氣：「如此說來……此事倒也急不得。臣想得容易了，還須聽太后定奪。」

呂后便點了一下審食其額頭，笑道：「你知曉便好！」由是，選皇后一事，便擱下不再提了。

至夏，天下又多事，各地大旱，民間哀鴻遍野。呂后正在鬱悶中，忽又聞蕭何因築城勞累，一病不起，不由就蹙眉：「相國若離去，天下還成個天下嗎？都是那失心翁弄鬼，要拉蕭何下九泉，不願我在人間太過清閒。只不知何日，也要將我拉了下去！」言畢，便登輦出宮，急赴蕭府，探問蕭何病況。在蕭府中，呂后死死拉住蕭何夫人同氏之手，悲泣了半晌。臨別，呂后叮囑道：「相國若不治，切勿過於心傷，哀家即封你為侯，食邑在沛郡酇縣（今河南省永城市），次郎蕭延襲不了父蔭，我也封他為侯。你母子幾個，好歹都有供養，不至於潦倒。」

回宮後，呂后即遣涓人往未央宮，知會了惠帝。惠帝聞之，也是吃了一驚，連忙乘輦往蕭府去，至榻前看望。見蕭何形銷骨立，手如枯枝，不禁淚落如雨，慨嘆道：「相國一生，為漢家操勞，上致君，下為民，乃千古完人也。不知千年之後，人間可還有如此好相國？」

蕭何倚在枕上，氣喘吁吁道：「陛下言重了⋯⋯蕭某此生，做人亦有私心，畏君如畏虎，不能直諫其弊；見忠良蒙冤，亦不敢為之辯白，實不能稱善德。微臣一生勤謹，未負天下百姓，盡心擘畫制度、訂立律法，令朝野各有其度。老子曰：『天下有始，以為天下母；既得其母，以知其子。』我漢家，便是這天下之母。後世百代，也無非漢家之子，其貌雖異，其脈相承也。上下有序，尊卑不亂，和睦而致遠，永絕秦之暴虐。如此，臣便可含笑瞑目了⋯⋯」

一番話未說完，蕭何竟力不能支。惠帝見了，又數度泣下，執蕭何之手問道：「君之心，朕已明瞭。請問君百歲之後，誰可代君？」

蕭何並未應對，只道：「知臣莫如君，我又何必多言？」惠帝忽憶起先帝囑託，便問：「曹參何如？」

蕭何面露笑意，勉力掙扎而起，於榻上叩首道：「陛下有此明見，臣死而無憾矣。」

一番話說完，蕭何竟是汗流浹背。惠帝不忍，忙囑蕭何好好臥下，又勸慰了同氏幾句，便打道回宮了。

同氏送走惠帝，返回屋中，忍不住埋怨蕭何道：「新帝大駕前來，不託付自家小子，卻保薦曹參，直是內外不分了。」

蕭何搖頭道：「我這一門，人丁單薄，可以傳得幾世？祿兒、延兒他們兩個，只須知禮法，恭謹行世，便可以壽終。人之為人，數十年壽而已，還有何奢望須拜託皇帝？」說罷一擺手，便不再言語了。

惠帝探視未過幾日，入了秋七月，蕭何便再也撐不住，竟一夕病歿了。噩訊傳出，上自呂后惠帝，下至列侯平民，無不心傷。

呂后喚了惠帝至跟前，望著庭中黃葉，一臉哀戚道：「漢家諸舊臣，昔在芒碭山中，可謂新禾出土，枝葉繁茂，何其壯哉！今天下歸我，卻只見紛紛凋零，勢無可挽。老輩已見下世的光景，你倒是少年無憂，只知與宮女、孌童勾搭，成個什麼體統？再亂鬧，我必將那妖人閎孺，也丟進永巷裡去！」

惠帝卻不服氣，叩首回道：「兒生也晚，未見過什麼壯哉，所見唯有宮闈心機重重。內中是非曲直，亦無意分辨，只求今生可得盡歡。母后是見過壯哉氣象的，治天下，如烹小鮮而已。朝中大小事，可全憑母后裁斷，兒臣絕無半句異議。」

呂后聽了，語塞半晌，遂揮袖道：「不肖孺子，何時方能成大事？罷了罷了！蕭相國薨，天下震動，你且去張羅詔書吧。加謚褒揚，為遺孀子嗣封侯，總要有個交代。」

隔日，惠帝便有詔下，謚蕭何為「文終侯」，由長子蕭祿襲爵。夫人同氏封為酇侯，次子蕭延封為築陽侯（封邑在今河北省故城縣北）。

說起那漢家權貴子弟來，即便是金枝玉葉，也有不肖的。蕭何後輩中，不守律法者大有人在，屢次獲罪奪爵，竟至侯門中斷。只因後來諸帝感念元勳，不忍見蕭何後人為布衣，故而數次復封。至西漢末年，成帝又問起此事，查出蕭何尚有玄孫十二人，皆為白丁，遂封長房為侯。後至王莽敗亡時，蕭家這累世侯門，方才告絕，其間綿延了二百餘年。

蕭何歿後，呂后還在傷心之際，又有諸呂子弟呂則，自沛郡（今河南永城市附近）來報：「家父建成侯呂釋之，日前於食邑沛郡薨了。」

呂后聽了，淚潸然而下，似再也無力哀傷，只喃喃道：「仲兄亦走了，何其急也⋯⋯」

呂則回道：「家父薨之前，唯惦念姑母。」

呂后拭去淚道：「兩兄不顧阿娣，甩甩手便走了。偌大天下，我一女流輩，如何撐得起？則兒，你今已弱冠否？」

「回姑母，姪兒年前便已弱冠。」

「甚好！看你模樣，倒還壯碩，只是眉眼看似不正。今日襲了父爵，萬不能仗著是國舅之後，便撒野。倘干犯刑律，莫要怪姑母寡恩。」

「姪兒哪裡敢？天上掉下的福，享還享不及呢。」

豈料這位呂則，果然是個不成器的坯子，襲爵未滿一年，便屢犯強占民田、掠賣人口等大罪。

御史大夫趙堯偵知，將案情呈上，呂后看了大怒：「豚犬小子！沒了老父管束，便如此濫汙。若呂家子姪都似呂則，天下豈不轉眼就要垮了！」

趙堯便道：「《禮記》云『刑不上大夫』。賢姪終為國舅之後，此罪，可否寬緩？」

「休要！漢家說來堂皇，不過是鄉鄰結夥打了這天下，什麼國舅、國叔，牽連得多了，若都講情，則漢律便成廢柴！今後列侯子孫，凡有干犯律法者，即廢爵除國，不容緩頰。不如此，數十年後，漢家怕就沒了王法，又要出個陳勝王來！」

「若呂則廢了爵，則建成侯的後人，便都成庶民了，著實令人憐憫。」

「此事有何奇？且必不為孤例。豪門子弟，多不知珍惜，不鬧到國除，不會罷手。」

趙堯心有疑慮，一揖道：「臣只擔心，至百年後，列侯子孫不肖，將盡數廢爵除國。」

呂后便仰頭大笑：「趙堯，哀家還須憐惜他們嗎？」

卻說劉肥裝瘋賣傻了一回，回到齊地。諸事便全付予曹參。時曹參在齊，輔佐劉肥，不知不覺已有九年了。

這個曹參，乃國之福星，不獨勇猛善戰，亦能知人善任。早年他曾為縣吏，治理鄉里頗有方，今見齊地廣袤、百姓眾多，便下令遍召國中長老入都，詢問有何妙計。

那齊地本為禮儀之邦，雖經戰火，先秦諸儒卻仍有遺留，遍布四方，竟是數以百計。聞曹參召，一齊來到齊相府，各抒己見，百人百樣主張，其說不一。曹參聽了，只覺頭暈，不知究竟哪一家高明。後聞說膠西有一位蓋公，擅長黃老之術，是天底下難得的一位奇才，便出重金相邀，延至相府為幕賓，當面求教。

曹參對蓋公執弟子禮，誠懇拜道：「曹某雖為列侯，然僅有軍功而已；治理一國之民事，並無過人之處。此番請公來，便是求教：百姓濟濟，各有其欲，如何能使之安分守己？」

那蓋公一身布衣，白髮皤然，眉宇間深藏滄桑，聞曹參有此問，便答道：「治民之道，貴清淨。在上者端然穩坐，垂拱而治，百姓自定。若居上發號施令者，自以為有千秋之才，一日百念，動輒出新，以翻覆天下為樂事，則百姓不敢治恆業、不肯遵禮俗，終日揣摩上意，藐視綱常，以圖亂中取利。久必奸詐肆行，相害相殺，天下還可得安嗎？」

曹參聞言一悚：「先生之言，曹某聞所未聞，實在汗顏。請問：除陳弊，推新政，不是大有為之舉嗎？」

「有為無為，總以利民為上。丞相可細思之：暴秦既除，天下匡定，為政應需求簡，凡事不必翻三覆四。百姓治生，有如蔓草，貴在自生自長，無須你日日侍弄。如此，為政者心定，百姓亦身安，兩下裡都少煩惱。這即是老子所謂『不言之教，無為之益』，何必又再多事？」

曹參聞此言，面露敬畏，不由嘆道：「在下遇先生，真乃天賜！新鮮之論，足可以啟心竅。然今後施政，關要之處為何？還請先生賜教。」

蓋公捋鬚想了想，徐徐道：「在下所論，無非類推，有何可稱新鮮的？須知：天下大道，前後承續，非自你家而始！故前人之定規，後人不可輕易廢之，尤不能如翻鼎鑊，良莠皆棄。若全廢前人之規，天下便成茹毛飲血之世，亂亂相生不已。居上位者，亦如坐爐灶，可有一日能安生乎？倘是執戟提劍，如臨大敵，唯恐民化為盜賊，則天下竟成什麼樣子？又焉能企望傳承百代？」

曹參聽得瞠目，拍膝呼道：「哦呀……如此說來，吾輩昔日，竟似無智狂徒了！」

蓋公微微一笑：「動靜之理，不可不察。守天下者，人心也，豈能倚賴刀劍而守之？」

兩人相談甚久，自朝至暮，不覺夜已深。曹參這才驚覺夜闌人靜，忙起身揖道：「有先生指教，齊地可保百世安泰。曹某為相，不可一日無公；自今夜起，我便避居別室，請先生居正堂，以為尊。」

蓋公大驚，力辭不肯，曹參卻執意要讓室別居。如此推讓良久，蓋公只得允了，就在齊相府住下。

此後曹參施政，凡事必問蓋公，得了指點，便無一不遵行。不數年，齊地即大治，民心皆服，百業繁盛。那劉肥得此良相，也樂得不問政事，愈加心寬體胖。

這年秋七月，曹參在臨淄得了消息，知蕭何病歿，心中便一動，急召舍人來，吩咐收拾行裝。舍人頓覺大奇，問道：「未聞召丞相，如何要置備行裝？」曹參大笑道：「吾將為朝中相國矣！」舍人半信半疑，卻也不敢怠慢，將那行裝連夜收拾齊備。

果然未過幾日，便有朝使飛騎而至，召曹參入朝為相。舍人聞之，大為嘆服，急忙搬出箱籠來，七手八腳裝好了車。

辭別之日，相府一切政務，均移交給後任丞相齊壽。

曹參向齊壽交了印信，特意囑咐道：「齊地之獄市，託付予君，請任其自便，切勿驚擾。」

這「獄市」，究為何物？後世解說不一，總之是包攬訴訟、賄買刑獄的集市之類。齊壽甚感詫異：「曹丞相，治齊之事，頭緒萬端，無有大於此事者？」

曹參正色道：「齊壽兄，足下乃朝廷命官，我豈敢與你玩笑？此等獄市，乃藏汙納垢之地。大盜宵小，無不包容。君若急於建功，限期清除，奸人還有何地可以容身？必將四處流竄，糜爛地方，那便是你自找多事了。」

齊壽這才大悟，折服道：「曹丞相治齊，天下有口皆碑，原來是以不動而制動！老夫受教了，必不去碰那蜂巢，免得自掌耳光。」

曹參笑道：「正是。小奸不可窮究，正如溪谷之水，終是小患；若塞之，必溢成汪洋。」

待交接事畢，曹參辭別了劉肥、齊壽，這才從容上路。齊地各邑官民，一路迎送，自有一番風光。路上，曹參想起平素與蕭何的恩怨，不由得心生感慨。

原來，蕭、曹二人，早年同為沛縣吏，私交甚好，無事常推杯換盞，情同手足。二人隨劉邦起事後，仍為同僚，初時倒也相洽。不料各為將相後，漸生嫌隙，竟衍成文武兩黨，紛爭計較，連劉邦也無從調停。封侯之際，劉邦力主蕭何功高，位列第一。

曹黨一眾心存不服，便更是激憤。

兩人交惡如此，那劉邦臨終遺囑，卻是推曹參可繼任蕭何，實為奇事。更令人驚詫者，莫過於蕭何託付後事，竟也推曹參繼任。消息傳出，舉朝皆疑，有那蕭黨眾臣，心頭自不能安，不知新相國就任後，朝政可會有翻覆？若曹參計較前嫌，掀起政潮來，則株連無已，自家前程恐要不保。更有那相國府屬官，已追隨蕭何十餘年，此時驟失護佑，都惶惶不可終日。

曹參一路思之，心亦不靜。左思右想，唯敬服蕭何有遠謀，不由自語道：「蕭黨曹黨，終是一黨，哪有恁多計較。」於是打定主意：今後相府，一仍其舊，不可有一人因蕭何而獲咎。

車駕入都後，曹參即謁見惠帝，接了相印。惠帝見到曹參，幾欲落淚，哽咽道：「漢家安天下，唯賴叔伯輩了⋯⋯」

曹參連忙叩謝，神情懇切道：「陛下切勿憂心。曹某昨為先帝臣，今則為陛下臣，血染脖頸換來的天下，唯有捨命保之。」

謁見畢，曹參又轉入長樂宮，謁見呂后。甫一落座，呂后便熱淚漣漣：「曹公不老，哀家心可稍安。先帝殯天逾兩年，哀家方知治天下不易，若無老臣在朝，則天無維繫、地無支腳，我一個婦人，如何能應付得來？」

曹參忙勸道：「幸得先帝英明，早將那強枝刈除，令我輩坐享清平，朝無奸佞，野無盜賊，垂袖亦能治天下，太后請安心。」

呂后抹乾了淚，又道：「蕭相國老成多謀，採集秦六法，修成漢律九章，明法令，減稅負，十餘年如一日，漸成定規。你今繼任，萬事須謹慎。哀家以為，欲保這天下之安，全在一個『守』字。」

曹參急忙揖道：「臣多年也知此理，絕不敢造次。入都路上，已將事情想通徹了，蕭相國所為，便是臣之所守，半步不敢有所踰越。」

呂后聞此言，心內大慰，讚道：「漢家本源，哪裡是在漢中，分明就在沛縣呀。無老臣，豈能有這漢家！」隨即，又真心嘉勉了幾句。

曹參忽想起一事，便橫了橫心，奏道：「臣聞長安風傳，先帝駕崩後，三日未發喪，乃是有人獻計，欲除功臣，此議實令功臣心寒。」

呂后立顯尷尬，臉色忽白忽紅，急忙道：「當時哀家心傷，昏厥三日，中涓不知所措。剪除功臣之事，實屬無稽之談，公不可信。你等老臣謀國，無人可及，哀家心裡已是有數了。倒有那躁進之徒，趁先帝病重糊塗，進了不少讒言。這筆帳，哀家沒有忘，留待日後再算。」

這一番言語，兩人都卸掉了心病，頓感踏實。曹參便謝恩告退，直入相國府，上任視事。

相府諸吏只道是新官上任，必驅使前任屬官如馬牛，卻不料一連數日，曹參只閉門閱文牘，府中公文擬寫、遞送等事，全無變化。諸吏心中大奇，每日偷眼去瞄新主，不敢有所怠慢。又過了數日，仍是不見異常，且相府門張掛出告示，囑屬官一切照前任在時辦理，不得存心討好、過度用力。屬官始信曹參並無掀翻鼎鑊之意，心中都暗喜，一面大讚曹相有氣度，一面私下裡相告：「來了一個不理事的！」欣喜之態溢於言表。

曹參全不理睬，仍冷眼旁觀。先後費時月餘，參透了相府事務大要，方入手擇優汰劣。先是移文各郡國，請代為招賢。凡有口才木訥、不善文辭的，或從吏多年之忠厚長者，多多薦來相府，用為諸曹吏員。原屬吏之中，有那擬寫公文格外講究，意欲博取名聲的，一概罷黜。如此一入一出，相府風習立顯篤厚，各安其分，再無人多事。

曹參這才面露笑意，每日赴公廨，略點一點卯，諸事便交屬吏去辦，自己與左右親信聚在後園涼亭，朝夕飲酒。

如此數月過去，曹參入相不辦事的名聲，漸漸傳開。有那朝臣大為迷惑，不忍見曹參毀了清譽，便紛紛登門，欲加勸諫。曹參也不拒見，一概笑臉迎入，直將那來客引至涼亭，擺酒暢飲。來客想表明來意，曹參卻不容人開口，舉杯便道：「來來！歷來美婦誤事，大丈夫沾染不得；然醇酒卻無害，不妨痛飲之。」

來客礙於情面，只得陪飲。數巡之後，稍有間歇，正欲開口談正事，卻被曹參擋住，連連敬酒道：「如何便不飲了？吾自臨淄載來一車醇酒，經年也飲之不盡。今日不飲，更待何時？」來客萬般無奈，只得舉杯應酬，如此一醉方休，片言都未曾說出。此事傳開，眾臣不知曹參意欲如何，漸漸也冷了心，不再來勸。

主官既如此，相府上下，便無不竊喜。眾掾吏每日辦完公事，見時辰尚早，便都聚在後園附近吏舍，結夥飲酒。自暮至夜，呼喝歌舞，其聲如鼎沸，遠播於房舍之外。曹參只是渾然不覺。

有一親隨主吏翟回慶，乃從齊相府跟來，素未見過吏員有如此放肆者，心中生厭，然也無可奈何，便請曹參至後園深處一遊。曹參從其請，踱至花木扶疏處，聞聽牆外有人醉酒歌呼，便回首問道：「何人在相府近旁喧鬧？」

翟回慶答道：「此乃吏舍。」

曹參怔了怔，便笑道：「這般小吏，從善學好，倒不曾有這樣快！」便步出園去，直奔吏舍。

翟回慶心中暗喜，估計相國此次定要問罪。卻不料，只聽曹參大呼道：「爾等有好酒，何不分與我嘗？快搬進園來！」

眾吏探頭出來，見是相國，都雀躍譁笑，七手八腳將酒罈搬進園中。曹參便拉了諸吏同坐，歡歌狂飲。忽見那翟回慶訕訕而立，一臉茫然，曹參便笑道：「你也來坐！爾輩年少，未見過楚項王那凶煞。我每上陣，若不飲酒，如何能有膽與他對陣？故而，酒為漢家膽魂，一日不可少。」

翟回慶無奈苦笑，也只得坐下，與曹參同飲。三巡過後，漸也引吭歌呼、放浪形骸起來，至夜深方罷。

諸吏至此，知新相通情達理，便不再畏怯，皆視曹參為渾樸長者。有那新來的吏員，不諳事務，偶有小錯，曹參則巧為掩蓋，不予責罰。眾吏員見之，心中感念，都各自勤勉從公，府中波瀾不興。

曹參行跡，漸為眾臣所知，有以為有趣的，有以為乃不祥之兆的。未幾，也傳入了宮中。呂后聞之，只會心一笑，並無言語。而惠帝聞之，則大為驚異，想自己終日飲酒作樂，聲色男女，皆無礙朝政施行；

若曹參也棄政而縱酒，天下豈不要沒了章法？

「莫非曹相欺我年少？」如此一想，便覺坐臥不寧，有心過問，又恐母后責怪。

這日，正在悶悶，有曹參之子曹窋（ㄓㄨˊ）入侍。時曹窋也在朝任職，官居中大夫[05]，常隨惠帝左右，以備顧問。惠帝便對他道：「正有一事想問你：令尊往日在齊，也是這般縱酒的嗎？」

曹窋回道：「臣未曾聞。臣自幼至長，從未見家父酗酒。家父在齊為相九年，地廣人眾，簡牘如山，他怎敢有片刻簡慢？」

惠帝眨了眨眼，搔首自語道：「這便怪了！如何今日位極人臣，反倒忽然散淡了？」

「臣亦勸過家父，家父只叱道：『小兒輩懂得什麼？』便再無多語。」

「也罷！你今晚歸家，尋個從容時機，私下為朕試問：『先帝方棄群臣而去，新帝尚年少，君為相國，身負天下之責，竟是每日縱酒，無所事事，又何以慮天下事？』然則，問歸問，只不要說是朕囑你問的。」

曹窋與惠帝年紀相仿，心思也相通，忙道：「臣近日亦甚憂，總以為是老輩衰退，日漸腐化，正想探個究竟。陛下放心，今夜歸家，臣便巧為探問。」

當日值殿完畢，曹窋稍事洗沐，便匆匆歸家。趁著近旁無人，遂照惠帝所囑，向乃父發問。

這日曹參又飲得多了，正倚在榻上歇息，飲一碗羹湯解酒。聞曹窋突兀發問，不禁大怒，摔下碗盞，攘臂而起，大罵道：「小兒輩，牙齒還未生齊，來胡亂問些什麼？」說著，便命人取過竹杖來，喝令道：「你給

[05] 中大夫，漢朝官名，備顧問應對。

我伏於地上！」

曹窋暗暗叫苦，卻又不敢不從，只得趴下。

曹參掄起竹杖，狠狠笞打了曹窋二百下。打完，抛了竹杖，喝斥道：「你給我進宮去入侍，不得歸家！天下事，不是你來說三道四的。」

那曹窋無端受了責罰，也不敢叫屈，只得忍痛，由家僕攙扶著，連夜進了宮，將受責罰事稟告惠帝。

惠帝聽了，頓時怔住，良久才苦笑了一下：「真是兩代不能共語。你受苦了，且去值殿房將息，明日朕親自問令尊好了。」

次日朝會畢，惠帝喚來曹參，令其近前，面露不悅道：「君昨日為何責罰曹窋？他之所言，乃我所授意，勸君勿因貪杯而廢政，免得外間有非議。」

曹參一怔，急忙免冠，伏地請罪道：「臣實不知。昨日還甚怪之：小兒如何議起大政來？不想是冒犯了天威。」

惠帝忙道：「哪裡話，君請平身。朕只問：其所言若為實，又何必在乎年齒少長？」

曹參並不起身，卻反問道：「陛下請自察，若論聖武英明，陛下與高皇帝比，誰高？」

「朕哪裡敢攀比高皇帝？」

「那麼以陛下所見，臣與蕭何比，誰賢？」

「這……君似不及蕭何也。」

曹參這才展袖起身，一揖道：「陛下所言極是。昔年高皇帝與蕭何定天下，明訂法令，擘畫規模，陛下才可以垂袖而治，臣曹參可以守職而行。前人有定規，後人遵而不失，難道不好嗎？」

「原來如此！君之所慮，原是為安天下。」

「正是。天下之大，連山帶海，萬民生養其間。朝中動一寸，民間便動至千百里。因此，動不如靜，靜不如有矩。人若知進退，又焉用鞭笞？民若知敬畏，又何必以刀劍相逼？」

惠帝張目視之，恍然大悟，拍掌道：「好好！君無須多言了，我已盡知。你且去歇息吧。」

曹參一笑，從容退下。惠帝望其背影，感慨不止：「蕭、曹，到底是老臣！行止如父，萬民便恭順如子。」

惠帝所嘆，確也不虛。那蕭何胸有大謀，其生前規劃，惠及千年。以《九章律》匡正天下，禮儀綱常，上下尊卑，有如車軌分明。從此官民行事，皆知不踰矩。曹參繼蕭何之職，亦步亦趨，不為沽名而另起爐灶，終在漢初的草莽中，漸漸開出一片太平來，用心同樣良苦。

這一段掌故，傳至後世，便演成了「蕭規曹隨」的成語，流傳至今不廢。

太后無策，審郎命懸一線

常言道：流光易逝，日月如梭。身居太平時日，就更是如此。自惠帝登位之後，四海昇平，內外都無禍亂，百姓只顧埋頭稼穡，操持商業，堪堪便是第三個年頭了。

至惠帝三年（西元前 192 年）春上，呂后與相國曹參商定，再次徵發長安一帶民間男女，共十四萬六千人，服役三十日，修築長安城牆。此次工役，朝廷仍是信守承諾，到期即止，絕不多一日。百姓也捨得用命，碌碌如蟻，將長安城東西兩牆各起了一段，建好了宣平門、清明門、雍門等幾處城門。門扇皆為厚重松木，上覆銅皮，各有九九八十一顆銅釘，堅固異常。

工役完畢日，呂后偕曹參、審食其等一干人，至城下查看。仰望城牆巍巍，向北呈拱衛狀，呂后拊掌大喜：「唔，今年看出模樣來了！」

曹參道：「如此修築，還需兩年方能完工。」

審食其便建言道：「可於秋後禾熟，再徵民夫。」

呂后眉毛一豎，斷然駁道：「哪裡！你我都種過田，民力易疲，萬不可一年兩徵。」

審食其便又建言：「或於今夏，再徵諸王及列侯門下徒隸，可不傷民力。」曹參一喜，附和道：「此議甚好。」

呂后想想，便頷首道：「也好！勳戚們也出些力，都不要坐享其成了。」

曹參道：「微臣這便籌劃，入夏即開工。」

「那麼，曹相國勞苦了！」

「微臣無能，還是蕭相國打的底好。」

呂后瞥了曹參一眼，嗔道：「你們這二人！活著時節，鬥個死去活來，死了又念著人家的好。」

審食其便大笑：「恩怨分和，人之常情也。譬如漢與匈奴，或分或和，亦是變幻無常。」

呂后心中忽有所動，便問曹參：「萬一匈奴來犯，如今可擊滅否？」

曹參沉吟道：「這個……恐還須休養生息。」

呂后便覺失望，淡淡道：「哀家知道了。」

此時呂后所擔憂，並非無緣無故；此後沒幾日，匈奴那面，果然就有動靜。

原來，冒頓單于自忖與劉邦較量多年，所獲卻不多，漢降將也或死或滅，想想便覺鬱悶。兩年前，聞聽劉邦駕崩，起初尚喜，後數月，心中忽覺戚戚，頗有些悔：為何白登之圍放走了劉邦？如此一來，今生便不能與劉邦決一雌雄，實令人懊喪。

兩年來，冒頓連番遣出斥候，潛入漢地，打探到惠帝荒淫、呂后專權，心中便冷笑：如此樣子的漢家，就算踏平了，也勝之不武。

冒頓想到，呂后死了夫君，自己也剛死了閼氏，忽便起了玩心，命人擬了國書一封，語多調侃，遣使呈交呂后，要試上一試，若呂后回覆不當，便興兵犯漢，揚威給這老婦人看看。

暮春時節，匈奴使臣馳入長安，面謁呂后，當面呈上國書，口稱：「吾家單于，遠居漠北，前年驚聞漢天子駕崩，惜因路途遙遠，不能來會葬，至為抱憾。今欲與漢家世代聯姻，永結友好，特呈遞國書一封，再開和親之議，望太后恩准。」

呂后不禁詫異：「你家單于胃口倒好！那白登解圍後，不是已有漢公主嫁去了嗎？今又來索公主，哀家膝下，哪裡有恁多公主？」

那匈奴使臣略微一笑：「吾家單于，所慕並非漢公主。太后覽過便知。」呂后便開卷親覽，只見匈奴國書所言如下：

天地所生、日月所置匈奴大單于敬問漢太后無恙：

吾乃孤憤之君，生於沼澤之中，長於平野牛馬之城，數至邊境，願遊中國，惜乎迄今未曾如願。近有所聞：太后陛下亦孤憤獨居，鬱鬱寡歡。如此漢匈兩主不樂，無以自娛，豈非謬乎？願以吾之所有，易陛下之所無。

呂后瀏覽一遍，似未明其意；又看了一遍，方讀懂——這是冒頓在謾語調戲！當下臉色就一變，怒視匈奴使臣。

那匈奴使臣早有所備，只略略一揖，便昂然而立，一副生死由之的模樣。

呂后眼中冒火，與匈奴使臣對視良久，忽一揮袖道：「你且退下，三日內，哀家自有答覆。」

待匈奴使臣下了殿去，身旁宦棄奴急忙問：「胡虜所言何為？」

呂后忽地站起，將匈奴國書狠狠擲於地：「冒頓找死！去召諸大臣來。」

未幾，朝中重臣聚齊，呂后面帶怒意，以匈奴國書示之，道：「今冒頓來書，無禮之甚。哀家自幼以來，從未遭過此等侮辱。以此看，北地之虜，只配世代做狐兔，終不能論禮義廉恥。我意立斬來使，發舉國之兵征討，要教他知：天朝雖是孤兒寡母，亦不能欺！」

樊噲便雙目圓睜，搶出一步道：「發兵自是不在話下。還有那來使，只烹了就好，無須心軟。然不知匈奴國書中，冒頓胡言亂語了什麼？」

呂后火氣上湧，張了張口，卻是漲紅了臉說不出，便將國書拋給陳平：「你閱罷，轉告諸臣。」

陳平展開卷，讀至一半，臉色便慘白；待讀至末尾，手顫幾不能持卷。樊噲忙問道：「那胡虜，放了些什麼屁？」

陳平臉亦漲紅，支吾不能答：「這、這個……說不得呀。」

樊噲便發急：「倉頡造的字，誰有你認得多，莫非全都吃到了狗肚裡？這百十個字，如何就說不得？」

呂后此時卻厲聲道：「陳平，你可以說！」

陳平惶急，向呂后一揖：「遵旨，恕臣大逆不道。」

樊噲便道：「冒頓無禮，與你何干？你昔年私放我生路，何其果斷；如今讀一封胡虜書，如何就扭扭捏捏？」

陳平只得硬起頭皮道：「那冒頓，近日死了渾家……」「那閼氏死了？好事！何不連他冒頓一起死掉？」

「大漠夜長，冒頓飽暖而無事可做……」

「想女人了？死了一個閼氏，不是還有漢家公主嗎？」陳平瞥一眼樊噲，苦笑一下：「冒頓此書，專致太后。」

廷上諸臣，多半猜出了分曉，不禁色變。唯樊噲懵然不知，追問道：「他與太后，有何話可說？」

陳平支吾片刻，臉愈發紅，冷不防呂后又一聲喝：「說！」

「冒……冒頓此書，是『關關雎鳩』之意。」

話音方落，滿朝文武立時譁然。樊噲初未聽懂，見諸臣憤然作色，忽就猜到原委，不禁暴怒：「什麼？莫非他活吞了野牛，如此大膽？使者在哪裡，我要手撕了他！」

呂后便叱道：「朝中重地，你好好言事！撒你那屠夫的潑，有何用？」

樊噲臉一紅，自辯道：「臣樊噲不才，然奪關斬將，還不輸於他人。今願請兵十萬，直搗漠北，活擒了那冒頓來，在此處抽他一百鞭子。」

呂后面色稍緩，忽問道：「你而今叫個什麼侯？」

「舞陽侯。」

「哼！只不要似那秦舞陽，大言敢刺秦皇，卻臨陣失色。」

「那秦舞陽算個甚？我這軍功，是陣上斬首而得，一刀一頭，豈有虛誇？臣親手砍頭的，死屍都有上百車，還怕他個長城腳下的蟊賊？」

樊噲話音未落，卻見一人出班，叱道：「樊噲口出狂言，當斬！」

呂后與諸臣吃了一驚，都轉頭去看。樊噲更是瞋目而視 —— 是何人有此狗膽？待眾人看清，卻又一驚：此人，原是中郎將季布。

此時朝中，資歷與季布相當者，已然不多。眾人大出意料，都屏息靜聽，不知這位楚降臣要說什麼。樊噲見是季布，一腔火氣不覺已洩掉一半，只在鼻孔裡哼了一聲：「季布將軍，素知你重然諾，不出大言；今忽然大言驚人，是想以我人頭邀功嗎？」

季布前移兩步，向呂后一揖。呂后會意，略一點頭，季布便回頭，戟指樊噲道：「昔年先帝北征，發三十萬大軍至平城，為匈奴所困，於白登山上徒喚奈何。那時樊噲你，又在何處？」

樊噲萬想不到，話頭會扯到白登山去，頓感大窘，勉強答道：「我為王前驅，正在步軍前鋒中。」

「虧你還記得！先帝御駕親征，文武隨行，馬步浩蕩，挾連勝之威而進，反為匈奴困住七日七夜。曾有歌謠流布天下，市井小兒，皆當街歌之：『平城之中亦誠苦，七日不食，不能彀弩。』餓得連弓弩都拉不開了。樊噲，此情此景，你是否親見？」

「那是自然。白登山上，卵也沒有一個。我挖地三尺，也挖不出個薯頭來。」

「如此看來，你記性尚好。高祖雄略，驅兵三十萬，尚無功而返，險些脫身不得。

今若有人稱舉十萬兵馬，即能橫掃大漠，豈非彌天大謊？漢家規矩，從何時起竟浮誇至此？一日不吹，便不能飯乎？自古大言欺世者，非奸即盜；不斬，又何以正天下？」

一番雄辯，說得樊噲啞口無言，只能囁嚅道：「大言固是大言，然如何就能扯上奸邪出來？我樊噲即便無能，總還是出了些力，何至於今日便要殺頭？」

季布也不理會他，轉身向呂后揖道：「夷狄習俗，與中原有異；他視為白，我看卻黑，又何必與他一般見識？冒頓有好言，我不必喜；冒頓出惡語，我不必怒；只以天朝大度化之，不信他不知人間羞恥。先帝不報白登之仇，便是要與民休息，不欲以征戰傷民。我輩謹遵此道，也就是了。那冒頓，也未必有膽深入漢地。他若欲圖中原，發兵便是，又何必來一封國書，爭言辭之強？臣之意，冒頓雖魯莽，此次還不至南犯，巧為周旋即可，不宜輕言征討。」

再看那呂后，滿臉怒氣早已不見，卻是換了一副笑意，對季布道：「好個季布，說得有理！無怪先帝特予你優容。也罷，無須再多說了，哀家心已明，此事我自去了斷。你秉性忠直，天日可鑑，不要說諸臣，就連哀家也是服氣的。日後相國出缺，恐非你接任不可了。」

季布連忙謝恩道：「謝太后心意。臣季布於漢，無尺寸之功；唯有仗膽諫言，方可無愧於心。」

呂后大喜，起身揮袖道：「今日朝會，到此便散了吧。漢家若多幾個季布，我還可睡得好些。」

樊噲立時滿面漲紅，面朝季布，連連作了幾個揖：「恕在下無禮。」諸臣便一起打圓場道：「免了免了，改日請酒便好。」

散朝後，呂后喚住中謁者[06]張釋，命他擬回書一封，答覆冒頓。既要詞語謙卑，又要柔中帶剛，婉拒冒頓求婚之意。

張釋聽了，面露難色，遲遲不肯應諾。呂后見此，不由奇怪：「這有何難？」

「恕臣駑鈍。臣平日草擬詔書，無非宣諭上意，告知天下，為天子代筆而已。太后所交代回書之語，卻似小家婦求人免賒欠，萬難下筆。」

「混帳話！」呂后不禁發怒，「哀家死了夫，不就是個小家婦！你便照我旨意寫，求冒頓放過哀家，我可答應送他些車馬。」

張釋不禁瞠目：「太后……」

「你也無須驚詫。漢家新起，百事皆弱，拚全力滅了一個項王，卻是再無力滅一個冒頓了，若不卑辭下禮，又有何妙計？好在冒頓亦是性情中人，尚不至窮兵黷武。你若實在為難，可去請教闢陽侯。」

張釋得了旨意，掉頭便去找審食其。審食其聽明來意，也是苦笑，遂與張釋在燈下苦熬半夜，切磋再三，終將回書擬了出來：

奉天承運漢皇太后敕諭匈奴冒頓單于知悉：

單于不忘敝邑，賜之以書。敝邑朝野恐懼，唯求自保，且哀家年老

[06] 中謁者，秦漢官職名。漢初掌天子冠服禮制，後掌文書上傳下達，與謁者相似。灌嬰曾任此職，後多為閹人擔任。

氣衰，髮齒墮落，行走失度，豈能為單于解憂？單于所聞，乃敝邑人民阿諛哀家之詞，單于可明辨虛實，實不足以自汙。如能蒙赦，則哀家萬幸。今有御車二乘、馬二駟，以奉常駕。

張釋謄寫畢，默讀一遍，嚇出一身冷汗來，忙問審食其道：「闢陽侯，如此寫下……妥乎？」

審食其拿過來，也默讀了一遍，鬆了口氣道：「可矣。去呈太后過目吧。」

呂后次日早起，看到了草稿，果然滿意，道：「便如此吧！連同車馬、禮物，交予來使，命他帶回去，稟明單于。」

張釋領命，便攜了回書、車馬，往典客府去見匈奴使者。那使者正在館舍中打坐，等候隨時有梟首令下，不料有典客丞來報，說太后有回書下，並賜予單于車馬若干。

那匈奴使者聞聽，疑似做夢，連忙起身出中庭，迎住張釋，行了個大禮，接過回書。再偷看一眼張釋，見他神閒氣定，執禮甚恭，似全不知冒頓來書所言。那使者忽就有些慚愧，忙向張釋連連作揖：「鄙邦下臣，至天朝，手足無所措，冒犯之處數不勝數。今返國，當力陳漢匈不可交惡，只宜各司農牧，互通有無，結下萬代的親家才好。」

張釋應道：「在下昨日問過我朝太史，太史言：匈奴本為夏后氏苗裔，長居漠北，與中夏漸漸遠了。然漢匈一家，自是無疑。至於和親事，漢匈婚俗，略有不同。在我漢家，寡嫂如母，那是萬萬娶不得的。」

匈奴使者大惑：「這個……在我漠北，娶寡嫂，乃天經地義事……」張釋便一笑：「足下不必疑惑，百里不同俗，不知者，不為冒犯。」

那使者想想，便也一笑，連連作揖謝道：「我君臣不諳漢俗，冒犯天朝了。太后反而以德報怨，送了這許多禮物，敝邦君臣，真愧不敢受呀。」

張釋一笑，也回禮道：「如此薄禮，不成體統，然為吾家太后心意。漢新興，國力不濟，更無意啟釁。單于陛下有餘力，可往長天闊水處施展，漢地溼熱，禽畜肉亦不香，北人長居，似不宜。」

「正是。下臣留居方數日，已頗不耐，恨不能裸身往來，以解暑熱。臣返國，定將太后旨意攜回，勸諫單于和親，致兩國無事。」

次日，張釋與典客帶了隨從儀衛，親送匈奴使者出廚城門，至郊外三十里方罷。那使者感激不盡，別了張釋，快馬馳回漠北去了。

待返回北庭，見了冒頓，使者便詳述了漢家禮遇、婚俗互異等各節，並遞上次書，回稟道：「漢君臣只說，匈奴本為夏后氏苗裔，漢匈古來為一家。然漢家風俗，不與我同：兄死，寡嫂如母，弟絕不可娶寡嫂。娶了，便是逆倫。」

冒頓便一怔：「哦？夏后氏？說遠了，說遠了……」忙拆了回書看，讀之再三，不覺大慚，覺自家前書語言輕慢，多涉不雅，若載入漢家史書，則萬代留有汙名。於是，臉一陣漲紅，又問使者道：「漢家君臣，還有何言語？」

使者答道：「漢家君臣，各執卑辭，待臣如上賓，只說漢匈如兄弟，相殺便是自殘，徒令天下笑而已。」

冒頓便拍了拍案几，搖頭道：「夏后氏不夏后氏，那是老祖宗之事了，然兩家相交，總有個禮數，前書確有不妥，大不妥！教人笑我逐水草而居，不識大體了。如此看來，你也歇息不得了，漢太后贈我車馬，我當回書稱謝，還須你明日再跑一趟。」當下，便命人草擬了謝書一通，交予使者，次日再赴長安。

半月後，使者馳入長安，遞上謝書。呂后拆開來看，其文如下：

匈奴大單于

敬問漢太后無恙

前書唐突，語詞多謬，實乃胸次狹小之故。今幡然醒悟，心有不安。蒙太后無端賜予車馬，更為抱慚，特遣使入謝。某世居塞外，不習中國禮儀，行止乖張，還乞陛下寬宥。為表誠意，今獻馬數匹，另乞和親。漢家公主來北，知書達理，豔若翩鴻，敝邦臣民仰之若天神，絕無厭其多之理，務允所請。

呂后閱畢，知烽煙已消，不由鬆一口氣，笑道：「左要公主，右要公主；這冒頓，沒見過女人嗎？張釋，去傳令宗正[07]，在宗室中選出一女，充作公主，嫁與匈奴。」

張釋遲疑道：「前回假冒，匈奴即助陳豨反；今又假冒，恐單于心有怨恨……」

呂后便大笑：「和親，就是心照不宣，他哪裡會在乎真假？若每次都索要真公主，漢家豈非專為匈奴生女了？今後和親，一律為假，假冒即從漢家始，我亦不懼，史官要罵便罵！宗正府那裡，你自去傳令好了。」

「往宗正府傳令，還是有個手詔為好。」

「哪裡需這般囉唆？你張釋開口，便是哀家開口，誰還敢不信？辦和親事，你有大功。論辦事，中涓上百人中，閹宦與不閹的加在一起，無人能及你。即日起，哀家便賜你冠帶金璫，統領諸謁者，為漢家守好規矩。」

---

[07] 宗正，漢代官名。九卿之一，掌各諸侯國宗室名籍、罪人、公主、屬官等。

如此旬月後，長安城裡喧鬧非凡，轟轟烈烈嫁走了一位宗室女。冒頓得此漢家窈窕女，如馬吃夜草，喜不自禁，從此偃旗息鼓，再不生事了。

此後漢匈之間，又得數十年相睦，幾無邊患，皆得益於呂后這隱忍一念。

至年中，外患才消弭於無形，朝中卻又鬧出事來，直惹得長安百官奔走相告，物議洶洶。

其事原本起自微末，不想竟牽動太后，險些釀成政潮。原來這一日，惠帝早起，正待吩咐涓人擺酒，卻見已有相國府送來的奏報堆積案頭，心下便不快。

漢家理政，向由相國總攬，主持廷議，擬寫奏稿，送達皇帝處。皇帝閱過，或准或駁，將文牘再返回相國府，下達至郡國各處。

惠帝自受戚夫人事驚嚇，便不再理政，相國府來文，皆於朝食之前，由涓人送往長樂宮。太后於當日逐一閱過，稍作批答，再返回西宮，由西宮發還相府。日復一日，不厭其煩。

這日惠帝見文牘甚多，不由火起，喚來閎孺，吩咐道：「你這便往長樂宮去，面稟太后：今後相國府奏稿，直送長樂宮。太后批答完畢，徑返相國府，又何必來西宮繞路？」

閎孺會意，即從飛閣前往長樂宮，求見呂后。

惠帝自己洗沐罷，便在未央宮偏殿，命人擺了一席酒，只等閎孺回來對飲。

等候多時，閎孺方遲遲而歸。惠帝不耐煩，嗔道：「小事，如何辦得如此拖沓？」閎孺辯解道：「我總要見到太后，方能辦得成。」

惠帝心本不順，忽就拍案大怒：「狡辯，看我笞你！太后行街去了嗎？如何一時三刻還見不到？」

閎孺見勢不妙，連忙跪下，連連叩首道：「陛下息怒，氣壞了身子，小的心疼。其實，小的還算面子大，長樂宮涓人見了我，立時去稟太后，無奈太后在闢陽侯處……」

「什麼？太后一大早，如何能在闢陽侯邸中？」

閎孺臉一白，知道自己說漏了嘴，恐惹上殺身之禍，連忙改口道：「不是不是。小的昏了！太后是在那、那……」

惠帝心中靈光一閃，覺此事大有文章，反倒將怒氣壓住，一招手道：「你移近前來，從實稟報，朕恕你無罪。朕只問你，太后如何能在闢陽侯處？」

閎孺見此，愈發驚懼，只得道出實情來：「這、這……闢陽侯昨晚並未出宮。」惠帝不由忽地起身：「竟有這事？他不回宮，宿於何處？」

「宿、宿於地宮。」

「什麼地宮？」

「陛下不知，長樂宮各殿，都有先帝姬妾私挖的地宮，尤以太后椒房殿地宮最為宏闊。」

「堂堂屋宇，還不夠用嗎？要那地宮有何……」惠帝說到此，忽然明白，不禁氣血上湧，「你……你是說，太后與闢陽侯在地宮裡苟且？」

閎孺慌忙叩首道：「小的不敢。」

「此事，有幾多時日了？」

「宮中皆傳，先帝未崩時，便已有事。」

「啊？廷尉府是作甚的，如何無人奏報此事？」

「陛下，那廷尉府，如何敢稽查太后私事？」

惠帝頓時氣結，一屁股癱坐於席，喘息道：「群臣欺我，竟然瞞我恁多年！」

閎孺連忙過來為惠帝搖扇，一面就道：「諸臣皆恨闢陽侯佞幸，只因事小，尚不至動搖國本，故不欲多言。」

惠帝又湧起怒氣：「母儀天下者，與人私通，還不動搖國本嗎？上有好之，下必甚焉，天下就是如此敗壞掉的！」

閎孺連連賠笑道：「陛下，小的只懂鬥雞走狗，論這些綱常，可請叔孫先生來。」

惠帝一把奪下團扇，恨恨道：「我不請叔孫通，我要請御史大夫來！你去，傳趙堯入見。」

不多時，趙堯應召前來。惠帝便屏退左右，低聲道：「御史大夫，朕要問一個人。」

趙堯意態從容，一揖道：「陛下請問。百官行跡，臣皆了然於胸，無須再翻查名籍。」

惠帝拊掌笑道：「好！好一個活簿冊！聽著，朕問的是審食其。」趙堯聞言一震，頃刻面如土色：「這個……」

惠帝一笑：「休要怕！我只問他守法與否，可有幹犯法紀事？餘者，概不涉及。」

趙堯這才回過神來，應道：「有、有！闢陽侯一貫倚仗恩寵，作威作福，又縱容子姪為非作歹。歷年來，收容奸宄，強占民田，可說是無惡不作。陛下欲治他罪，他即是有九條命，亦不能抵罪。」

「如此，為何不早早報來？」

「恕臣失職，然亦事出有因。我若今日舉報闢陽侯，則明日或就身首異處矣！」

「審食其，竟猖獗至此乎？」

「他從龍有功，披了一張白淨的皮；揭去這皮，則五臟六腑皆黑。」

「此人惡行，該當死罪的，有幾件事？」

「或有五六件。」

「那麼，他是否常留宿後宮？」

趙堯登時冷汗直冒，撲通跪下，叩首如搗蒜，語無倫次道：「這、這……那個……」

惠帝揮了揮袖道：「你平身，起來說話！此事若不是閎孺提起，朕還在糊塗中。關天大事，你御史大夫如何要裝聾作啞？」

趙堯渾身顫抖，幾不能對答，結結巴巴道：「此事……大臣多半知之，何人又敢言？非不忠君也，實在是……畏懼太后。」

「這也難怪！審食其留宿罪一節，就不必提了。趙堯，朕容你兩日，將所有案由詳細寫來。也無須以御史大夫名義，只擬一道密摺給朕即可。究治之事，亦不勞君費心思，另交廷尉府去辦。」

趙堯面露興奮之色，小心問道：「陛下，密摺所述，應從略還是從詳？」

惠帝望住趙堯，笑道：「刀筆吏之功夫，不可小看呀！有朝一日，朕若是落在你手，怕也是有理說不清了。此案，朕之意——你且聽好——要教他審食其死。」

趙堯忙叩首領命：「臣知矣！只幾個字，便可教他難活。」

只過了一夜，惠帝晨起，尚未及洗沐，趙堯便有密摺送入。惠帝急忙展開來看，神色漸變。初時哂笑，繼之瞠目，再之拍案而起：「這還了得！」

原來，趙堯承接周昌嚴謹之風，辦事幹練，對文武重臣察督甚嚴。大臣日常結交、賄買賄賣、子弟劣跡等諸事，無不記錄在冊。此次奉惠帝之命，連夜查卷，寫成密摺，隱去審食其之名，開列了他罪狀十餘條。諸如屋宇逾制、私藏叛臣、強占民田、指使子弟盜掘陵墓等罪，哪一條都足以梟首。

最駭人聽聞者，無過於草菅人命。因審食其與太后有私，常留宿宮中，卻疑心自家妻與一御者私通，遂暗囑心腹，將那御者鴆殺，悄悄葬於府內後園，謊稱其逃亡。

惠帝思忖片時，便命人急召廷尉杜恬入宮。少頃，涓人便來報，說杜恬已至。惠帝抹了把臉，便命宣進杜恬，將那密摺交給他看。杜恬看罷，大吃一驚：「何人如此猖獗？」

惠帝反問道：「列侯中，有膽量戳破天的，可有幾人？」

杜恬仰頭想了想，搖頭道：「樊噲膽大，然不至卑瑣至此，且前次險遭斬首後，已收斂了許多。」

惠帝便用手蘸了盥洗盆中水，在案上寫了大大的一個「審」字。

「啊，是他？」

「除他以外，何人還能有此膽？」

杜恬便心明，躬身揖道：「陛下請明示，應如何處置？」

「關押詔獄，無論他招與不招，均以密摺所奏論罪。按《九章律》若當斬，斬了就是！」

杜恬不禁吃驚：「這個……關陽侯乃從龍功臣。」

惠帝面含怒意，道：「從龍之臣，更要檢點。如此驕橫，豈不是要將天下坐垮嗎？」

「臣遵命，然關陽侯一向顯貴，微臣進門拿人，恐他屬下不服。」

「這個容易。朕賜予你錯金符節，不服者，斬！」

杜恬得此旨意，精神大振，當下接過錯金符節，領命而去。不過半個時辰，便點起廷尉府曹掾、差役百餘名，帶了囚車一乘，浩浩蕩蕩開至審氏府邸前。

那審府門上司閽，平素揚威慣了，見有眾多官差圍住府門，不禁惱怒，喝斥道：「何處衙門的？喚你們主事的過來！」

杜恬撥開眾人，上前道：「在下杜恬，當朝廷尉，奉聖旨，到此拿人。」說罷，拿出錯金符節一舉，「有聖上符節在此，攔阻者斬！」

未等司閽答話，眾差役便一擁而上，將司閽按倒在地。那司閽還想喊叫，杜恬一揮手道：「我拿人，最恨喧鬧，教他閉嘴。」

差役得令，紛紛掄起水火棍，一陣痛毆，眨眼便將那司閽打得癱軟在地、氣若游絲。

杜恬冷笑道：「再喊，片刻之間，我教你做鬼。」說罷便踏上門階，喝令眾人，「進門，拿關陽侯！」

眾人齊聲然諾，一股腦衝入府內，見人就逮，逐個查問。

此時，審食其還在酣睡。審夫人聞說不知何處有司來逮人，慌忙跑來喚醒丈夫。

審食其驚而坐起，聽窗外一片嘈雜聲，不由大怒，反趿鞋履，奔出屋門來，厲聲喝道：「是何方來人？知此地乃何處嗎？」

杜恬從人叢中走出，略略一揖：「審公，有所打擾。在下杜恬，奉上諭，請審公至詔獄說話。」

審食其頓感大奇：「你？杜恬，杜廷尉？要逮我至詔獄？」

「正是，請審公移步。」

「笑話！漢家地面上，能逮我入獄之人，恐還在娘胎裡。」

「非也！」杜恬將錯金符節一舉，「今上有明令，逮闢陽侯入獄，其餘人不問。有攔阻者，斬！」

「荒唐！我從龍之時，你豎子尚不知在何處，今日竟敢來拿我？」

「審公也不必擺功。若論從龍，在下為周苛大夫部將，不可謂無名之輩。審公身陷楚營時，我正在滎陽激戰，如此軍功，逮一兩個人，還欠什麼資歷嗎？」

審食其怔了怔，忽就大笑：「堂堂漢家，竟有人上門逮我，是變天了嗎？」

「審公，天不變，道亦不變。觸刑律者，難逃羅網。審公若識時務，請跟我走；不然，在下這些屬員，卻是不講道理的。」

審食其欲吩咐家臣，速去宮中求告太后；然舉目一望，眾差役手執棍棒，已將各個出路死死扼住，只得仰面長嘆一聲：「今日事，吾認命了！」

杜恬見審食其已無計可施，便退後半步，一揖道：「闢陽侯，請！」審食其無奈，只得回揖道：「既是公事，就請便吧。」

杜恬微微一笑：「那麼，恕在下失禮了。」便一揚手，眾差役蜂擁上來，七手八腳，褫去審食其衣袍，給他戴上木枷，推向門外囚車。

轉瞬之間，審食其昔日威勢，便蕩然無存，被差役如狼似虎喝斥，一路踉蹌。街上閒人見此，皆大驚，紛紛上前圍觀。審食其披髮戴枷，憤激呼道：「嗚呼，漢家！這還是漢家了嗎？……」

杜恬猛一甩袖，喝道：「審公，請住口！當眾譭謗朝廷，罪加一等。有話，還是詔獄裡面去說。」

審食其白了杜恬一眼，恨恨兩聲，自是不敢再多言。

將審食其押解至詔獄，杜恬便喚來獄令姚得賜，吩咐道：「此乃欽定重犯，不得與外人交通。如私自引外人相見，我便要取你項上人頭。」

那姚得賜，便是當年看管過蕭何的舊吏，見審食其被解至，心內便一驚。因當年曾受過蕭何教訓，故不敢再凌辱高官，只將審食其在別室安頓妥貼了，好酒好肉地供著。

審食其心知是惠帝作梗，也只得自認倒楣，然想想有太后在上，惠帝又敢如何？於是也不在意，想著不出三五日，太后必定出手干預，便安下心來，日日與獄令對飲，聊以解憂。

不料一連過了六七日，外界全無動靜。唯有杜恬每日來提堂，欲將若干罪狀逐一坐實，只顧翻來覆去審問。

審食其不勝其煩，揀著微末之罪認下了，遇到重罪便閉口不言。杜恬倒也不緊逼，只將那旁證一一羅列，深文周納，容不得審食其有半分狡辯。審食其便在心中哀嘆：「人倒運，恰似荒郊野外落井，無人援手，如何連太后也無聲息了？」

原來，審食其被逮當晚，其妻便奔入宮中求見，向呂后哭訴道：「廷尉府逮人，所為者何？竟無一個名堂！問了多處衙門，怎的人人皆語焉不詳？」

呂后滿面尷尬，也不知說什麼好，只安慰了幾句：「你固然是急，然哀家也是急！只是那拘令，由皇帝所出，我亦不可逾制放人。劉盈親政以來，羽翼漸豐，不比在沛縣那時了。你暫且回去，容哀家另想辦法。」

審妻走後，呂后心內將劉盈罵了千百遍，吩咐宣棄奴，速去西宮打探，審食其因何事被逮及罪名輕重。

過了半晌，宣棄奴返回稟報導：「陛下見了小的，聽了太后所問，只命小的回稟太后：闢陽侯行為不檢，曾留宿宮中，由此查出他罪名繁多，攏共有窩藏叛賊、擅殺家臣、賄賣官爵、縱容子弟盜墓等一大堆，係由廷尉府偵知，罪證俱在，正依律定罪。陛下有旨：無論何人欲說情，須有理由，可赴未央宮言明。」

呂后聞此回報，不由大慚，斜瞟了宣棄奴一眼，滿面漲紅道：「須有理由？」便頹坐於榻上，連聲嘆氣。心想與審食其有私這一節，如何在兒子面前說得出口？倘不言明這一節，劉盈又如何肯放人？欲往相府找曹參疏通，想想同樣也是難開口。如此糾結至半夜，仍是無計可施。

宣棄奴在一旁看不過，幾次催呂后就寢。呂后只是苦笑：「孤家寡人，如何睡呢？」

宣棄奴見慣了太后與審食其私情，並不以為怪，便勸諫道：「闢陽侯事再大，不及太后安康事大。他是大臣，自有大臣來救。」

太后聞言，心中便一亮：審食其是沛縣舊部，朝中諸重臣亦是沛縣人，聞審食其被逮，難免物傷其類，定有人出面說情。待輿情四起，我再從旁發話，不由他劉盈不放人。如此一想，也就不急了，只等朝臣上疏為審食其開脫。

這一等，竟是接連六七日過去，朝中卻無波無瀾，似無事一般。審食其被逮一事，市井中人奔走相告，已然傳遍，那官宦人家豈有不知的？相國曹參也是心知肚明，然數次主持朝議，卻閉口不言此事，諸大臣也樂得佯作不知。

原來，那些沛縣舊部，無不是刀頭舔血才奪得軍功的；唯有審食其一人，倚賴呂后寵幸而封侯，實為諸臣所不齒。劉邦駕崩後，呂后擅權，審食其愈加得勢，有那三五躁進小人，見風使舵，奔走其門。諸臣則愈加鄙之，皆不屑與之為伍。

此次聞聽廷尉府鎖拿審食其，眾臣頓覺心中大快，都等著看他下場。若論審氏資歷，應有多人出面說情才是，然竟無一人為他緩頰。

日復一日過去，呂后只覺坐臥不寧，屢次遣人往西宮打聽，卻聽不到半分消息，直鬧得食不下嚥、夜不能寐，長嘆道：「捕黃雀者，竟為黃雀啄了眼！」

那邊廂，審食其在獄中，亦是度日如年，好在每夜有姚得賜相陪，飲酒聊天，還不至難捱。這夜，三杯酒下肚，姚得賜忽問道：「小臣早便聞知，足下為太后所倚重，權傾中外。如何卻一朝跌落，來與下官為伍了？莫非言語失當，惹惱了太后？」

審食其搖頭道：「太后待我，恩重如山，豈能忍心教我吃這般苦？審某之霉運，緣由為何，實是一言難盡呀。」

「哦——然有太后在，足下之罪，恐也無甚大礙。」

審食其哀嘆一聲：「堪堪六七日過去，太后並未援手，大臣也不為我緩頰。這世道，如何說變就變了？」

姚得賜連忙舉杯勸道：「闢陽侯，請勿多慮。人生在世，總有七災八難。昔日人敬你，皆因你權位在手，今日落魄，方知人心真偽。然吉人自有天相，小災不死，後福必至。足下請寬心，還是多多飲酒為好。」

審食其呆了一呆，不由潸然淚下：「此言甚是，人在難中，方知人心好歹！我今陷囹圄，外面如何，百事不知，恐只能引頸就戮了。」

「哪裡！囚禁之地，說不得這般喪氣話。陛下有嚴令，不許你內外交通，小臣亦不敢違拗。然外面若有消息，小臣定當轉告。」

話音剛落，案上油燈忽地一閃，幾欲熄滅。姚得賜見之大驚：「使不得！可使不得！」連忙以手護住，急喚獄卒來添油。待燈芯復燃，他才一笑，道：「此地燭火，萬萬熄不得。熄了，便要走人。」

審食其一怔，方悟其意，心中便起了一陣寒意。

姚得賜遂又勸道：「足下雖著赭衣，卻是小臣特備，係乾淨新衣，並非死囚用過的舊衣。日常飲食，小臣亦有意關照，算不得粗劣。足下再請摸摸項上人頭，尚完好。那麼，還有何愁？人到此處，心不能窄；唯求生，勿求死。轉山轉水，總能轉得出去。」

審食其感激涕零，伏地叩首道：「在下若有解脫日，定當報答。」

姚得賜慌忙將審食其扶起，推心置腹道：「不瞞足下說，詔獄雖屬鄙地，然油水甚多。來日足下報恩，萬勿將小臣調離。小臣家有一犬子，不求長進，如蒙足下相助，進宮去做個郎官，便感激不盡了。」

審食其慷慨應道：「若留得吾命在，此事何足道哉！」

姚得賜大喜，連忙為審食其斟酒。兩人說到投機處，都覺相見恨晚，竟在燈下相對叩起頭來。

堪堪又是半月過去，杜恬已有幾日不來。忽一日，他帶了十數名精幹曹掾，前呼後擁，來詔獄提審。將那以往所問，又問了一遍。末了，特意問了審食其一句：「審公還有何話可說？」

審食其懶得與他廢話，便道：「事已至此，無話可說。」

杜恬便微微一笑：「那好，請審公來畫押。」說著，將一卷供詞在案上鋪開。

審食其上前瞥了一眼，笑了笑，本欲唾上一口，轉念一想，拿過毛筆來，胡亂畫了一個十字花押。

那杜恬見已畫好押，便收斂笑意，向審食其一揖：「公請珍重！明日起，下官或許就不再來了。」說罷，便收起卷宗，帶了左右匆匆離去。

審食其見此，不知禍福，心中只是忐忑。不料剛返回監舍，便有幾個獄吏衝進來，喊了聲「委屈了」，叮叮咣咣，為他戴上了木枷腳鐐。

此等械具，乃是死囚所戴，審食其心中大駭，大呼道：「廷尉真要害吾命嗎？」

獄卒也不答話，看看械具已戴牢，便鎖了房門離去。審食其情急，頭抵柵欄，連連呼冤，卻是無人理會。

好不容易捱到夜晚，姚得賜照例前來，攜了一罈酒，似又想來對飲。審食其急忙喊道：「足下，事情莫非有變？如何給我戴上這等械具？」

姚得賜左右看看，便湊過來，面色陰沉道：「方才向廷尉打探，他知會小臣：承陛下之旨，已將審公問成大辟[08]之罪，不日便要斬決。」

審食其登時面如土色，驚呼道：「哦呀，蒼天果真棄我乎？」

姚得賜便埋怨道：「此時多愁善感，還有何用？公請想想，如何自救才好！」

「拜託足下，可否為我去見太后？」

「小臣不敢！小臣赴闕求見，便是越職，不獨見不到太后，只怕是這

[08] 大辟，上古五刑（墨、劓、剕、宮、大辟）之一，即死刑。

身公服也穿不得了。小臣微賤，受重責事小，若誤了足下大事，則萬死難辭。」

「那、那……便只有等死了嗎？」

「不然！侯爺你請想想，親朋故舊，同袍僚屬，有何人可以相求？」

「唉！花開日日皆好，人不請自來；至大難臨頭，怕是一個也求不動呀！」審食其說罷，倚牆坐下，口中喃喃道，「唯有一死，唯有一死了……」

姚得賜則賭氣道：「侯爺若不想活，小臣今夜便陪你通宵，飲足壯行酒好了。」說罷，打開酒罈，斟了滿滿兩杯酒。

兩人端起酒杯，審食其不勝傷感：「未死在楚營，卻要殞命於自家刀斧下。唉！吾命何其苦也，生不如蕭何，死不如那紀信……無怪蕭丞相曾發願：死在榻上便好，只不要死在刀斧下。萬想不到，昔日他之戲言，竟成了我臨終之讖。」

姚得賜搖搖頭，舉杯道：「話也不是這樣說。明日走了，也好！這一世太苦，處處遭人冷臉；俠肝義膽者，打燈籠也難尋一個，還有何可留戀？」

審食其聞聽「俠肝義膽」四字，心中忽然一動，想起一個人來，忙放下酒杯道：「慢，慢！在下想起一人，可活我。」

姚得賜不由大喜：「是何人？小臣願為侯爺傳信，犯禁就犯禁，只要侯爺記住我，不當這鬼差了也罷。」

「謝足下！天下可救我者，乃平原君也。」

「平原君？朱建？」

「不錯，唯有朱建，可以活我。」

原來這位朱建，大有來歷，他曾為趙相貫高門客。前文曾說過，貫高為趙王張敖抱不平，謀刺劉邦，事露被拘，在獄中自盡。貫高門下，有一眾門客，始終追隨，誓不背主。劉邦為彼輩大義所感，赦其無罪，通通拜為郡守及諸侯國相。

自此，貫高門客星散四方。這朱建，也遣至英布處，為淮南國相。不久因事得罪，降為小吏。高帝十一年，英布得劉邦賜給「肉醢」，大懼，欲謀反。部眾皆曰可反，唯朱建苦諫不可，謂英布道：「今上誅彭越、韓信，皆係舊日恩怨。昔與項王對壘時，漢王屢召韓信、彭越而不至，由此啣恨。大王則在漢王蹇促時，不顧利害，背楚投漢；與韓信、彭越之擁兵自重，大不同也。」

英布不聽，終舉起反旗，卻是旋起旋落，死於亂民之手。劉邦掃滅英布後，聞聽朱建曾苦諫不可反，遂大加讚賞，賜他「平原君」名號，又將他全家徙至長安，以示榮寵。

早在戰國時候，趙武靈王公子趙勝，樂善好施，慷慨大度，名號便是「平原君」。而今朱建獲此號，立時名震四方，凡長安公卿貴人，皆願與之交。

朱建為人，確也不負此號，他辯才極佳，廉潔剛直，行事不與流俗苟合，從不受施捨之財。與人交，慎之又慎，絕無狐朋狗友成群。於諸公卿中，尤與陸賈交情甚篤。

審食其原也有意結交朱建，曾託陸賈致意，欲登門拜訪。然朱建素知審氏行為不端，係太后佞臣，便不肯見。陸賈知朱建重名節，亦不便勉強，只得如實回覆審食其。

審食其碰了壁，覺大失顏面，本想發作，又怕一旦傳出去，惹眾臣笑話，只得忍下了。

時隔不久，恰逢朱建之母病歿，朱建家貧，竟無力出殯，只得含淚向親朋告貸。

陸賈聞知此事，心中一動，便急赴審食其府邸中，見了面，連連作揖道：「恭賀恭賀，今平原君母死！」

審食其滿心詫異，哭笑不得：「平原君鄙我，自有他道理，我焉能啣恨記仇？他母死，公卻如何要賀我？」

「前日審公欲結識平原君，平原君不肯見，乃因其母在。其母之義，又勝過平原君數倍，若平原君與審公為友，只怕惹了高堂傷心。今其母死，家又困窘，竟無錢下葬！審公若能在此時厚贈葬儀，待之以誠，他為大義所感，必思報恩。審公今後若有安危緩急，或也可得他以死相報。」

陸賈這番話，說得審食其怦然心動，當下便取出一百金來，託陸賈轉贈朱建。

那朱建坐困家中，正在為出殯之事犯難。日前向人告貸，親朋多口惠而實不至，願真心相助者，百無一二。朱建為之大忿，方知「義」字在許多人那裡，不過只是個旗子，用以招搖，沽名釣譽而已。一旦認真，則全是小人器局。

這日正在家中懊惱，忽有陸賈上門，奉上百金，謂是闢陽侯慷慨相助。朱建聞之，倒覺得慚愧了，連忙推辭。

陸賈便道：「君之困窘，我甚明瞭，萬勿以空言誤大事。葬母即為大事，豈可無錢？此贈儀，不可謂虛情假意，君若拒之，倒似矯情了。不如收下，容日後報答。」

朱建正在焦頭爛額，以為不能葬母乃是大不孝，如今有審食其相助，可脫不孝之名，怎能不心動？再想想陸賈之言，亦頗有道理，只得收下了，聲言日後將捨命相報。

陸賈要的便是這句話，不禁一笑：「平原君，今時已非古時，泥古怕是要餓死的呀！人心既然變了，凡事也就不必拘泥。」

都中列侯聞聽此事，不欲令審食其獨占美名，都紛紛效仿，競相為朱建送上葬儀。三五日間，竟然累至五百金，即使是厚葬其母，也是綽綽有餘了。

朱建心中大悅，便傾盡贈儀，為亡母辦了一場奢華喪事。其間，審食其也隨陸賈登門弔喪，由此結識了朱建，相談甚歡。

審食其將這一段原委道出，姚得賜不由大喜：「這便好！這便可以活了！平原君，義士也，長安城內誰人不知？審公為人若及他一半，也不至跌入這虎狼谷裡來了。」

審食其聞言，臉色便不好看，只望住姚得賜問：「平原君家住黃棘裡，足下可否勞駕一趟，請他來見我？」

「今晚便請？」

「正是，恐夜長夢多。」

「闢陽侯，我夜半為人奔走，這還是頭一回呢。」說著，便伸出右手來。「這是……何意？」審食其愕然不知所以。

「要、現、錢！」

審食其這才恍然大悟：天下為人謀事者，哪個不要錢？於是苦笑一下，從懷裡摸出一塊楚金版來，塞給姚得賜。

姚得賜兩眼一亮，急忙接過，謝道：「算是審公開恩，賞了我今夜酒錢。這心意也未免太厚，不收下，反倒不好了。審公，敬請稍候，小臣去去就來。」當下回到家中，換了便裝，揣上夜行符節，從廄中拉出一頭毛驢來，便直奔黃棘裡而去。

待尋至巷口，姚得賜向更卒晃了晃符節，便問平原君宅邸何在。那更卒指給他看，見是一宏闊屋宇，姚得賜不由便疑惑：「咦？好大屋宇，卻無錢為老娘下葬？」

待叩開門，朱建掌燈迎出，姚得賜連忙一揖，表明來意。朱建回了禮，略一思忖，便請道：「客官，入內談吧。」

主賓在正堂落座，姚得賜才看清，原來平原君這宅邸，家徒四壁，與貧戶人家一般無二，為人當是清正之至。

姚得賜欽敬之心油然而生，當即伏地拜道：「久聞不如一見，平原君端的是正人君子。小臣乃一介獄吏，受闢陽侯之託，得識君子，何其幸也！今闢陽侯事急，身陷詔獄，恐有大辟之禍。情急無奈，託小臣冒昧造訪，請君隨我入獄中，與之一晤。」

朱建眉毛動了動，拈鬚半晌，才道：「此事重大，在下亦有所耳聞。今上督此案甚急，一日三問，此時輾轉請託，恐非其時。還請轉告闢陽侯，朱某不敢見他。」

姚得賜大感詫異：「君大名在外，乃仗義之士。吾聞君遇母喪，無錢出殯，幸得闢陽侯慷慨相助，方得下葬。今闢陽侯命將不保，君豈可坐視？」

朱建卻不為所動：「義之所宗，亦是律法之所宗，故在下不敢為犯法之事。」

姚得賜見話不投機，只得訕訕而起，告辭出來。回到詔獄，從監號內提出審食其來，面告他求見平原君始末。

審食其聽了，不由得憤然：「如此君子，與小人何異？為何竟恨我不死？」姚得賜道：「或是名士相輕之故吧？」

審食其便苦笑：「相輕？我與他？你這是玩笑了。」

「平原君不幫忙，侯爺還有何計？」

「何計？計窮矣！唯有等死吧。」

此後一連數日，審食其倒安下心來，不去想那生死的事，只日日與姚得賜飲酒，醉後便嗟嘆：「想那得意之時，有多少玩物，還未及攫到手，就這樣死了，悔之晚矣！」姚得賜則嘆：「足下將大辟，可憐我那孽子，前程也是無望了。」兩人哭哭笑笑，一飲便是一整日。

如此醉生夢死數日，審食其只想著黃泉路近。卻不料，這日，姚得賜忽然狂奔而入，手舞足蹈道：「今有詔令，赦君之罪，復君之位，百事皆消了！」

審食其已做必死之打算，乍聞喜訊，一時竟回不過神來：「足下……是在消遣我呢？」

姚得賜便將審食其拽起：「詔令豈有兒戲？來來，快沐浴更衣。家眷那邊，我已遣人知會去了，稍後即來接。關陽侯陰差陽錯來此，小臣真乃有幸，這一注，下對了。」

審食其只是疑惑：「陛下如何改了主意？」

「詳情不知。宮中來人，只道是涓人閎孺說情。」

「閎孺？那個假娘？吾與他素無過從，他如何要來救我？」

「嗨呀！關陽侯，似你這般，遇事便要考究考究，當年是如何成大事的？小臣公廨中，新衣已備，湯水已熱，請速去沐浴，萬事休要再問。」

稍後，審食其在詔獄門口，見到妻、子來接，數人抱頭大哭。姚得賜在側，揖禮送別，再三叮囑道：「關陽侯歸家，須努力加餐，保得身體安康。我那犬子前程，全託付於公了。」

次日一早，太后便有宣召，審食其梳洗完畢，匆忙進宮。至椒房殿，見呂后方沐浴罷，顯然是在等他。審食其正要下拜，呂后嗔道：「還拜個什麼？走，下地宮說話。」

待下至地宮，兩人亦抱頭痛哭。審食其泣道：「險些見不成面了，太后如何不救我？」

呂后恨恨道：「劉盈豎子，詭計百出，挾制住了老娘！前幾日，街談巷議，盡是暗諷你我事。我若出面，無異於促你早死。思之無奈，唯有束手，幸得閎孺為你開脫。」

審食其拭淚道：「堂堂漢家元勛，卻要宦豎來救命，直是人間奇恥！」

「管他！活了就好。今後行事，不可不防劉盈。」

審食其死而復生，一時還在恍惚，想了想，又道：「閎孺那裡，我要面謝。終究是救我一命，可謂大恩。」

呂后想想，便允道：「也好。這些妖人，狐假虎威，也不可小覷。」

隔日，審食其便攜了禮物，赴未央宮去見閎孺。原想閎孺必會趾高氣揚，不料見了面，閎孺卻是誠惶誠恐，禮數甚周。

審食其略感意外，忍住性子，向閎孺深深一拜：「謝足下仗義救難，保下我這頭顱來，此恩至深，萬世難忘。」

閎孺大驚，忙辭謝道：「哪裡敢當，關陽侯抬舉小臣了。小臣不過受平原君之託，為足下說情，本也無所謂仗義不仗義。」

「哦？平原君？這個……願聞其詳。」

審食其聽罷閎孺敘說始末，這才悟到朱建的一片苦心。

原來，前幾日，朱建雖未應允獄令所求，然翌日晨起，即赴未央宮闕，向司閽投刺，求見閎孺。不多時，閎孺親自迎出，喜出望外，行大禮道：「久聞壯士大名，無緣得見。今日幸會，只疑是夜夢還未醒。」

朱建便回揖道：「在下求見，是受人之託。可否借過說話？」

閎孺笑道：「小臣也求之不得。平原君請稍候，我去駕車來，與你同赴章臺街，選一個酒肆，邊飲邊聊。」

朱建在宮闕之前等候有頃，見閎孺換了便裝，親御一輛輅車出來，停車施禮，請朱建上車。閎孺執禮甚恭，一路上，只小心翼翼與朱建寒暄。

到得章臺街，尋到一間寬敞酒肆，二人入雅座坐下。待店家端上酒來，閎孺便舉杯祝酒道：「壯士高名，譽滿京華。今得與君共飲，何其幸哉！吾雖居深宮，亦聞君之高義，傾慕備至，嘗與帝提起，帝聞君之大名，亦頗神往之。」

朱建淡淡一笑，拜道：「多謝了！在下求見，並無私事，是為君有所擔憂。」閎孺臉色便一變，忙斂容道：「願聞指教。」

朱建左右望望，見無外人，便低聲道：「君得幸於帝，天下無人不知；今闢陽侯得幸於太后，卻遭下獄。同為倖臣，竟有天壤之別！長安市中，道路皆傳言：闢陽侯將死，乃是君進讒言所致；君欲殺之，故而讒之。然君可曾想過，今日闢陽侯伏誅，太后必啣恨，明日亦定要誅君！」

閎孺聞言，面無血色，瑟瑟發抖道：「市井如何有這等傳言？闢陽侯生死，與我有何相干？」

「道路之言，勢若洪水滔滔，雖聖人亦不能禁，況凡人乎？」

「我為君上所幸，關他人何事？莫非他人不得幸，嫉恨我耶？」

「正是。嫉恨之下，有何事不敢為？群議洶洶，君百口莫辯，唯有化解之。」閎孺連忙伏地，恭恭敬敬拜道：「先生原是來救我的！萬望指點。」

朱建將他扶起，獻計道：「君何不肉袒[09]，往見君上，為闢陽侯開脫。君上聽你諫言，赦闢陽侯出獄，則太后必大為歡喜。如此，兩主皆以你為倖臣，君之富貴，豈不是要加倍了嗎？」

閎孺聞言，不由欣喜，然又猶豫道：「闢陽侯與太后事，雖是我稟告君上，然不過失言而已，絕非進讒，為何要肉袒謝罪？」

「市井雜議，多憒憒之論。眾口所毀，只在你進讒，卻不管你失言不失言。君若不肉袒，君上便不聽你辯白，闢陽侯便不得脫罪，君之性命也就不得保全，請君三思。」

閎孺渾身一震，心下大恐，連忙應諾道：「足下之言，乃皎皎白日，令我心明，我焉能不遵行？」

酒肆作別，閎孺掉頭便回了未央宮，將衣袍脫去，赤膊面謁惠帝。惠帝見此大驚，連忙扶起道：「你是何人？我是何人？有事儘管言說，又何必作勢？」

閎孺便大哭道：「小人之罪，百身莫贖，一言有失，竟累得闢陽侯要遭大辟之禍！此罪，不獨來日闢陽侯九泉之下不能恕我，且太后亦不能容我，天下更是街談巷議，群議洶洶。闢陽侯若死，小臣豈不是也活不成了？故而肉袒請罪。」

惠帝知曉了原委，忙安撫道：「原來是為此事！那闢陽侯行為不檢，

[09] 肉袒（ㄊㄢˇ），在祭祀或謝罪時，脫去上衣，裸露肢體，以示誠惶誠恐。

與你有何干？你無須惶恐。」

「然防民之口，難於堵河。若天下皆認定，闢陽侯只因我進讒而死，則小臣必將無處容身，陛下即有九五之尊，也難替小臣洗冤了。」

惠帝微微蹙額道：「你且平身，容我想想。」稍後，才徐徐道：「民間之議，朕也知難纏得很，你越說沒有，他越信其有，直教你生不得、死亦不得。此事……唉，你又何必！著人傳令下去吧，就說朕聽了你諫言，赦免了闢陽侯。如此，萬事皆消，誰還能說你進讒？太后那一面，你也無須再畏懼了。」

閎孺不由狂喜：「陛下，可是當真？」

「朕之言，你也敢疑是誑話嗎？」

「不敢不敢！」

「若非你求情，便是十個審食其，朕也要送他下地府去。」

閎孺不禁心花怒放，好似自家蒙赦了一般，叩首不止。謝恩之後，胡亂披起衣袍，便奔出前殿傳令，遣人去詔獄赦審食其了。

審食其聽聞罷閎孺講述，自是感慨萬端：「險些錯怪了平原君！」

閎孺聞知獄令求見朱建事，亦頗動容：「闢陽侯轉危為安，全賴平原君仗義，小臣所為，不足道哉。太后在平素，極恨我為君上寵幸，今朝我救闢陽侯，也望闢陽侯替我多加美言，免得太后恨我！」

審食其一笑：「太后亦知輕重，哪裡還會恨你。你我二人，終究……同病相憐，今後只須相互扶助便好。」

從閎孺處回到府中，恰逢陸賈來訪。審食其便執陸賈之手，垂淚道：「夫子，險些天人兩隔呀！近日事，真是恍如夢寐，我定要重謝平原君。」

陸賈大笑道：「果如我所言乎？」

「不錯！平原君救人，不事聲張。我在獄中託人求他，他假作不理，暗中卻出了大力。高義之士，行事到底不同！惜乎他家貧，竟似寒門，實為他抱不平。我這廂，已死過一回了，萬事盡已看透。能重見天日，便是大幸，縱有千金萬帛，又能當何用？昨日回府，已將敝舍所藏崑山之玉、南浦之珠等，蒐羅了半車，以為厚禮，今日便與足下同赴朱府，當面致謝，可否？」

陸賈便笑：「審公下獄才幾日，便糊塗了？那朱建豈能收你這財寶，只怕要嚇跑了他。朱建，海內高士也；闢陽侯眼中，素無此類人，故不知如何交往。今老夫便教你：與之交，切勿誇矜富貴，以淡泊之交為最好。你且改換素服，我二人徒步前往，命家僕攜一簞食、一瓢飲，做個抱樸見素的模樣，平原君必開門笑迎。」

一席話，說得審食其大悟：「倒是將這一節疏忽了！夫子到底是善解人意，今日便聽你的。」

二人遂換了素服，攜了家僕，步行至黃棘裡，登門造訪。朱建聞聲開了門，見是陸賈、審食其便裝來訪，果然大悅，忙不迭將二人迎入，嘴上埋怨道：「登門便登門，又何必帶食盒來？」

陸賈哈哈大笑，道：「平原君，便知你又要執拗！我不帶飲食來，如何捨得令你破費？你不破費，我二人豈不要空腹半日？談天說地，便能飽腹嗎？」

朱建執陸賈之手，也笑道：「夫子，與你談，枵腹亦是樂。還請二位堂上落座。」

陸賈擺手道：「春日正好，不如就在這庭中。」

朱建、審食其皆稱好，三人便在槐蔭下設席入座。

甫一落座，審食其便伏拜於地，敬謝道：「平原君請受我一拜。君若不救我，我今已在黃泉矣！此恩深厚，審某即是盡生平之力，亦不能報答於萬一。」

朱建便扶起他，坦誠道：「闢陽侯言重了！朱某與人交，素不喜嗟來之食。無故受君之贈，得以葬母，保全了孝道，此恩我是定要報的。不報，又豈能安心？」

審食其又道：「我雖有眼，竟不識君！身為近臣，只知驕縱，竟惹得天下人皆側目。近日常思此事，愧悔交併，打算從此蟄伏，再不張揚。經陸夫子點撥，我已知君之所願，君心雖高不可攀，然願與君結為莫逆，權當布衣之交就好。」

朱建聞言，也有所動容：「闢陽侯至誠，我豈能拒之？我三人可不拘形跡，坦誠相對，便正合君子之交。百年後，或留下一段佳話亦未可知。」

陸賈大喜，拊掌笑道：「君子成人之美。我引二位結交，庶幾也可算是君子了。」

審食其大笑，忙喚家僕過來，將擔來的蔬食淡酒取出，逐一擺上。

春日暖陽，遍灑綠茵，正是心曠神怡時。三人且飲且歌，且悲且喜，竟消磨了一整日。自此，三人過從甚密，結為莫逆。

幼帝登基，十齡皇后臨朝

審食其自獄中復出，百官便心知肚明：太后終究是勢大，新帝也要顧忌三分。眼見風波已息，諸臣都頗知趣，當即噤口，絕不再提闢陽侯事。

眾人裝聾作啞，呂后便愈加無所忌憚，常留審食其在宮中。審食其若稍有躊躇，呂后便叱道：「如何進了詔獄一回，膽子都嚇掉了？」

審食其不由得傷感：「不入詔獄，怎知人間慘苦？」

「怎麼？聞此言，你似遭了獄卒凌辱？」

「凌辱倒也沒有。入獄當日，我心知事不妙，帶了些錢財進去，打點了獄令。」

「早年在沛縣，我就知獄吏歹毒，若不是任敖仗義相助，我免不了要被那獄吏睡了。今日詔獄也絕非善地，不問可知！那獄令待你如何，可曾有過勒索？」

審食其便將獄令姚得賜照顧起居、代為求見平原君事，對呂后從頭道來。呂后聽罷，便道：「此獄令，尚有人心嘛！」

審食其便苦笑：「不投桃，他何以報李？」便將姚得賜請託之事講了出來。

呂后一臉冷笑，恨恨道：「這個姚得賜，其名不彰，為人倒是厲害得很！那年蕭何被拘，受他折辱甚多，連我也有所耳聞。今日又託你保舉……哈哈，保舉其子做個郎官？惜乎我這裡，只有糞倌好做！明日我便趕他走，流刑一千里，赴巴蜀去了這筆帳吧！」

審食其心中便覺不安：「畢竟此人為我通消息，終使我得救。」

「正因如此，才饒他一命。不然，今日我便將他梟首！」

「小吏雖枉法，然如此科刑，不亦甚乎？」

呂后瞥了審食其一眼，滿臉不屑，反問道：「他有何德何能，可令你憐憫？獄令，不過倉鼠一隻，占了個好地而已。此人雖也救你，然與平原君相比，卻有雲泥之別！哀家自理政以來，已將人心看透，我可以不義，然臣子卻不可不義！若帝王者與一班無廉無恥者為伍，終將為佞臣所害。詔獄姚得賜之惡，我早便聽張敖、蕭何說過，今日才除之，已是太遲了。」

審食其想想，一搖頭道：「自作孽，不可活。也罷，就隨他去吧！」

這夜，審食其與呂后於地宮共眠。榻上被服，皆以身毒[10]香薰過，氤氳滿室。歷經此番磨難，二人重逢，都覺無比愜意。

歡愉過後，呂后忽然起了心事，幽幽道：「這個劉盈，直是我前世的冤家。失心翁在時，他不知討好，險些失了太子位；失心翁走了，他又違逆我意，處處與我作對，胡作非為。今已近弱冠之年，如何才能令他收心？」

審食其便一驚：「盈兒即將弱冠了？」

「當然。盈兒登位那年，年十七，今已滿三年，正是弱冠之年。」

「都說流光易逝，誠哉！這些年，還當他是頑童呢。既已將弱冠，便應儘早合婚，方合於禮，不知太后做何打算？」

「權衡得失，哀家亦是無奈。劉盈唯有娶諸呂之女，才不致有後黨之輩與我作對。然諸呂之女，竟無一端莊嫻靜者，哀哉無過於此！如此，

[10] 身毒，古印度之稱。

劉盈若娶了外姓，則日後權柄或為外姓所據，真真愁煞我也。」

「然此事不可再延宕了。帝無皇后，天下便無母儀，總不是事。」

「備選皇后者，須生性嫻靜，又非外姓，來日須做得我耳目。如此一個女子，立為皇后，方可稱意。」

審食其便笑：「神仙中人，或許有。」

呂后嗔道：「無怪諸臣不服你，你那心術，欠缺多矣！此女，就在你我眼前，只是年紀尚小，我延宕三年，至今年提親，恰是時也。」

審食其大感詫異，不禁坐起：「竟有此人？是哪個？」

呂后便微笑道：「張嫣。」

「哪個張嫣？」

「就是魯元之女呀，宣平侯張敖之女。」

「魯元之女！盈兒外甥女嗎？如何能嫁與盈兒？」

呂后也坐起，望住審食其道：「哪個說甥舅便不能通婚？」

審食其囁嚅道：「魯元之女，再好不過，然人倫總要顧及。」

「魯元一女流耳，又不入族譜，何來亂倫？那張嫣，雖姓張，然為我女所生，便與呂氏無異，此正為天賜。」

「然……臣聞所未聞。」

「我今日便教你聞！田舍翁可做皇帝，此前你可曾耳聞嗎？那麼，你如何就樂做這田舍翁封的侯？」

審食其默然片刻，回道：「太后所選人，乃絕佳之選。只可惜，張嫣僅有十齡，尚不通人道。」

「唯其小，方能聽話，可為我耳目。且十齡女如何？即便是雛兒，放在男子身邊，久也必通人道，你無須多慮。」

次日晨起，呂后便吩咐中涓擬好聘書，聘宣平侯之女張嫣為皇后。半月後，即行冊後大典，迎入後宮。

待聘書謄畢，呂后看過，立即遣人送至長安北闕甲第，交予魯元、張敖。

魯元、張敖接了聘書，又驚又喜。張敖不免躊躇，自語道：「吾女為甥，今上為舅。張嫣嫁為舅妻，上下輩分，豈不全亂了？」

魯元卻道：「你管他！我輩是我輩，張嫣是張嫣，哪裡就會亂？」

「唉！太后只顧欽點，全不顧小輩臉面。」

「夫君，此話甚是不當哦！張嫣做了皇后，我便也尊如太后，這不是臉面是什麼？」

張敖拗不過魯元，只得依了。兩人算算佳期已近，便一齊忙碌開來，為張嫣置衣添被，準備嫁妝。

這位張嫣，字孟瑛，小字淑君，為魯元公主長女。早年五六歲時，容貌便清麗絕世。隨魯元出入宮中，劉邦見之，甚是喜愛，常令戚夫人抱之，賜予果品。劉邦笑對戚夫人道：「你雖妍雅無雙，然此女十年以後，便不是你所能及也。」

惠帝與這張嫣，說來也有些淵源。當初惠帝為太子時，曾娶一功臣之女吳氏為太子妃，此妃亦喜歡張嫣，呼之為「小人兒」，常抱著玩耍，惠帝由此亦甚喜之。待到惠帝登基，吳氏本可冊封皇后，惜乎福薄，未及等到這一日，竟染病身亡。

緣此故，惠帝做夢也難料到：母后今日為他所選的正宮，竟是這位小人兒。

此事詔令天下，百官聞之，都驚異莫名，不知惠帝為何行事悖謬，不選功臣之女，卻選了幼年外甥女，真乃荒唐至極。然宮闈祕事，不涉國本，故也無人願出頭勸諫，都怕惹禍上身。與魯元相熟的沛縣舊部，則不管那許多，只連聲讚好，紛紛備好禮物，送至宣平侯邸為賀。

恰在這幾日，南越王趙佗所遣使臣，攜貢物入都，朝野都為之轟動。原來，高帝駕崩後，趙佗心有疑慮，並未前來會葬，只在嶺南觀望。直至近年，探知惠帝雖任性，然施政寬仁，中原為之大治，百姓亦安康，趙佗這才服氣，遣使朝貢，意在表明心跡。

惠帝召見來使，問起南越國奇風異俗，使臣便滔滔不絕對答。惠帝聽得忘倦，又見貢物中，有些稀罕的海龜、珊瑚之類，見所未見，便樂不可支，竟與那使臣連日對飲，大醉不醒。

待到酒醒，有左右近侍稟報，惠帝才知立皇后事，只疑是近侍傳錯了話。遂命閎孺往長樂宮再三核驗，回報均稱確是立張嫣為皇后。惠帝這才頹然癱坐，哀嘆道：「這廟堂成了什麼，倫理全廢，直將我雙目剜去算了！」

閎孺連忙過來勸：「陛下可號令萬民，無人可阻；然太后之命，卻不可違。」

「如此亂命，違了又如何？」惠帝愈加激憤，稍作喘息，便吩咐備車輦，要去與母后分辯。

入得長樂宮，惠帝直赴椒房殿，伏在呂后面前不起，懇求道：「立張嫣為後，實為不妥。我為天子，事事應為天下立則，寧願殺人放火，也不能逆五倫[11]，免得為後世所笑。懇請母后收回成命，另擇功臣之女為媳，以釋百官之疑。」

---

[11] 五倫，是指中國古代社會最基本的五種人倫關係，即父子、君臣、夫婦、兄弟、朋友關係。

呂后聞聽，臉色便不好看：「吾兒又來亂說！那張嫣雖小，到底是家人，無有二心。做你皇后，親上加親豈不是好，哪裡就逆了五倫？我這便喚你師尊叔孫通來，當面問他，究竟是如何教的，甥舅為婚，有何不可？又不是要你娶魯元！」

惠帝便苦笑：「今日為甥，明日為妻，這讓我如何叫得出口？」

「你若看得順眼，自然就叫得出口。那張嫣容貌超群，人品嫻靜，我選秀女多年，還從未見過能及者。」

「若娶了張嫣，我又呼魯元為何？」

呂后便略顯怒意：「劉肥已呼魯元為母了，你也呼魯元為母，又能如何？若事事都講章法，漢家便不能開天，更不能有落過草的皇帝！此事關天，絕不可更易。聘書已下了多日，又豈能反悔，那不是要笑煞天下人了？」

「那十齡女，如何做得人妻？」

「十齡不成，十五齡總可以吧？五六年倏忽而過，你倒等不及了！你平素勾搭宮女，生下孽子，也有兩三個，全沒誤了你快活。今後幾年，你權且勾搭，待張嫣長成荳蔻女，再行夫妻之事也不遲。」

惠帝知太后意已決，事不可挽，躊躇了片刻，猛然起身，話也不說便走了。呂后知惠帝必不敢違拗，也就隨他去了，自己只忙著張羅娶媳之事。

古時娶親，須行「六禮」[12]。呂后便喚來少府、宗正，命二人充作迎親的納采[13]。

[12] 六禮，即納采、問名、納吉、納徵、請期、親迎。

[13] 納采，古時婚姻「六禮」之首。即男方請媒妁前往女方提親，獲應允後，再請媒妁正式向女家納「採擇之禮」。

二人受命，擇了一個吉日，攜了雁、錦帛、玉璧及良馬四匹，為採擇之禮，至宣平侯邸求見張嫣。

可憐那張嫣，不過是十齡懵懂女，強為待嫁新娘，此刻著了盛裝，由八名侍女扶出，受「納采」之禮。

隨後，便是「問名」之禮，宗正依例問及張嫣姓名、年庚，均記載於典冊。這樁婚事，雖是呂后極力促成，然也忌憚張嫣年歲太小，於百官面前不好交代，於是早就知會了魯元，令張嫣自報「已十二歲」。

張嫣出於豪門之家，身材修長，稟性嫻靜，舉手投足皆有模有樣，自報十二歲，眾人果然都不疑。少府、宗正及隨行曹掾等，見張嫣裊裊婷婷、從容對答，都驚為天人，各個屏息不敢仰視。

少府等人回宮，向呂后奏報：「宣平侯之女張嫣，有德知禮，姿容秀美，可母儀天下，以承漢家宗嗣。」

呂后早料到是這般回覆，又聞少府等人語出至誠，不似阿諛，便喜道：「你等既然看好，便不是哀家一人獨斷，將來也免得有些閒話。」

次日，便由朝中重臣曹參、周勃、趙堯及太卜、太史等人，用「太牢三牲」祭告祖廟，以卜筮之法，占得一個良辰吉日，這便是「納吉」之禮。

至「納徵」之日，叔孫通攜馬十二匹、金二萬斤，往宣平侯邸下聘禮。其聘儀之厚，為古來所未有。此後漢家諸帝，凡立皇后，皆依此例來辦，開了一代風氣。

張嫣有三兄弟，其時幼弟張偃在側，見黃金纍纍堆於堂上，不覺大奇，忙奔回後堂問道：「嫣姊，皇帝買你去了？」

魯元聞之，啼笑皆非，叱道：「孺子，休得多言！」

張偃便歡躍上前，執張嫣之手道：「嫣姊，何不出去看看？」張嫣一笑，好言勸走幼弟，便疾步進了內室，閉門不出。

如此繁文縟節，竟消磨了整整一個春夏。至秋八月，又仿秦制，遣女官往宣平侯邸相面。

惠帝所遣女官，乃鳴雌亭侯許負。此女大有來歷，絕非尋常，天生便善相術，著有《相女經》、《德器歌》等書，是秦末一位曠世奇人。

話還要從頭說起。早在始皇二十六年（西元前 221 年），秦滅齊，一統天下。始皇為之大喜，詔令天下，廣徵祥瑞。有河內郡守奏稱：溫縣（在今河南省焦作市）縣令許望，近日生一女，手握玉石，上隱隱有文王八卦圖。又稱此女出生僅百日，即能言，實為神異。

始皇聞報，以為是吉瑞之兆，便令賜許望黃金百鎰[14]，以善養其女。許望得始皇賞賜，心甚感激，遂為此女取名曰「莫負」，意謂莫負皇恩。

莫負在幼年，果有異稟。達官貴人慕名來訪，莫負於襁褓中見之，或哭或笑。閭里相傳，凡莫負見之大哭者，不久便有災禍上身。四周百姓，無不視此女為天神。

待此女長至十歲，便可過目成誦，聰明異常，師長已不能教，許望便欲攜女尋訪世間名師。其時鬼谷子先生年事已高，不知其蹤；世間高人，唯有黃石公在潁川郡（今河南省登封市以東）授徒。許望便攜莫負，往潁川尋黃石公拜師。不巧黃石公已離潁川，雲遊四海去了。

訪師而不得，許望攜莫負怏怏歸家，忽得一過路老翁贈書，名為《心器祕旨》。從此莫負便發憤讀此書，習得一套相面神術。得奇書啟悟，莫負可料未來事，預知秦祚將不久，不願背負晦氣，便自行改名為

[14] 鎰（一 ˋ），秦始皇時期的貨幣，亦為古代貨幣單位，一鎰為二十兩或二十四兩。

「負」，遂以「許負」之名行世。

許負善相面之名，流傳四方，其時秦始皇亦有耳聞，遂命郡守前往徵召，許負卻託病不應召。其父怪之，許負只是一笑：「天下將大亂，應召何益？」

不久始皇崩，天下果然大亂。許望猶疑不定，不知該不該去投陳勝，只招募了壯丁兩千，擁兵自保。適逢沛公軍西征咸陽，途經溫縣，許望便率眾投之。劉邦聽說許望之女便是那聞名天下的許負，甚感驚異，便請許負來相面。

那時許負尚是小女子，看過劉邦之相，連連讚道：「將軍龍行虎步，日角插天，乃帝王之表也。」

劉邦大喜，給了賞賜，仍留許望為縣令。許望父女，便算是早早投了漢家。相傳楚漢交鋒時，薄夫人之母在魏，曾請術士為薄夫人看過相，那所謂術士，便是許負。許負看過後，言薄夫人可「母儀天下」，意謂其子可貴為天子。正是這句話，後來引得漢王劉邦好奇，想見見喪偶的薄夫人，一見之下，覺容貌不俗，便納入後宮。那位薄夫人，後來為劉邦生子，其子大貴，真就做了漢家皇帝，竟應驗了「母儀天下」之語，堪稱傳奇。

待劉邦登基，想起許負幼年吉言，心有感念，便封了許負為侯，收為女官，專事相面，時許負年方二十。至張嫣立後這年，許負已年逾三十，相面識人更為老到。

這日，許負進了宣平侯邸，將張嫣引入一密室，為其沐浴，一面便將張嫣容貌體態看了個清楚。見張嫣面如皎月，體似垂楊，並無瑕疵，許負心中便喜，逐一記錄在冊。浴畢，張嫣剛要穿衣，許負忽向張嫣一揖道：「老身此來，是代皇帝行事。事已畢，請皇后謝恩，呼『皇帝萬歲』。」

張嫣忸怩不肯應，許負便再三勸說，喋喋不休。張嫣方才緩緩跪下，低聲道：「皇帝萬歲！」

待謝恩畢，許負便伺候張嫣穿衣，三哄兩哄，又將張嫣那隱私處也看了，見並無意外，於是也記了下來。

當日回宮，許負見了太后、惠帝，遞上所記摺子，稟告道：「張嫣嫻靜，體貌無瑕，實乃漢家洪福。」

呂后心喜，卻故意道：「你看清了？可不要胡亂阿諛。」

許負不卑不亢道：「妾平生所相之人，成千累萬，無如張嫣這般貞靜者。」

惠帝看罷摺子，也面露喜色，讚道：「如此甚好！」便命將此折交太史令收藏。

呂后見事已諧，連誇了許負幾句，又問道：「聞說你幼年聰慧，早便知秦祚不久，今可預知漢家禍福嗎？」

許負沉吟片刻，方答道：「相人，小技也，不足以窺天下。然人間之道略同，臣這裡便斗膽放言了。老子有言『守柔曰強』，此即為漢家今日之運。」

呂后頷首笑道：「不錯不錯！自先帝崩，哀家不守柔，又能何如？」

「先帝雖崩，尚有諸臣；諸臣有智計，可以安天下。」

「然諸臣亦如草木，一秋而止；若朝中智士凋零，又將倚賴何人？」

「回太后，智士凋零，有何可懼？恰如聖人所言：不以智治國，國之福也。」

呂后雙目倏然一亮，心中似開了竅，遂大喜，命涓人取出許多黃金來，重重賞了許負。

＊　＊　＊

惠帝四年（西元前 191 年）冬十月，一元復始。當月壬寅，便是冊立皇后的吉日。這日裡，又有許多繁文縟節，數不勝數。

清晨，宮中便有詔令傳出，命相國曹參、御史大夫趙堯二人，擁鳳輦至宣平侯邸，迎回張嫣，即為六禮之最後一禮——「親迎」。

那張嫣，年歲還是孩童，全不知婚姻為何事。一大早，張敖夫婦便將張嫣喊起，裝扮一新。一襲深領襦裙，上黑下白，乃應時新裝。那工匠刀剪，似有靈性，剪出了衣帶當風、雲肩落霞，竟顯出百般的靈動來！

宣平侯邸前街，一早便淨了街，小民只能在閭巷中遠觀。曹參、趙堯立於門前，恭候多時。待吉時至，鼓樂響起，張嫣方姍姍而出。只見那鳳冠耀目，長裙及地，竟是翩若驚鴻一個玉人，圍觀的百姓便是一陣喝采。

張敖、魯元兩人隨後而出。曹參、趙堯連忙迎上，施大禮問候，又隨張嫣往宗廟辭行。

辭廟禮畢，一隊郎衛便將鳳輦推上前來，請皇后上車。哪知張嫣幼小，上了幾次，竟是登不上去。張敖在旁見了，心一急，一把將張嫣抱起，跨了上去，同坐於車上。曹參、趙堯相視一笑，便緊隨其後，率郎衛、宦者、宮女等數百人，浩浩蕩蕩，往未央宮前殿而來。

一路警蹕，萬民夾道觀望。見皇后竟是幼女，都覺大奇，不禁齊呼「小皇后千歲」，其聲揚於數里之外。

這日，未央宮張燈結綵，紅氍毹從南門鋪至前殿。惠帝坐在大殿正中，百官立於兩側。

鳳輦行至南闕，張敖便將張嫣抱下車來，由曹參、趙堯引入宮門。張嫣北面而立，聽大行令誦讀冊文。待禮官讀畢，張嫣三跪三拜，算是堂堂正正做了皇后。而後，兩旁走上六名女官，引張嫣至惠帝龍床前，伏地謝恩。

豈料那張嫣一大早被喊起，由眾人簇擁半日，早已昏了頭。雖不至失態，卻是忘了父母所教，不知謝恩該說些什麼，跪拜於地，竟然久無聲響。

百官見了，面面相覷。曹參在側亦是大急，生怕張嫣舉止不得體，欲上前提醒，又礙於禮制，急得渾身汗溼。此時，旁側一女官機敏，見事不好，忙附耳教之。

張嫣這才如夢方醒，叩拜道：「臣妾張嫣，賀帝萬歲！」

此時殿上，眾臣皆屏息，落針可聞。張嫣的這一句話，其幽韻，若微風振簫，又如嬌鶯初囀。惠帝聞此聲，也不由為之動容。

張嫣謝恩畢，起身退立。便由周勃為張嫣授璽綬，太僕代為跪受，再轉授女官，女官為張嫣掛在腰帶上。張嫣又拜伏，再稱「臣妾謝恩」，謝畢，回歸原位。

而後，群臣列隊，於皇后面前站定，行禮而退。至此，迎娶典禮才告完畢，張嫣登上軟輦，由眾宮女簇擁，進了中宮[15]。

張嫣雖生於王侯之家，然一入中宮，雙眼仍是不夠用。但見那宮室四壁，皆塗以黃金，有陣陣椒香撲鼻。室內陳設，綴明珠以為簾，琢青玉以為幾；旃檀為床，鑲以珊瑚；紅羅為帳，飾以翡翠。榻上衾枕，皆織有金龍鳳紋，華麗無比。另還有各色珍玩，五光十色，不可名狀。

[15] 中宮，秦漢以後，稱皇后居住的地方為中宮。因建於後宮中心而得名。同時也為皇后的代稱。

在此內室，惠帝與張嫣還要行合巹禮[16]。女官又附耳教了幾句，張嫣便舉起杯，向惠帝敬酒。不料端起酒杯，遲疑片刻，卻道：「女甥阿嫣，賀舅皇陛下萬歲！」

惠帝便大笑：「什麼舅皇？女官是如何教你的，怎麼仍用從前之稱？」笑罷，便也捧起一杯酒，回敬張嫣。

張嫣忽覺害羞，便推說不能飲，只勉強飲了幾口。

至日暮之後，張嫣端坐於榻上。惠帝忙了一整日，尚不及好好看張嫣一眼，便秉燭上前，細加端詳。

但見那張嫣雙鬟垂肩，明眸有神，不敷脂粉，色若映雪；惠帝便一怔，又湊近去看。張嫣含羞，低了頭下去，兩腮之間，有微暈如指痕，淡紅可愛。

惠帝大為感慨，對張嫣道：「因妳為我甥之故，為避嫌疑，一向未曾近觀。不料妳已長得這般可人，無怪乎許負要誇妳！」

張嫣見時已晚，忙問：「舅皇，中宮固然好，然今夜吾不得歸家，奈何？」

惠帝便狡黠一笑：「令尊令堂，是如何教妳的？」

「只教我聽舅皇吩咐。」

「那便在舅皇這裡住吧。」

張嫣眨了眨眼道：「是要我做舅娘嗎？」

惠帝便仰頭大笑：「十齡女，如何做得舅娘？妳且獨居一室，自有人伺候，無須害怕。待五六年後，再與我同住一室。」

---

[16] 合巹（ㄐㄧㄣˇ）禮，中國傳統婚禮的儀式之一，結婚當日，新郎、新娘在新房內共飲交杯酒，亦稱合歡酒。

張嫣這才放下心來，然稍一想，又覺疑惑：「不做舅娘，便不是皇后了嗎？」

惠帝復又大笑，將張嫣抱下榻來，答道：「當然是皇后！天下女子，無人可及。妳在舅皇身邊，朕可保妳一世的榮華。」

「你是說，我娘也不及我了嗎？」

「正是。自今日起，便不及妳了。」

張嫣開心一笑，拍掌道：「既如此，長住舅皇處，也是好的呀！」

入宮後，張嫣頗知規矩，五日一朝太后。每見太后，必親自端菜端飯，屏氣凝息，神情肅然。呂后見之大喜，每每讚道：「這才是吾女所教！如此皇后，能不母儀天下乎？」

此時皇后雖立，中涓卻大多不得見張嫣一面。原來，張嫣深居椒房，每見太后，必乘軟輦，嚴密遮擋，從複道往長樂宮去，因而宮人多不識其貌。

一來二去，有關小皇后的傳言，便漸漸多了起來。宮人皆相傳：張嫣所到之地，多有異象顯現。清晨對鏡理妝，常有一五彩小鳥，飛落於簾外啼鳴，其聲若「淑君幽室裡去」，如泣如訴。後來，此景竟延續十餘年，朝朝如此，然也未見有何災異發生。

還有那宮中苑囿內，養了些孔雀、白鶴。這些珍禽，每見張嫣路過，必起舞翩翩，頗似討好，宮人都甚以為奇。

至惠帝四年春三月，惠帝已年滿二十，當行冠禮。甲子這日，便攜了張嫣赴高廟，祭告祖宗。祭罷，即有詔令下，大赦天下。又將那妨礙官民的法令禁條，一概廢除。普天之下百姓，聞之皆欣喜，說起皇后來便都誇讚。

張嫣喜讀書，惠帝至中宮，常聞有誦書聲，清婉傳至戶外。見張嫣讀書，渾然忘身外事，惠帝便笑：「你不聞秦始皇焚書事乎，為何也要效那腐儒讀書？」

張嫣忙放下書，起立答道：「昔年，妾父張敖曾言：『秦之速亡，半由於焚書。』陛下聖明，卻仍用亡秦禁書之律，豈不是笑話？他常為陛下惜之。」

惠帝有所觸動，喃喃道：「你父所言，確是有理呀。」於是下詔，廢除《挾書律》。此律禁私家藏書，自秦亡之後，雖稍有弛禁，卻未明令廢止，民間仍無人敢違禁，就如白日猶存鬼魅。惠帝治天下，到底是存了仁心的。此律一除，百姓若私藏書籍，便再無殺頭之禍了。堙沒之古籍，隨之紛紛面世，在民間傳抄流布，蔚為大觀，終成日後儒學勃興之勢。為此，民間便都念著張皇后的好。

張嫣進宮後，魯元公主放心不下，常來探視。張嫣與母相見，迎送都不用君臣禮，仍用家人禮，大有依依戀母之意。

魯元大感欣慰，牽張嫣之手，問惠帝道：「阿嫣還如意否？」

惠帝答道：「阿嫣相貌，不似阿姊，而酷似宣平侯，令我後宮美人為之減色。然其端莊嫻靜之性，則與阿姊同。」

魯元便大笑：「你不如明說我醜便是，何必花言巧語諷我？」

其時張偃也在側，惠帝便抱他在懷，逗弄道：「此兒體貌，頗似張嫣；若為女子，也是一佳人了。」

魯元便一把將張偃搶過，佯怒道：「陛下可知足矣！有你的閎孺在，休得再胡思亂想。」

惠帝便樂不可支，姐弟兩家，自此親情愈厚。

張嫣在中宮待了些時日後，便日漸隨和，安之若素。惠帝玩心雖盛，亦不忘照拂張嫣。每日晨起，總要踱至中宮，觀看張嫣盥洗。日日如此，百看不厭，常對宮女慨嘆：「皇后之色，直欲與白玉盤匜[17]爭高下！」又道：「皇后神態，儼然一宣平侯，但模樣嬌小而已。」

眾人看看，也覺得像，都紛紛掩口而笑。自此，惠帝便戲呼張嫣為「張公子」。

張嫣近身宮女，皆知惠帝心思，每見帝將至，必先為張嫣端上金唾盂，盛滿紫薇露，供漱口用。等到惠帝來，抱張嫣於膝上，數其牙齒有多少顆。張嫣一張口，便是香氣溢位，引得惠帝大悅。不久，惠帝又研了硃砂，點張嫣之唇；豈知張嫣唇色如丹櫻，那硃砂反倒顯得淡了。

一日，惠帝至後宮，張嫣剛解下裳服，由兩名宮女伺候洗足。惠帝便坐下觀之，笑道：「阿嫣年少而足長，幾與朕足相等。」又對宮女誇張嫣道：「看皇后足脛，圓白而嬌潤，你輩哪個能及？」其愛憐之心，不加掩飾。

惠帝將張嫣娶進宮，雖不能做人妻，卻也覺可人，漸漸便忘了煩惱。這日，忽有叔孫通赴闕求見，惠帝便一驚，連忙宣進。

原來，惠帝即位之初，見群臣進了先帝陵園，手足無措，全不知禮，便喚來太傅叔孫通，囑道：「先帝陵園寢廟，群臣入而不習禮，師尊便去做個奉常[18]吧，居九卿之首，為漢家制禮。」自此，叔孫通便做了奉常，為漢家訂宗廟儀法，頭緒繁多，一時難以完成。

久未曾見師尊，惠帝不禁滿面欣喜：「吾師何事登門？不是朕又有了錯吧？」叔孫通一躬應道：「正是。」

---

[17] 匜（一ˊ），先秦禮器之一，用於沃盥之禮，為客人洗手所用，與盤形成組合。
[18] 奉常，九卿之首，秦始置，掌宗廟禮儀。漢初時曾改為太常，至惠帝時復為奉常。

惠帝神色就大變，忙請叔孫通入座，道：「願聞指教！」

叔孫通便朝北一揖，徐徐奏道：「先帝葬於渭北，生前所留衣冠，皆藏於陵園。每月取出，由執戟郎護衛，出遊高廟一次，名曰『遊衣冠』。」

「此事朕已知，由師尊主持其事。」

「還有一事，也不可不察。未央宮與長樂宮之間，於武庫之南，有飛閣複道一座，以通往來。陛下朝太后，常從此過。」

「不錯，往日朝見，兩宮南門皆警蹕，往往擾民。從複道往來，正為便民。」

「然微臣以為不妥。臣見『遊衣冠』所經之途，與這複道同出一路。如此，子孫行走於半空，豈非行走於先帝衣冠之上？」

惠帝不由一驚：「哦呀！朕於此節，倒是疏忽了，這如何是好？便將那複道拆了吧？」

叔孫通道：「不可。天子處廟堂，不宜有過度之舉。當初建複道，原也是為免擾民。當年勞師動眾建成，今又拆之，豈不失信於天下？」

惠帝便苦笑：「那也顧不得擾民了，仍從兩宮大門往來。唉，做了皇帝，進退皆失措，倒不如富家兒隨意了。」

「那是自然。位高，所處即是危地，小事亦不可輕忽。然事也不必拘泥，微臣以為，可在渭北擇地，另建原廟一座，就近遊衣冠，無須再入城了，豈非兩便？」

「甚好甚好！於渭北建廟，正是至孝之舉。不知師尊還有何建言？」

「古有春嘗鮮果之俗，今櫻桃已熟，可作祭獻。願陛下出宮，摘取櫻桃，以獻宗廟。」

「好好！此禮，可列入漢家儀法，名為『果獻』，年年不輟。」

「如此，先帝於地下，也可含笑了。」

惠帝不禁動容，遂起身道：「師尊多日不來，來即令弟子大悟，弟子這廂有禮了！」說著便要跪拜。

叔孫通連忙阻住，道：「你好歹還知師恩。然讀萬卷書者，豈如鬥雞小兒得寵？賢愚顛倒，自古已然，而今餘脈不絕，為師又能如何？」說罷一拂袖，便反身退下了殿去。

惠帝呆望叔孫通背影，不禁面色發白，汗也溼了一身。

在榻上輾轉一夜，惠帝深自懊悔。次日一起來，便喚來中謁者張釋，商議了半日，教他擬詔：一則，命各郡國，查鄉閭孝悌、勤勞之民，造冊上報，終身免賦，以嘉勉民之厚樸者，杜絕奸猾之風。二則，頒下新令，逃人若還鄉，既往不咎，允歸還田宅，官吏亦不得辱之。此外，各郡國兵卒，人數浮濫，允裁減歸鄉，官吏須善待，劃給田土耕種。

此詔一下，朝野大讚，都稱此為聖德。於是，惠帝方覺心安，每月必至叔孫通居處請教。然事無百日好，時過不久，叔孫通忽然病歿，眾弟子亦將星散，引得朝野一片唏噓，惠帝更是為之不歡多日。

呂后聞聽叔孫通已死，也不由得呆了，喃喃自語道：「這老夫子，不陪盈兒了？你這拗師傅，說走，便走得這般快……」

且說惠帝大婚之後，宮人正欲消歇幾日，不料兩宮竟連發火災，燒得人膽顫心驚。

先是張嫣進宮後才數日，長樂宮鴻臺便失火，樓臺盡毀。呂后受了驚嚇，大罵中涓。長樂宮涓人受了責罵，一連數月，皆夜不敢眠。

這邊好歹防住了祝融，至秋七月，未央宮那邊又出事。乙亥夜間，藏冰的淩室，忽起大火，燒成一片水窪。呂后氣得拍案大罵：「灶間尚未失火，藏冰室倒起了火，涓人都死絕了嗎？」

孰料才過數日，未央宮織室又起大火，無數錦緞付之一炬。消息傳至長樂宮，呂后雙目大睜，僵坐不動。涓人都以為，太后少不了要有一場暴怒，卻不料，呂后只教傳見許負。

待許負上得殿來，呂后便問：「兩宮為何災異不斷？立張嫣為皇后，莫非不吉？」許負便道：「非也，太后請勿慮。兩宮火災，或是朝廷旺運也未可知。」

呂后苦笑道：「權當如此吧！漢家宮室，哪裡比得上阿房宮？再有兩三個未央宮，也不夠燒的！」於是，便喚來惠帝，狠狠教訓了一番。

惠帝也著實吃了驚嚇，回到未央宮，便召集涓人，嚴密布置防火。從此宮中，無人再敢大意，晝夜都小心火燭，這才無事。

至惠帝五年（西元前 190 年），呂后所憂心之事，終於接連而至——功臣元老，竟紛紛謝世。

這年春，最後一次築長安城，徵發長安六百里內男女，共十四萬五千人服勞役，一月而止。剩餘未完工之處，則徵發列侯家徒補齊。

此次築城，規模浩大，曹參心知此為萬代之功，不敢馬虎，一改往日閒散氣，效仿蕭何，親上城頭，晝夜催督。至秋八月，堪堪四面城牆即將築好，曹參卻因勞累過甚，頂不住，一夕吐血數次，竟然薨了！

呂后聞知，呆呆坐了半日，淚流不止。惠帝聞聽噩訊，奔來長樂宮，與母后商議。呂后囑惠帝道：「曹參，你父執輩也，恩重亦如父。你且換了素服，前往曹邸，代我弔喪。另有諡號、襲爵等事，也一併辦好。」

惠帝便帶了陳平、周勃等人，同赴曹邸，見了曹參妻、子，溫言勸慰。次日便有詔下，賜曹參謚號懿侯，子曹窋襲封平陽侯。

曹參雖逝，功德常留。至本年秋九月，長安城終告築成，周長六十五里，城外有壕水環繞，四面各開三座城門，上有木製城樓，巍峨干雲，各門均有門道三條。一面三座城門，共計十二城門；一門三通道，共計三十六門道。後東漢張衡作《西京賦》，所述「方軌十二」、「三塗洞開」即指此。

長安城郭，並非長方形，因受渭水所阻，又顧及未央宮走向，故城南為南斗形，城北為北斗形，俗稱「斗城」。

此時之長安，經蕭、曹兩人接替營造，已是天地間頭等的通都大邑，尤其自惠帝臨朝以來，百事無為，萬民心定，生計一年盛於一年。至此時，城內商賈已雲集，各個富甲一方，出入遊樂，驕奢不輸於公侯。恰如張衡《西京賦》所言，看當時市井，唯見滿目奢麗：

爾乃廓開九市，通闤帶闠。旗亭五重，俯察百隧。周制大胥，今也唯尉。瑰貨方至，鳥集鱗萃。鬻者兼贏，求者不匱。

秋高之時，天氣漸涼。呂后一時興起，便偕了惠帝及文武重臣，將那四面之城，各登臨一遍。

在城頭，呂后望街衢良久，滿面喜色，對左右群臣道：「高帝在時，恐百姓奸猾，曾有《抑商令》，禁商人身著絲衣，又不准乘車出行。哀家以為：市井子弟，不讓他為官宦，也就罷了，不許他衣絲乘車，這就過了。吾意《抑商令》即使不廢，也應從緩，有司都不要過於計較。看這長安城，若無商人出入，還成什麼樣子了？」

群臣聞之，都大喜，齊呼「萬歲」，盛讚太后德被天下。

商民於城下仰望，見城頭旗蓋蔽日，金鉞如林，便知是大駕出遊。那鹵簿每至一處，便引得閭巷喧騰，觀者如堵，人人皆驚呼：「天神下凡了！」

一行人登上南面的安門，方清晰望見兩宮格局。唯見屋宇萬千，縱橫交構，錯落有致，正如張衡所言：

正殿路寢，用朝群辟。大夏耽耽，九戶開闢。嘉木樹庭，芳草如積。高門有閌，列坐金狄，內有常侍謁者，奉命當御。蘭臺金馬，遞宿迭居。

群臣未料俯瞰兩宮竟是此等氣象，皆同聲讚嘆。呂后以手捫胸，也是錯愕良久，方環顧群臣道：「蕭丞相手段如何？」

群臣齊聲稱讚：「或比姜太公！」

呂后大笑，遂斂容，殷殷囑道：「天下未定時，安危繫於將軍；天下既定，興衰則在於宰相。正是這蕭規曹隨，我漢家方有今日！惜乎曹公也早早薨了，哀家連日心亂，一時尚不知何人能繼任。」

眾臣聞言，皆唏噓不已。

那曹參為相三年，天下無事，民間得安寧，今忽然亡故，市井百姓亦為之悲。有人作歌謠曰：「蕭何為法，講若畫一。曹參代之，守而勿失。載其清靖，民以寧一。」一時閭巷傳唱，延及郡國，天下無人不頌其德。

曹參去後，相國一職，一連空缺了三月。呂后原想用樊噲，又想用呂釋之，躊躇再三，不敢輕易任命。百官見此，不免起了疑惑，人心有所浮動。左右皆苦諫道：「國無綱紀不立。相國一職，不可久缺。」

呂后仍不能定奪，遂想起張良，即遣人赴留侯邸打探。未幾，涓人回稟：「留侯在家，仍不食五穀，欲學仙飛昇。」

呂后便連連搖頭：「留侯德高，為漢家重臣，如此自棄怎能行？」於是備下盛宴，請張良入宮赴宴。

張良應召前來，見案上珍饈如山，不由大驚，擺手道：「臣欲從赤松子遊，已辟穀多年，怎能如此進食？」

呂后便強令道：「不能食，也須食！人生一世，如白駒之過隙，何必自苦如此？」

張良只得坐下，舉起箸來，卻仍猶疑：「辟穀，人以為苦，臣則以為大樂。多年如此，已不知肉味。」

呂后揮揮袖，不以為然道：「留侯以三寸舌為帝王師，封萬戶，位列侯，此乃布衣之極。若飲食起居，尚不如布衣，所圖又為何呢？」

張良答道：「臣只羨世間高人，別有懷抱。昔征魯城時，臣隨帝過濟北，尋恩師黃石公不見，不得已，唯有攜回黃石一塊，供奉在家。每日拜之，便覺已成半仙。」

呂后仰頭大笑：「果然幾近成仙了！留侯少年時，得黃石公教誨，發憤自立，終得大貴，這本是正途，不應有疑。若只求長生安樂，不若當年去隱居，早便修成高人了，又何必隨先帝冒矢石、打天下？」

「此一節，臣亦甚覺大惑。」

「再者，看留侯今日，位在卿相之上，名震央外。漢家河山，縱是行至桂林、番禺，亦無人敢侮慢你。你不稼不穡，終年不朝，無須諂媚，免於奔走，無稅吏上門，無捕快攔路，郡縣匍匐於前，諸侯逢迎於後，如此，又豈是一個布衣可得的？若真為布衣，則吃喝用度，油鹽柴薪，何事不令你焦頭爛額？」

「這個……太后高見。世態炎涼，臣亦知，故不願食人間煙火，寧願遠遁。」

呂后便笑：「留侯貴公子出身，儒雅好文。那山中豺虎、林間野豕，須是不好應付的！」

張良於座中一拜，懇切道：「太后所言，正是微臣心病。多年坐而論道，未赴山中，或正因患得患失。」

呂后聞聽，只微微一笑：「你豈是真心想隱居？不過明哲保身而已。那失心翁在世時，胡亂猜疑，功臣多畏懼。此弊，自哀家掌政之後，斷乎不許再有。留侯請放寬心，不要自外於朝。」

「臣痴迷於仙遊，或為妄想；然執此一念，朝夕思之，十年不改，或許亦能成真。臣既已半生碌碌，悔之莫及，老來若得道，也算是得了解脫。」

「哈哈，哀家與你講理，是講不過了。然一朝成仙，哪還有這般人間美味？來來，哀家便不講理了。你今日，須飽食足飲，方可歸家。」

張良無奈，只得勉力加餐。其間，呂后數次起身，為張良敬酒，恭謹有加。

宴畢，呂后便問計道：「今曹參新薨，卻無良相人選，猶豫之際，朝野都不安。此事已苦惱我多日，留侯可有何良策？」

張良略作思忖，答道：「漢家大事，早有定規，無人能逾先帝。」

呂后當即領悟，面露笑意道：「留侯果然多智！哀家今日擺宴，只為聽到你這一句話。」

張良回到府邸，這一夜，便輾轉難眠。左思右想，總覺自家磊落了半生，老來卻陷於苟且，伸展不得，亦擺脫不得，只是一個無奈。

後半夜好不容易入夢，忽夢見定陶城外的賣荷女，眉眼歷歷，一如當年。但見那青荷女子娓娓道來，卻聽不到所言為何。張良急忙趨前，側耳去聽，那女子卻忽地變臉，掣出一柄尖刀來，將手中青荷攔腰削斷。那許多荷苞，便撲嚕撲嚕撒落一地。女子抬起頭來，忽又清清楚楚說了一句：「公子為何執迷？」

張良頓覺羞愧難當，出了一身大汗，急欲辯白，卻又發不出聲來。掙扎了半晌，忽地就醒了。見窗外並無光亮，才知是個夢，便連聲嘆息，悔恨當初未能出遊，牽牽絆絆，終留在了長安。暮年為太后所獻之計，無不帶著小人氣，生生將那一世英名全毀了。

如此一想，頓覺渾身都是汙穢，還不知後世之人將如何看呢。輾轉了一夜，人竟似老了十歲。晨起，家老張申屠來問安，見狀吃了一驚，忙上前來詢問。

張良擺擺手，道：「我無事。唯昨夜想到，做人一時不清，則萬世也難洗得清。那年在邯鄲，就該遁去……」

張申屠連忙勸道：「主公此時生悔，豈非晚矣？唯有且行且看。人至高處，安然便是神仙。」

張良瞥了張申屠一眼，苦笑道：「我這副模樣，頗似神仙嗎？」張申屠忽狡黠一笑：「有那青荷女子入夢，怎的就不是神仙？」張良大驚：「你怎知道？」

「主公這一夜，不知喚了多少遍那女子，小臣在隔壁屋裡，也聽得分明。」

張良遂大慚，漲紅了臉，搖搖頭，不再言語。自此，便覺身體一日不如一日。

卻說當夜，呂后反倒是定下了心，決計遵劉邦生前所囑，仍用老臣。翌日一早，便有詔下：廢去相國名號不用，新設左右丞相。以王陵為右丞相，陳平為左丞相，太尉仍為灌嬰。三人功高威重，文武相濟，百官見了這陣勢，也便不再有疑慮。

如此人心方定，朝中平穩了一年。至惠帝六年（西元前 189 年），又有噩耗迭至：齊王劉肥、留侯張良、舞陽侯樊噲等，都接二連三地薨了。

時方入春，呂后聞張良薨，失色良久，哽咽了一聲：「留侯不在，呂氏何以存焉？」便急召張良之子張不疑、張闢彊入宮來見。

呂后問二人道：「令尊生前，可有何囑託？」

張不疑答道：「家父彌留之際，已不省人事。此時忽有一婦人，著青荷色衣裙，稱自濟北來，叩門求見，攜黃石一塊，獻予家父。家父病篤，不能見。那女子便道：『此黃石乃黃石公精魂所化，向為你父心所繫。二十餘年前，你父赴濟北尋黃石不見，誤將一白石攜回。今我將真品覓得，千里迢迢運來，只是為此物尋個妥當處。』言畢，放下黃石便走。」

呂后便道：「奇了，那婦人如何識得令尊？」

「臣亦問過，那婦人答道：『定陶無人不知，卿相之中唯一白衣者，便是張良。你父在濟北尋黃石事，定陶家家皆知。』待家父稍清醒，聞之淚流滿面，直呼：『錯錯，幾十年間，竟然供了個假的！』卻不肯言明那女子為何人，唯留有遺囑，願與黃石同葬。」

呂后聽得饒有興致，然聞說張良臨終只惦記黃石，片言未涉朝政，又不免失望，便揶揄道：「留侯夫子，亦有外遇乎？」

張不疑、張闢彊皆愕然，連忙答道：「家父⋯⋯似不敢亂為。」

呂后一笑：「怕什麼？小亂，也無傷大雅。古今千載，睿智者，恐也只這一個留侯了，一計便可興邦，卻於朝政全不留意，視功名爵祿若糞土。如此灑脫，教那天下碌碌小吏何以自處，盡都羞煞算了！」

此時，張闢彊搶上一步，朗聲答道：「家父雖超脫，然亦須有事功作底。若無事功，則與閭巷匹夫無異，有何可稱羨？」

呂后看這少年聰穎，心甚喜之，便道：「孺子所言，倒甚合吾意。年前，哀家也曾與令尊說過此意。只不知，你而今年紀幾許？」

「小子無才，年方十四。」

「嚯矣，可堪造就！你阿兄襲了侯，你卻無緣得父蔭，不亦憾乎？哀家這便授個侍中[19]與你，常來宮中走動，也好上進。你二人回去，遵父囑，就將那黃石一同葬了吧。」

張氏兄弟連忙謝恩，退下了殿，回府自去發喪不提。

至夏六月，呂后正以為無事，忽又聞樊噲暴薨！呂后大驚，頓覺心亂，繞室徘徊半日，仰天嘆道：「天不佑我呂氏耶。」

俄頃，有呂嬃叩闕求見。呂后連忙宣進，只見呂嬃掩面奔入，抱住呂后便嚎啕大哭。呂后心亦甚悲，卻只能強忍，撫著呂嬃肩頭，慘笑一聲道：「阿娣，天下人皆矚目你我，不可自亂。那黃泉底下，想必是妖姬不少，不然大丈夫怎都棄我而去？你哭哭便罷，勿傷了身。天道如舊，人卻不如舊。吾輩既未死，也只得強自活下去……」話未說完，自己竟也涕泗滂沱起來。

兩人大哭一場，呂嬃猶悲傷難抑，只覺恍恍惚惚。呂后見之不忍，自當晚起，便留呂嬃住在宮中，百計排遣。這之後，兩人朝夕相處，一

[19] 侍中，官名，秦始置。漢代為正規官職的加官之一，可出入禁中，應對顧問。

同住了數月。

為安撫呂嬃，呂后便授意惠帝下詔，稱：「樊噲為立朝功臣，又兼享外戚推恩，故而卹典從優，諡號為武侯。其長子樊伉，襲爵舞陽侯。妻呂嬃亦享推恩，引先帝封女流為侯例，封為臨光侯，准參與朝政。」

詔下，呂嬃破涕為笑，神情大振，與呂后商議：「我夫既薨，軍中便無呂氏臂膀。那灌嬰掌太尉職，萬一有異心，將何如？」

呂后頷首道：「阿娣想得周全。灌嬰將兵在滎陽，雖無二心，然兵權也未免過重。不如廢置太尉官，收天下兵權歸劉盈。」

呂嬃便拊掌叫好：「盈兒掌天下兵，阿姊便是太尉了。」

呂后笑笑，又道：「失心翁臨終之際，推周勃可為太尉。目下看來，兵權不授予人，方為上計，不要這太尉官也罷。」

「阿姊心思周密！婦道人家在朝，於兵事最弱，疏忽不得。我只想：那禁軍原就分內外，不如索性更名為兩軍。那中尉統領的一軍，守護長安城，營寨在未央宮北，可號為北軍。衛尉統領的一軍，守護宮禁，駐於城南，故而可稱南軍。禁軍既分南北，便成兩家，免得一家獨大。」

「如此甚好！你說得不錯，兵權一日不歸諸呂，我便一日不得安寧。」

「何不明日便將兵權授予諸呂？」

「人心歸順，尚需時日，急不得！先廢了太尉就好。」

姊妹倆商定，便命中涓將詔令發了下去，廢置太尉官，京畿禁軍分為南北軍。詔下數日後，探知灌嬰那邊並無異常，呂后這才放下心來。

數月後，呂嬃返回府邸。臨行，呂后叮囑道：「阿娣，世間萬事，唯諸呂之事為大。切記，天下早已不屬劉。」

呂嬃不由得驚異：「盈兒不是還聽話嗎？」

「盈兒行事，多不似我，天下豈可託付於他？」

呂嬃便搖頭，嘆了聲：「這個盈兒，害苦了阿姊！」

此後，呂嬃便拉攏朝臣，公然為諸呂張目。百官見之，雖憤恨，卻無人勇於阻攔。

且說呂后操勞惠帝大婚，頗覺費力，只恨女官太少，緊急時也無個傍依。便下詔，令少府派員至燕趙一帶，招募良家女子，入宮為宮女。

兩月之後，便有百十名女子，自燕趙之地募來。分到呂后身邊的，有一小女子，名喚竇猗房，是清河郡觀津縣（今河北武邑縣）人。

這竇猗房正值荳蔻年華，嬌小可人，呂后一見就喜歡，便拉住那一雙纖手，問起小女子身世來。

竇猗房年紀雖小，口齒卻清晰，從容答道：「回太后，奴婢家甚貧寒，家父為避秦亂，隱居於觀津，萬事不問，整日裡垂釣水邊。一日不小心，竟失足墜河而死。」

呂后一驚，又問道：「家中還有何人？」

竇猗房答道：「家母亦早亡，家中還有一兄一弟。」

呂后便嘆：「原也是個苦人家！既來宮中，便好生聽話，總強於在家中受苦，兩個兄弟，也能得你之助。」

「謝太后大恩！太后既如此說了，奴婢定當勤快。」

「我看你聰明伶俐，萬不可自賤。只須勤謹做事，便有你的好。」

「奴婢記下了。」

從此，呂后便收竇猗房為左右心腹，喚作竇姬。宮人見呂后看重竇姬，也都爭相憐愛之。

且說那張嫣入宮後，與惠帝相處甚洽。惠帝仍視其為外甥女，唯鍾愛而已，兩不相擾。

惠帝五年夏六月，天氣溽熱。一夕，惠帝在宮中，只覺得悶熱，不能成寐。輾轉至半夜，忽坐起，欲召寵姬前來嬉戲。

時有惠帝最寵之美人，尚居長樂宮，未遷至未央宮。惠帝思之，便喚來宮女數人，授以錦衾一襲，紅帕一方，令宮女攜至長樂宮，以作符驗。惠帝吩咐道：「美人若已睡，便以錦衾裹來，夜深不要驚了他人。」

宮女半夜驟醒，睡意未消，誤聽為「往中宮接人」，於是一行人赴中宮，徑叩宮門，傳達上命。

有皇后侍女正在值宿，聞聲起來，開啟殿門數重，引惠帝宮女入內。宮女叮囑道：「切勿聲張！」便直趨張嫣榻前，以錦衾裹之，並以紅帕矇頭。

張嫣驚醒，急問是何故。宮女答道：「上命如此，奴婢唯知遵命。」說著，便背起張嫣，急趨前殿。

見已奔出中宮大門，張嫣便大聲道：「既奉帝詔，且容我穿好裳服。這般赤條條的，怎能去見皇帝？」

宮女聞皇后責問，愈加惶急，答道：「上命也，刻不容緩。且已出了中宮，皇后請勿作聲。」

張嫣無可奈何，只得閉了嘴。須臾，一行人奔至寢宮，惠帝見宮女揹著蒙面人，便上前，揭帕視之，見居然是張嫣，不由大笑，拊其裸背道：「怎麼是妳，驚了妳夢嗎？」

張嫣不答，似微有嗔意。

惠帝便命宮女：「置皇后於御榻上，爾等都退下吧。」宮女既退，惠帝直望住張嫣，問道：「淑君生我氣了？」

張嫣答道：「妾身居中宮，陛下若有召命，應先一日宣入。豈可輕佻若此，為妃嬪所竊笑，他日還有何面目母儀天下？」

惠帝大慚，漲紅臉道：「朕錯了！朕召妳來，並無他事，聊以消暑罷了。」

張嫣這才一笑：「消暑？召小女子消暑，陛下只不要上火才好。」遂緊裹錦衾，端坐於榻上，與惠帝閒談。

及黎明，中宮侍女皆來前殿伺候。張嫣便命取來裳服，從容穿上，稍事梳理，而後還宮。

諸美人聞聽此事，妒火在心，皆傳言「皇后夜半擅自出屋，裸奔至帝所」。流言所至，竟是無人不信，輾轉傳到了宮外。大臣中有怨恨太后者，亦私下議論：「張皇后為太后外孫女，果非佳種！年幼即如此，他日必無端莊之德。如此，何以承宗廟？」

人言洶洶，眾口鑠金。自是，張嫣在群臣中口碑便不甚佳。

至惠帝六年秋，張嫣年紀已十三，人道始通，可與惠帝交合了。時惠帝後宮美人，已生有四子。太后素不喜姬妾承寵，只想張嫣能夠早生子，便遣使祭禱山川百神，又賜予太醫數千萬錢，只求張嫣能服藥求子。每夕，必遣宣棄奴來，勸惠帝宿於中宮，勿往美人居所去。

太后之旨，何人敢違？惠帝只得唯唯。然張嫣小小年紀，卻自有主張。

一夕，惠帝鬱鬱不樂，至中宮，對張嫣道：「母后催逼甚急，令妳我同寢，奈何？」

張嫣從容道：「陛下多病，已非一日，如不靜養，竟夜嬉戲，何日方得痊癒？同臥之事，尚有無窮時日，不在這一朝一夕。」

惠帝便道：「此等道理，我也懂，然太后之命，誰敢違抗？」

「可同臥一室之內，然不同在一榻。熄燈之後，各自早早睡。」

「淑君，太后也可欺瞞乎？」

「中宮之嚴密，鳥亦不可入，我榻上之事，外人還敢來看嗎？」

惠帝不由大喜，拊掌道：「如此便罷！妳睡榻上，我席地而臥，相安兩無事。」

自此，惠帝常宿中宮，卻與張嫣分榻。侍女不知其虛實，太后更是不知，只是嘆氣，常問張嫣道：「嫣兒，妳倒是奇了，怎麼還是冰清玉潔身！萬方終無子，莫非此為天意？」

且說惠帝大婚後，那男寵閎孺，卻無緣得見張嫣一面。閎孺一向自恃貌美，聞侍女誇讚皇后，心甚奇之。這日，便懇求惠帝道：「臣聞皇后容貌無雙，願遠望之。」

惠帝便笑：「皇后年幼，你何須妒之？想見，也無不可，只不要心急。」

適逢中秋佳節，按例，皇后須遊幸上林苑，觀賞秋海棠。惠帝忽就起了玩心，命閎孺換了女裝，服飾一如皇后，先至上林苑躲好，以便近窺。

時已有宮女先至苑中，灑掃迎候，見閎孺突入，容貌絕麗，皆大感驚疑，以為是真皇后駕臨。

閎孺一笑，自報了家門，囑宮女們無須驚擾，便緩步登上了假山，藏於樹後。未幾，見大隊車駕行至苑中，張嫣下輦步行，露出了真容來。

稍後，張嫣率一行人登樓，憑欄眺望。閎孺在樹叢後看得真切，見張嫣雲髻高聳，長袖翩翩，羅衫淡妝，舉止嫻雅，果然不似凡人。

張嫣偕後宮五六美人，且行且賞花，姹紫嫣紅中，唯張嫣年最幼而又最端麗；其移步，若輕雲出岫，不見其裙之動。閎孺望見，驚異萬分，幾乎要失聲讚出來。

遊幸畢，閎孺待皇后一行已遠去，才去見惠帝，俯首自慚道：「實不知上天造物，竟有此等絕美者！陛下有中宮若此，還用臣與美人何為？」

惠帝便玩笑道：「皇后雖身長，貌如成人，然年齒幼稚，性憨未諳男女事。若五年以後，你輩便不能久留了。」

閎孺不知此言真假，臉色忽變白，忙伏地叩首道：「即便如此，臣亦心甘。」

惠帝七年（西元前 188 年）春正月，惠帝赴上林苑圍獵，皇后及諸美人騎馬相從，諸美人裝束，皆如男子，而以張嫣尤為驚豔。

馳騁半日，一行人跑累了，下馬歇息。張嫣忽然內急，便卸了戎裝，匆忙如廁。忽然，一隻野豬竄入廁中，發狂撕咬張嫣衣裳。說時遲那時快，野豬幾口便咬碎了張嫣下衣，連屁股上也略有微傷。

事發突然，諸美人都嚇得動彈不得，爭相呼救。惠帝驚愕失措，竟救援不及。張嫣卻臨危不亂，大喝一聲，拔劍便刺向那野豬，三兩下將其砍翻。諸美人驚魂甫定，無不佩服，都圍上來稱賀。

張嫣下衣既撕裂，倉促間暴露其體，卻渾然不覺。

倒是惠帝一眼瞧見，笑而指之道：「你那臀，何其肥白也！」

張嫣這才驚悟，大為羞慚，手足無措。少頃才想起，急呼侍女拿一件下衣來換，遂兩頰紅暈，半日裡默然無語。

且說呂后因審食其事，本就惱恨惠帝，又見惠帝常宿中宮，與張嫣卻無子，後宮美人反倒多子，便愈加不快。於是，便召惠帝來，憤然道：「你與張嫣，並非木石，同寢兩三年了，如何就無子？」

「此事由天，兒不可謂不努力。」

「什麼由天？我看就是後宮美人多，你用心不專，焉能有子？以我之意，你那邊，要那麼多女人何用？不如盡黜後宮諸美人，令其歸家。張嫣既為皇后，應得專寵。如此，便不至數年無子了。」

惠帝大驚，脫口道：「這如何使得？母后當年，亦是皇后，可得專寵乎？」

呂后聞言大怒，拍案而起道：「放屁！正是你那阿翁混帳，若專寵，豈能只有你一個無用之子？」

惠帝又爭辯道：「然皇后終究年齒尚幼……」

「十五齡了，哪裡便幼？」

「有兩齡為母后所加，應當刨除，實年才十三。十三幼女不得子，並非荒誕，宜從容待來日。」

「你從容，我卻從容不得！蓬頭老嫗，還有幾個來日？此事你無須再多言，回你未央宮去，將美人通通逐出。明日起，我是不想再撞見一個了。」

惠帝不敢再爭辯，內心憂甚，返回未央宮，繞室逡巡半日，仍無以為計。想來想去，只得去找張嫣商議：「太后謀盡逐美人，這又如何是好？」

張嫣性渾厚，不知妒忌，反問道：「逐美人是何意？彼輩並不多事啊！」

惠帝道：「正是。有美人在，其樂融融；逐走美人，形單影孤，此地豈不成了廢宮，還有何趣？」

張嫣亦覺沮喪，問道：「太后何以有此意？」

「太后惱恨美人有子，而你無子，故欲趕走美人。」

「原來如此！然妾亦不明：如何美人生子，如同結瓜；我與帝同寢一室，卻經年無子？」

惠帝愕然，注目張嫣良久，方道：「……或因你年歲尚幼，如同秧苗，稍長自可結瓜，無奈太后等不得。」

張嫣忽有所悟：「陛下之意，欲教我勸諫太后乎？」

惠帝哀懇道：「正是。唯有你進言，太后或許可聽。」

「那好！妾已知，當竭力勸阻太后。」

次日，張嫣便赴長樂宮，面謁呂后，哀泣諫道：「諸美人罷黜歸家，將有何顏面見家人及鄉里？妾命薄，不能生子，而非美人之過，望太后收回成命。」

張嫣素得呂后歡心，凡有所言，呂后無不從。此時聞聽張嫣哭諫，呂后心便軟了，嘆了一聲道：「嫣兒怎能命薄？然同寢一室，多年無子，這奇哉怪事，如何就應在了妳身上？」於是，逐美人之事便不再提起。

當年夏五月，呂后得報，後宮周美人又有娠，立時便發怒，欲鴆殺之。

消息傳至未央宮，張嫣大驚，直奔長樂宮，力請呂后寬宥，呂后只沉吟不語，張嫣哀泣再三，方准允放過不提。

張嫣連連謝恩，欲起身返回。呂后忽心生一計，喚住了張嫣：「諸美人猖獗，只因欺妳不孕，哀家實為妳不平。妳便聽我一計：以衣物塞腹下，佯作已有身孕數月。俟周美人生男，即稱是妳所生，立為太子。如此，母以子貴，妳便可無憂了。」

張嫣瞠目道：「這哪裡行？身為天下之母，豈可作假？」呂后便冷笑：「妳道先帝斬蛇，那蛇就定然是真的嗎？」張嫣更是錯愕，心知無計可推託，只得從命。

返回未央宮，張嫣便知會了惠帝。惠帝哪裡有甚主意，只黯然道：「便如此吧！安寧一時，便是一時。」

張嫣便依太后之計，將一包衣物，胡亂塞入裳下，裝作有孕。侍女見之，皆大喜。

適逢魯元公主來，張嫣便與母私語此事，道：「嫣於狐媚之道，素所深恥，遲遲無子，惹得太后不快。」

魯元公主便詳詢其情，聽罷不禁苦笑：「妳雖與帝同居一室，卻如隔河相望，當然是無子了。這個事嘛……」於是，這才將男女之祕事傳授之。

張嫣聞罷，滿面通紅，這才恍然大悟：「阿娘若不說，阿嫣倒以為自家是一株廢苗了。此事糾結多年，好不惱人。阿嫣無子，太后便不樂，不欲令那美人之子活，因而諸皇子命都難保。舅皇為此心憂，越發鬱悶了，眼看著疾患日甚一日。今太后又命我假作有娠，嫣所以應允，上是逢迎太后，下是為保美人之子，中可以調和兩宮不睦，不忍見舅皇病重而已。」

魯元亦無奈，唯囑咐道：「事已至此，奈何？便照我所授祕術，勉力為之吧。」越日，太后果然下詔，稱：「皇后孕已久，將足月，可免赴長樂宮朝見。」

惠帝心照不宣，便也做起戲來，累月不至中宮。唯張嫣一人，不出寢宮一步。侍女中有狡黠者，相互竊語道：「皇后孕既足月，將育太子，然腹卻不大，何也？」皆掩口而笑，多搖頭不信。

至夏六月，周美人果然生一男，太后聞知，立召宣棄奴來，如此這般吩咐了一番。宣棄奴會意，當下至周美人處，將嬰孩強行取走，又不許周美人聲張。而後，將此嬰孩攜至長樂宮，交給竇姬，小心裹上襁褓，暫匿別殿。一面便遵太后密令，將周美人軟禁起來。

那竇姬雖還是少女，接了這嬰孩，卻大起憐愛，向宦者討來些羊奶，精心餵了。當日事畢，呂后便密令竇姬，趁夜速往未央宮，教張嫣佯稱腹痛。

竇姬受命，急趨往中宮，進了椒房，見張嫣一人臥於榻上，孤燈搖曳，狀頗悽清，便趨近前，耳語數句。張嫣甚覺驚奇，望望竇姬，苦笑道：「我才大妳幾歲？又未曾生育，這種把戲，怎能裝得像？」

竇姬只低眉答道：「太后之命，不便違拗。」張嫣不得已，也只好裝模作樣，喊了幾聲。

喊聲未落，便有人猛然開門，喚了一聲：「竇姬，勿久留！」

燈光昏暗，難窺其人，唯見門開處，一雙手臂將一襁褓遞入。竇姬機靈，迅疾轉身問道：「何人？是宣棄奴嗎？」見到襁褓，心下便雪亮，忙接過來，轉交予張嫣，自己匆忙抽身走了。

諸侍女多已睡下，聞聲驚起，直奔入椒房，卻見一呱呱男嬰，已在皇后懷抱矣！諸侍女面面相覷，驚詫莫名，卻都不敢多言，口稱賀喜，忙接過男嬰來打理。

惠帝聞之，且喜且嘆，便遣閎孺奏報太后。呂后聞之，佯作大喜，當下傳令宗正府：晨起告祭宗廟，立張皇后生子為太子。

次日晨，群臣聞太子誕生，均不知有詐，紛紛奉表稱賀。

呂后閱罷一堆奏表，大喜，拉住竇姬之手，誇獎再三。過了三日，又遣宣棄奴與竇姬去探看周美人，贈以文綺、黃金，另有藥物一瓶。待周美人謝恩畢，宣棄奴便溫言道：「太后有旨，宮中雜亂，不宜靜養。請美人暫移宮外，休養數月。待將養好些了，再行返歸。」

周美人不敢抗命，又不敢問生子置於何處，只得勉強起身，由竇姬幫忙收拾好。宣棄奴遂推來輦車，載周美人出宮而去，從此再不見蹤影。半月後，宮人中便有傳言流布：「周美人命苦，已為太后鴆殺了。」

張嫣聞之大驚，涕泗交流，密告惠帝道：「妾所以應允作假，只想救周美人。然周美人還是遭了暗害，豈非命耶！」

是時，惠帝後宮所生，已有六子；名為張嫣所生者，乃最小的一個。張嫣撫之，一如己出。久之，宮人亦不再議論，只當是此子為皇后嫡出，是個真太子了。

諸呂封王，權勢一時歡騰

惠帝七年中，天象不吉，春夏皆有日食。尤於夏五月丁卯這日，午前日光漸暗，有人在水影中見日頭缺了，都大呼小叫。無多時，日食竟既，周天昏暗如暮。百姓奔竄於市，皆驚駭不已。

呂后聞宮人稟報，也奔出殿去望天，半晌，才自語道：「又是日食。古人云：日食者失德……然我有何錯？怎的就失了德？盈兒在位，政事皆由我出，足不出宮闈，天下晏然，為何仍有日食之凶？莫非老身壽數到了？」

至秋八月，暑熱退去，呂后覺身體尚健旺，並無病痛，正自慶幸。忽一日，閎孺狂奔而來，流淚稟道：「陛下病急，已不省人事了！」

呂后大驚，戟指閎孺罵道：「都是你這班男女鬧的，看我不扭下你頭顱！」便帶了宣棄奴與太醫，急赴未央宮。

進了寢宮，見張嫣正抱著惠帝飲泣。呂后急上前道：「你且讓開。」俯身看去，見惠帝面如土色，氣若游絲，心知不妙，遂命太醫孔何傷診治。

孔何傷捉住惠帝手臂，號脈良久，搖頭道：「病邪入五臟，陰陽皆虛。陛下之疾患由來已久，或將……可治。」

呂后略微一怔：「先生是說，救不得了？」

「氣血壅塞，陰陽紊亂，老夫只能盡力而為。」

稍後，一服藥灌下，惠帝仍不見起色。張嫣百般呼喚，亦不應。呂后心更急，繞室徘徊數十匝，片刻不能停。當晚，就與張嫣一道，在惠帝寢宮裡坐守。

寢宮入夜後更顯淒涼，火燭搖曳，更漏遲遲。張嫣於此前，已守了多日，此時睏倦已極，忍不住連連瞌睡。呂后看看，便道：「妳且去歇息，天明再來。此處有哀家，料不會有事。」

張嫣遵命退下。呂后便問宣棄奴：「我問你一句話，你只管放膽說來。」宣棄奴叩首道：「太后請問。」

「哀家問你：君上若不起，於哀家有何利弊？」

宣棄奴一驚，環顧左右，見太醫、宮女皆在門外，才低聲道：「陛下萬一……有不測，太子已在襁褓，還有何可慮？朝中諸事，或更是順遂了。」

呂后頷首一笑：「正是，你所言不差。」便起身，坐到惠帝榻邊，握住惠帝之手，想起他小時情景，禁不住灑了幾滴淚。

至翌日晨，惠帝仍不醒，眾人苦勸呂后暫回。呂后起身，囑孔何傷不可疏忽，這才回了長樂宮。

待朝食畢，呂后躺倒才片刻，忽聞外面有驚呼，便知不好。果然，是閎孺奔入，大聲泣道：「皇帝駕崩了！」

呂后連忙披衣坐起，喚來宣棄奴，吩咐道：「我去西宮，你去請辟陽侯來。」

宣棄奴領命，惶惶而去。呂后卻不急，對鏡坐下，端詳了片刻，見尚不致有垂老之態，這才一笑，起身往西宮去了。

那寢宮中，張嫣與眾美人都在，圍坐惠帝榻前，哭成一片。見呂后駕到，眾美人連忙閃避開。

呂后走到榻邊，見惠帝面孔灰白，宛如熟睡，不由便哀嘆了一聲：

「送走父，又送子！天要虐待老娘嗎？」僵立片刻，才回首對張嫣道：「天不留人，奈何？你哭歸哭，卻不要誤了正事。去吩咐中涓，料理後事吧。」

惠帝時年二十四，在位七年，算是短壽皇帝。後有史家班固，讚惠帝內修親親，外禮宰相，知納諫，敬大臣，可謂寬仁之主，惜乎為呂太后所牽累，不能稱明君，亦是堪悲之事。

次日起，朝中文武都來寢宮哭靈，一片素服，哀聲四起。呂后亦在榻前哀哭，其聲頗大。諸臣偷眼看去，只聞呂后號哭有聲，卻不見有一滴眼淚落下，心中都納悶，卻不敢言說。待中涓一番忙碌，入殮畢，諸臣這才退下。

左丞相陳平步出魏闕，正要上自家車駕，忽見侍中張闢彊緊緊跟在身後，不由奇怪，便問：「賢姪，有何事？」

前文曾說過，張闢彊乃張良之子，得呂后賞識，做了侍中，在宮中行走，迄今恰好一年。闢彊年少聰慧，於宮中之事，早已看清大略。他向陳平一揖，問道：「丞相，方才情景，可曾看清？」

陳平怔了一怔，應道：「吾已看清，然又何如？」

「太后獨有此一子，今日駕崩，卻哭而不悲，不見有泣下，君知是何故嗎？」陳平急忙拉住張闢彊，走了幾步，至僻靜處，才道：「願聞見教。」

張闢彊便道：「今上駕崩，卻無壯年之子，太后心中，實是畏懼君等老臣。」

「我等有何可懼？」

「天下之權，皆操於老臣之手。若老臣弄權，主少而不能制，一旦有異謀，天下立即崩解。太后能不懼乎？又如何落得下淚來！」

陳平一驚，向後打個趔趄，忙問道：「依賢姪之見，當此際，該如何是好？」

「君可請太后，拜呂台、呂產為將，分領南北軍。另請為諸呂通通加官，居中用事。如此，呂氏握有中樞之權，太后心安，老臣便可免禍了。」

陳平大為折服，忙揖了兩揖，謝道：「賢姪救了老臣！你且歸家，我這便返回入奏，依你計而行。」言畢，便令御者等候，自己反身入宮內，奏聞太后。

且說張闢彊這一計，可謂切中要害。那呂台、呂產，皆為呂后長兄呂澤之子。呂澤早年戰歿，兩子今已長成，推恩襲爵，一為酈侯、一為洨侯。此時若分掌南北軍，則權傾天下，無人可以撼動。

陳平便依照張闢彊所言，奏請呂后。呂后正掩面乾哭，聞陳平之言，不由抬眼望望，心內大悅，嘴上卻道：「呂台、呂產，兩豎子耳，能當此大任乎？」

「天下息兵戈，太尉一職今已廢，然南北軍之政卻不可廢；中尉、衛尉，皆用呂氏，乃天經地義事。」

呂后仰頭想想，頷首道：「難得你有此心，能慮及根本，哀家終可得安睡了。帝忽崩，哀家只覺心痛，顧不得他事了。呂台、呂產，能否掌南北軍，自是小事；老臣如陳平你，有此番心思，方為大事。」說罷又哭，然與方才大不同，竟是涕淚橫流，一發不可收了！

宣棄奴在旁見了，急忙遞了帛巾上去，勸道：「太后，如此哀傷，使不得，使不得呀！」

陳平知大禍已遠去，心頭一鬆，也作態勸了兩句，便退下殿了。

時過兩旬，逢九月辛丑，諸侯與列侯功臣便又齊集，行奉安大典，葬惠帝於長安城東北。陵寢與劉邦長陵相距十里，號為「安陵」[20]。其狀亦如覆斗，拔地而起，巍峨蔽日。其高略遜於長陵，宏闊卻絲毫不輸。陵園內林木蓊鬱、屋宇相連，朝東之墓道坦蕩如砥，為西漢十一陵中占地最廣者。

陵北也有陵邑一座，形制仿長安「斗城」狀，東、北兩面，各有一城門。會葬當日，百官神情悲傷，隨靈而泣，數十里不歇一步，一路淚灑黃土。

忙碌兩日，會葬畢，群臣返回長安，又擁張皇后、太子赴高廟，為劉盈擬謚號，為「孝惠」，故後世稱他為惠帝。張嫣懷抱剛滿月之太子，受百官拜賀。太子劉恭，就此稱帝，張嫣則尊為太后。

惠帝葬畢，已是秋九月梢，新年將至。呂后心中總覺紛亂，便召審食其進宮，做夜半長談。

夜來天寒，宮中屋宇高敞，尤覺寒徹。宮女點燃了炭火盆，呂后與審食其身裹紫羔裘，一邊烤手，一邊說話。

呂后搓搓手道：「盈兒說走就走，令哀家措手不及，好在張嫣有子，否則漢家權柄，還不知傳到了誰手裡。」

審食其略一躊躇，回應道：「漢祚不衰，固是幸事，然張皇后之子劉恭，到底是嬰孩，日後朝政誰來做主？近日臣思之，不禁悚然。太后於此，可有主張？」

呂后一笑：「龍庭上坐了個少帝，你還怕什麼？」

---

[20] 位於今咸陽市渭城區正陽街道白廟村。

「盈兒一走，張皇后便也為太后。一朝之上，有兩太后，只恐群臣胡亂攀附。」

「當初我力主自家人做皇后，便是為的這個。張嫣年幼，又是我之血脈，故不必擔心。明日，令其徙至長樂宮來住就是。」

審食其仍有猶疑：「道統之事，固無可憂了；然決斷天下事，無蕭、曹之輩，亦是堪憂。」

呂后便以火鉗撥弄炭火良久，忽問道：「漢家承平，已有時日，不似開初那般難弄了。即便沒有蕭、曹，也不至顛三倒四。你看，便由哀家稱制可好？」

審食其一驚：「太后稱制？史無先例呀！」

「你又嚇人！我若不開此例，即是萬年史，又何來先例？今朝，我也來司一回晨，你看天光能不能亮。」

審食其遲疑半晌，才叩首道：「太后稱制，臣不敢有異議。若施行，政令必暢通，確乎不須蕭、曹再生。」

「正是此理。我與蕭、曹，皆起自沛縣，彼輩能，我便也能。」

「臣亦不疑。太后之功，今後或可比周公，豈是蕭、曹能比？」

呂后會意一笑：「審郎，你如此年紀了，仍如少年，會討人喜歡！」當夜，呂后稱制一事，便於這場閒談之中敲定。

原來，古時君王駕崩，新主年幼，主少而國疑，此乃常事。臨此時，照例由皇族長輩臨時攝政，待君主長成，方才還政，如此，方不至中斷朝綱。上古周武王駕崩，子周成王僅有十三歲，不能治天下，武王之弟周公姬旦受命攝政，留下一段美談。後世攝政，便常援此例。

然女主攝政，呂后則為史上第一人。自秦始皇之後，君王發令，均以制書、詔書下達。故太后臨朝主政，發號施令，便名為「稱制」。

再過一月，便是少帝元年。《史記》載曰：「元年，號令一出太后。」加之這位少帝，實是個身分不明的「偽太子」，故後世史家，便將呂后稱制的數年間，統稱為「高后」紀年，而不稱帝號。

因嗣君年幼而由太后臨朝，在漢之前，絕無此事。呂后開此例，延續漢祚，可謂功高，然皇權終究是男權，太后稱制，雖光耀一時，卻就此埋下了禍端。待太后殯天，須經一番刀光劍影的廝殺，方能收局，此是後話了。

呂、審二人，在長樂宮夜話，談至深夜，天氣愈寒。呂后頻擦雙手，望住審食其道：「昔年在沛縣，失心翁領兵在外，不知死活，我日夜勞作，唯求溫飽。難為審郎你，忠心護持，今日天下歸我，你便可做宰相了，也算有福報。」

審食其眨了眨眼，連忙回道：「自前次入獄，幾乎喪命，臣便有自省。老子曰：『生而不有，為而不恃，功成而弗居。』此乃天理，由聖人講了出來。臣為庸碌之輩，豈敢違聖人之言？太后稱制，天下至福，臣能親見這一日，也算是沾了福氣。所謂宰相之位，萬不敢想，唯求心安而已。」

呂后笑笑，以手指點審食其額頭道：「天下姓呂，你還擔憂個甚？」

「天下姓呂，心安者諸呂也，而非微臣。」

「這有何不同？」

審食其裹了裹裘袍，答道：「吾以舍人隨侍太后，至封侯，榮華達於巔頂，已不可逾，臣萬不敢心存妄念。臣與諸呂，到底還是不同。」

呂后想想，便道：「也罷也罷！你身無官職，多有忌諱，可以不必招搖，今後入宮，悄然而入就是。待日後加了官，名正言順，這長樂宮便有你一半。天下如何擺布，還需你多建言，不可推託。」

「這個自然，臣哪裡敢推託？臣以為，天下之事，最可憂者，還在於盈兒諸異母弟，彼輩皆為王，且為少帝長輩，各據一方，廣有財賦。如此，少帝之位，又怎能坐得穩？比盈兒當初還不如了。」

「說得是！這便是大患，審郎可有甚高見？」「無他，剪除劉氏王、立呂氏王而已。」

「好！」呂后大喜，起身拽住審食其道，「今日天寒被冷，你就不要回家了，陪我一陪。二十年來，哀家習以為常，有你在便好。今雖權傾天下，總不能弄幾個男寵來陪吧。」

「太后明見。那籍孺、閎孺，也需打發掉才是，留在宮中，像什麼樣子？」「明日就將他二人驅走，徙至安陵，陪他們舊主去好了。」

次日，太后稱制令赫然頒下，群臣聞詔，各個變色，然亦不敢廷爭，只是齊呼「萬歲」。下了早朝，呂后便召了閎孺來，劈頭問道：「孝惠帝殯天已月餘，你為何不隨去？」

自惠帝死後，閎孺本就忐忑，今聞呂后如此說，以為死期將至，不禁大懼，叩首求饒道：「小人之命，不足惜！然小人也知太后寬仁，望看在孝惠帝面上，且留小人守陵，也免得他孤單。」

呂后冷冷一笑：「我便知你要如此說！近臣伺候君上，總要勸君上做堯舜，不要慫恿他做桀紂。然你這班妖孽，卻不安分，投君上之所好，禍亂宮闈。你看這朝中郎官，各個都模仿你冠帶，綵衣羽毛，渾若倡優，哪還有個正經樣子？如今孝惠走了，你又何必貪生，去黃泉底下同樂好了。」

閎孺聞言，汗流如注，頭叩得越發響亮，哀求道：「小子無知，數年來，惹太后生氣。太后要我死，我不敢不死，然孝惠帝若泉下有知，聞之怕是要傷心。」

呂后不禁大笑：「你這等豎子，全憑一張巧舌邀寵，其餘還有何本事？君上一走，便全是渣滓。孝惠帝寵信你這等人，又能成什麼大事？」

「小人也知自家就是渣滓，故只敢與君上同樂，不敢為君上獻計。」

「罷了！你那些末技，瞞得了誰？我殿前宦者田細兒，是誰所殺？以為哀家不知道嗎？」

閎孺急急叩首道：「我怎有膽殺田細兒？孝惠帝有密殺令，小人不敢不遵呀。」

呂后瞥一眼閎孺，冷笑道：「我今日召你來，便是要教你知：天可以變，道亦可以變。無知豎子，得意時，只道是凡事萬年不變，恣意妄為，將事情做絕，如何就不知收斂？」

「小人……小人是自找死！」

呂后便猛一拍坐榻：「那麼，來人！」

閎孺大驚，以為必死無疑，急忙叩頭，至血流滿額。

呂后卻一揮袖道：「好了！無須再叩首了，咚咚了一早晨，老娘聽得心煩。看在你救闢陽侯的分上，哀家不要你的命，且與籍孺一道，去守安陵吧。即由奉常府遣送出宮，不得淹留。出去之後，便是庶民，往日種種，你二人只當是做了個夢！出入結交，須上報安陵令，若有圖謀不軌，定斬不饒！」

閎孺這才回過神來，長舒一口氣，連連謝恩而退。次日，便與籍孺一道，由奉常府派員遣送，徙至安陵邑，安頓了下來。

二人從雲端上跌落，知世事變易，已非逝者所能左右。昨日好運，不復再來，沒死便是大幸，從此只能老老實實，不敢有所妄想。

待諸事張羅畢，呂后這才想起張嫣，忙來至未央宮。見張嫣懷抱那嬰兒，精心侍弄，一如親生骨肉。

見呂后來，張嫣忙放下嬰孩，施禮請安道：「太后大安。」遂又轉身去哄那嬰孩。

呂后凝望良久，心有不忍道：「你年方十四，便成了太后，日後之路，何其漫漫也！」

張嫣神色憂戚，低頭含淚道：「自入宮，生死便交予太后，臣妾別無他圖。」

呂后頓覺心酸，拉過張嫣來，撫其背道：「將這少帝好好養大，今生妳便有享不盡的福。吾輩女流，一入宮闈，便做不得女流了，生死好惡，全是為社稷，退無可退，且順勢而為吧。」

張嫣頷首道：「阿嫣謹記。」

「嫣兒，劉盈走了，這未央宮，不就是個墓壙？還留在這裡作甚？與我回長樂宮去，呂嬃、魯元二人，常進宮來玩耍，吾輩女流，便一起來守這社稷吧。」

張嫣自然是從命，當日，便抱著少帝劉恭，徙至長樂宮，與呂后同住在椒房殿。婆媳兩人，彼此也都心安了。

入夜，呂后思前想後，忽想起審食其所言：欲天下安，須封諸呂為王。想此事為大，是一刻也不能緩了，便悄然坐起，不能入眠，眼睜睜直到簾外有了曙色。

次日小朝會，唯有九卿議政。呂后便喚過右丞相王陵，問道：「主政數月，王丞相可還適意？」

王陵恭謹答道：「微臣以土豪起家，幸得太后賞識，勉強為百官之首，實是世無蕭、曹，庸人繼之。」

呂后便笑：「王丞相過謙了！令堂義殉漢家，令神鬼皆泣；僅此，你便可為漢家做主。」

「家母身殉漢家，我亦有此心。然宰相之要，在於通達，惜乎微臣出身武人，終歸是少權變。」

「哦？哀家倒還看不出。今日問你，便是要商議一樁權變之事。」

「請太后吩咐。」

「高帝崩時，念念不忘老臣。老臣在，漢家山河便似磐石，哀家睡下也是安穩的。然七年之間，高帝、孝惠先後崩逝，哀家獨坐朝堂，總覺臂膀無力，忽而憂懼天墮西北，忽而又恐地陷東南……」

王陵便一揖，懇切道：「太后請安心！高帝雖不在，基業由太后接掌，眼見得四海賓服。諸臣唯太后馬首是瞻，也並無異常。」

呂后一笑：「那便好。今有一事，要問計於你。漢家以郡縣與諸侯並置，諸侯王半有天下，卻非哀家骨血，難測其心。吾欲效仿高帝，立諸呂子姪為王，以為制衡，也好坐得穩當些。」

王陵聞此言，臉色便驟變，亢聲道：「不可！高帝曾殺白馬，立白馬之盟曰：『非劉氏而王，天下共擊之。』去日無多，言猶在耳。今若封呂氏為王，則背棄盟約，有負先帝，是為大逆不道也。」

呂后便不悅，拉下臉道：「哪裡就稱得上大逆？世間萬事，都可權變。你輩擁立高帝，不就在荒郊野外嗎？有何禮法，有何體統？稱帝之事，既然可以權變，那封王之事，又如何不能權變？」

「不然。老子曰：『以正治國，以奇用兵。』擁高帝之時，事雖倉促，然禮儀無一不正。天下之正道，為萬古不易之道，不可一朝天子便新起一道，如此萬民將何所適從，百官焉能守一？皆以天子喜怒為對錯，那天下還能有對錯嗎？不鬧得一派混沌才怪！故而權變之事，只合用兵，不可移之治天下。」

呂后大怒而起，拂袖道：「你一個武人，也跟我掉起書袋來？且閉嘴，此事我再問諸臣，諸臣說可，便可。你雖為宰相，卻當不了哀家的家！」

王陵仍爭辯道：「太后請便。然臣以為：歃血為盟若不作數，則失信於民，詔令便出不得長樂宮門。」

呂后瞪視王陵良久，方恨恨道：「滿朝文武，就你一個霸道！作不作數，且看哀家手段吧。」說罷，便掉頭問陳平、周勃道，「陳丞相、絳侯，你二位以為如何？」

陳平、周勃聞呂后點名，都暗自吃驚，不禁面面相覷。見二人囁嚅不能對答，呂后也不催逼，故意瞇起眼來等待。

周勃瞄了瞄陳平，見陳平眼觀地面，恭立不動，便知他無意觸龍鱗，於是上前一步，恭順回道：「高帝定天下，以子弟為王；今太后稱制，以諸呂子姪為王，並無不可。」

呂后未料周勃如此痛快，心下便大喜，望著陳平道：「陳丞相，你也如此想嗎？」陳平仍不抬眼，只低頭揖道：「高帝所為，總不會錯。」

呂后便仰頭大笑：「陳丞相巧言令色，古來所無，難怪高帝從未疑心過你。然諸呂封王，難免有人說三道四，諸君還須多多獻計。」

陳平便應道：「此事不難。欲封王，先封侯。欲封呂，先封劉。跬步徐行，不求速達，自然就沒有物議。」

呂后喜道：「到底是國師，哀家便依你了。諸君請罷朝吧，宗正留下，我有事與你商議。」

罷朝之後，王陵、陳平、周勃三人走在一處。王陵面色便不好看，責怪二人道：「當初與高帝歃血為盟，諸君都不在場嗎？」

陳平臉一紅，答道：「在，當日……如何能不在？」

「今高帝駕崩，太后以女流輩主政，欲封呂氏為王。此為亂政，雖不能共擊之，也當廷爭才是！君之脊骨，生到哪裡去了？竟然從其欲、阿其意，靦顏背盟，豈不成了無良之臣？高帝顧命之託，言猶在耳；而你二人，卻膽怯如鼠，任由朝綱紊亂。來日，還有何面目見高帝於地下？」

陳平望望王陵，躬身一揖，回應道：「王陵兄，你當我等真是佞臣嗎？今日面折廷爭，我等固不如君；然日後保社稷、定劉氏天下，君也必不如我等，你信也不信？」

王陵眨了眨眼，一時竟不能應答。少頃，才恨恨道：「為臣之道，有直臣，有佞臣。今日膝常曲，子孫脊骨便都不得直；今日避禍不言，子孫必遭大禍！」言畢，一甩袖便走了。

陳平與周勃對視一眼，皆有苦笑之意，互道了聲「保重」，便分頭回府去了。

王陵回到家中，細思陳平、周勃二人所為，不免想起老母之忠烈，便悲嘆道：「無骨之臣，先帝生前可能識破？屈於威武，昧於大義，倒還有滿口的歪道理！」便恨自己木訥，不能反駁佞臣。隨後，竟兩日不進食，在家中獨生悶氣。

再說呂后那邊，待與宗正商議畢，便傳審食其入宮，與他在椒房殿見面。

兩人方才坐下，呂后忽道：「天色為何晦暗了？室內局促，你我去庭院中說話吧。」

於是又來至中庭，立於銀杏樹下，呂后見隨從離得遠，便對審食其道：「元年伊始，本是大喜日，吾欲封諸呂，然王陵那老榆木，卻無眼色，朝堂之上，再三再四說『白馬之盟』。如此不知利害，可奈何？」

審食其聽了，並不心急，只仰頭看那一片枯枝，緩緩道：「老葉落盡，才有新枝出來。如今天下萬民，無不讚太后功高，皆稱：漢家若無太后，便捆綁不到一處。臣以為，太后稱制，便是新朝，雖無冕旒，實與帝王無異，我為太后慶幸！臣追隨太后二十餘年，幾經磨難，險些落入油鑊裡幾回，到今日事定，當竭力相助。然身無官職，總還要避嫌才是……」

呂后望望審食其，笑了一聲，道：「這個，你不說我也知。我權傾天下，就願寵信你一個審郎，不知為何，卻引得眾人妒，連嫡親子也來作梗！如今，盈兒已崩，看誰還敢放肆？那王陵，給他個好官，他不好好做，就莫怪我無情義了，這一回，要教他騰出位子來，讓你審郎來坐。」

「唔？……臣以為，還是急不得。今日他妄言『白馬』，明日便下詔削他官爵，教天下人看了，顯得太后心地偏狹，須是不好。不如慢慢來逼他。」

呂后搖頭道：「他若佯作不知，忍辱不退，又能奈何？」

審食其一笑：「他一個武人，如何就能忍得下來？你每落一棋子，便是羞辱他一回，到頭來，他自會摘冠而去。」

兩人在樹下言笑晏晏，亦不覺冷。不經意間，天上忽飄起雪花來，起先尚小，後來漸漸大如鵝毛，將二人眉毛全染白了。

宣棄奴在遠處侍立，看看雪下得大了，拿著笠蓋就要過去。呂后見了，連忙擺手：「下雪恰好閒遊，何必遮蓋？」說罷，便問審食其，「你冷麼？」

審食其搖搖頭，呂后便笑：「不冷就好，我興致也正高！你我二人，就在這雪中遊走，丞相的事，順便就商議好了。」

審食其會心一笑，指了指雪地，應道：「雪大路滑，徐行便好。」

二人冒著雪，在庭中遊走了數匝，雪意便漸漸濃起來，不只是遠野給隱沒了，就連近處宮闕也看不見了。

呂后仰望雪花紛紛，欣然道：「我便是喜這雪天，汙穢都看不見了。」審食其拂去呂后的肩頭雪，笑道：「是上蒼有意，不欲令你心煩。」

呂后回眸道：「有你審郎在，豈不就是上蒼賜福嗎？」兩人遂相對大笑，又觀雪景良久，方才返回殿內去。

不久，時入十一月，呂后忽然下詔，稱：幼帝懵懂，須老臣教誨扶持，否則難為人主，今加王陵為幼帝太傅，好生教誨，以求遠謀；王陵原有右丞相事權，交陳平分擔便好。

這日，王陵赴朝會，忽聞這一道詔令，便知是呂后排擠，心中悲憤難抑，當即回道：「老臣忝為右相，究其初，不過是南陽一豪強，哪裡有什麼學問，可以教誨幼帝？且幼帝尚在襁褓中，我又如何教誨？臣舊年在戰陣，負傷頗多，病患纏身，如今不勝公事繁劇。官居右丞相，實屬勉強，不如早些讓賢，就此乞骸骨，還鄉養病。還望太后恩准。」

呂后便假作驚訝色，急忙站起身道：「這哪裡行？朝中用人，事比天大。老臣近年紛紛凋零，所幸高帝顧命之臣多半還在，你即是其中一個，如何能說走便走？」

「臣雖老眼昏花，然天氣之陰晴，總還辨得出來。若此時不走，來日倘有過失，想體面乞歸，怕也是不能了。」

呂后便作色，嗔怪道：「顧命之臣，竟欲甩下這社稷不顧，去林下逍遙，豈不有背於高帝？王丞相不貪名利，固然是好，然這一走，便要陷哀家於不利，這就不好了。我孤兒寡母為守社稷，困於朝堂，倒是不比你安國侯灑脫了。」

「太后多慮了。老臣辭與不辭，於漢家，似九牛而去一毛也，無人在意。我棄官不做，漢家仍是漢家，可傳至萬代，豈能因我而生變。臣乃武人脾性，粗魯無文，歸鄉捉一捉河魚，便是好。若論治人理政，還是讓賢好了，近年人心奸猾，我是愈發地擺布不順了。」

呂后假意不允，爭執半晌，才嘆口氣道：「安國侯無意於朝政，哀家也勉強你不得。功臣勞碌半生，所求無非是福蔭子孫，此去歸鄉，請好生將養。」

王陵遂摘去頭上「玄冠」[21]，深深一揖，謝恩道：「臣生於秦末，本為莽夫，幸得高帝賞識，才戴上這公卿之冠。今日免之，亦是漢家臣，唯願老於漢家。」

呂后怔了怔，便笑道：「老將軍謙遜了，還說是武人少文！如今你說話，哀家也聽不大懂了。」

---

[21] 玄冠，又名委貌冠，上小下大，形如覆杯，以皂色絹製之，係公卿、大夫上朝所戴的冠。

王陵卸職後才數日，呂后便有詔下：以左丞相陳平為右丞相，以審食其為左丞相。左丞相不再理政，唯監察宮中事，職如郎中令。又稱：外戚功高，特予推恩，追尊呂公為呂宣王，追尊呂澤為悼武王。

此詔一下，官民皆看得清楚了：諸呂封王，已是勢不可當。那呂公、呂澤死了多年，高帝時不追封，此時卻來追封，顯見是為封諸呂開道。自此，眾臣皆知呂后厲害，再不敢妄議封諸呂事。

審食其坐上高位，便可堂而皇之入宮，太后每有謀算，皆由審食其先傳出，從此參與政事，再無顧忌。

諸公卿重臣，也將大勢看明白了，每逢決事，皆看審食其臉色。太后稱制不過旬日，朝政便如新朝一般，昨日之禁忌，今日翻作風尚；昨日之定規，已無人再予理睬。

且說王陵正欲歸南陽，聞新任左右丞相詔令，心知大勢難挽，便不再心存僥倖。臨行日，那故舊同僚懼呂后猜忌，多不敢來相送，竟是門庭冷落。王陵長子王忌見此狀，不禁破口大罵。王陵笑之：「小兒，惱個什麼？前時彼輩趨奉，乃因我相權在手，今日翻作老翁歸鄉，彼等不來相送，才是常理。」

王忌憤恨道：「阿翁在位時，常助人。以今日觀之，反不如當日仗勢欺人好了！」

「荒唐！話不能如此講。人之榮辱，每不在當下，而在終局。鬼谷子曾言：小人交人，以左道而用之，往往終局是敗家奪國。這話，何其高妙！我看當朝奔競者，多為孺子，彼輩初涉宦途，未歷三朝，以為當朝便是恆久，一心只知攀附。然不出十年，便可見其下場，敗家、滅國，恐都到了眼前來！」

王忌不聽，仍怨恨道：「說這些話咒他們，又有何用？」

王陵不禁大怒：「小兒，乃父固無能，但好歹是自血泊裡爬過來的，就不如你見識？無人來送，也罷。我自歸家，與他人又有何干？今歸居鄉中，那縣吏還敢來欺我嗎？」

半月後，王陵一家收拾好細軟，啟程還鄉。車馬行至霸上，王陵見楊柳枝隨寒風擺動，便觸景傷情，知今生再返長安，怕是不能了。

正感嘆之間，王忌忽以馬鞭指向前方，驚喜道：「有人相送。」

王陵放眼看去，果見路旁長亭中，有一行人，擺好了筵席正等候。見王陵車馬駛近，為首一人便起身，率眾走下亭來，長揖迎候。

車至近前，看清那為首者，王陵心中便是一喜：原來是張蒼！

張蒼此人，前文曾表過，原為秦朝御史，沛公軍過其家鄉時，投軍相從。後劉邦見他幹練，便遣他至韓信帳下，隨軍北征，歷任常山郡守、代相、趙相，終得封為北平侯。天下初定後，又返回朝中，以列侯之尊，為丞相府主計，助蕭何掌管各地錢糧事。

王陵稱病免相，天下震動。當此時，張蒼已外放淮南國相，正在長安料理公事，聞訊大驚，連忙赴北闕甲第，拉了任敖、周緤、徐厲等人出來，至霸上恭送王陵。

王陵望見張蒼，頓時淚流，回首對王忌道：「人心終有溫熱者，如何便無人相送？」

且說這張蒼，如何對王陵如此恭敬？原來這裡面，還有一段淵源。

當初，秦末大亂，張蒼棄官逃歸陽武（今河南原陽縣）家中，時逢沛公軍路過，便以門客身分投軍。其時沛公軍攻南陽，張蒼隨軍，因大意貽誤軍機，按律當斬。行刑那日，張蒼被剝下衣裳，伏地待誅。

剛巧王陵路過，偶瞥了一眼，不禁叫道：「哦呀！這是何方美男？身長大，肥白如瓠[22]，何其英武也！且慢且慢。」遂起了惺惺相惜之意，問明張蒼姓氏、罪名，囑刀斧手萬勿下手。

言畢，便直入沛公劉邦帳中，為張蒼說情。劉邦聽了一笑：「難得王陵兄賞識一人，然長得像葫蘆，便是英雄嗎？……也罷也罷，便赦了他吧。」

當下遣人急赴刑場，將張蒼赦了，押回大帳，鬆了綁。見張蒼身長八尺有餘，儀表堂堂，劉邦脫口便問：「果然是美士，想必乃父也身長八尺乎？」

張蒼答道：「非也，家父身長不滿五尺。」

劉邦、王陵一怔，隨即大笑。劉邦道：「或隔代傳之，倒也不怪。你方從軍，便貽誤軍機，顯見得不善戰陣。便去蕭何帳下吧，或可勝任，切勿再馬虎了。」

劉邦於此事，並不在意，旋即便淡忘。而張蒼自此，便不忘王陵救命之恩，以父事王陵，多年如一日，未嘗稍懈。

此次聞王陵罷相，張蒼大為震駭，心想：若自家也似他人一般躲避，未免太過忘恩，縱是呂氏耳目眾多，也要來送恩人一程。

張蒼見王陵車至，連忙趨前，將他扶下來，然後跪地，行子姪大禮。其餘眾人也都上前致禮。

一行人笑語喧譁，進了長亭坐下。張蒼便舉杯祝道：「丞相卸職歸鄉，本為盛事，陳平、周勃等諸公，不來相送，小臣也不便揣測。而我等三五人，無扛鼎之才，位不至卿相，亦不懼天威，是定要來相送的。自沛公軍至今，同生死，共執戈，袍澤之誼未能忘。此酒，非酒水也，

---

[22] 瓠（ㄏㄨˊ），葫蘆。

乃諸同僚的些許心意。」

那任敖在昔日，曾對呂后有大恩，故絲毫不懼呂氏，亦附和道：「安國侯若不為相，則旁人更不配。朝中之事，我等無緣插嘴，然送別安國侯，則絕不可退縮。」

王陵聞之動容，欠身對諸人一拜：「今日見諸君，如沐春風。看來，同僚之誼，卸任之後更為真樸。老朽不識時務，直言犯上，弄得獲罪歸鄉，重逢恐是無日了，諸君請保重，勿步老朽後塵。」

在座一班武人，心直口快，爭相道：「丞相且歸，自去安養天年。我輩本武人，委屈在朝中做官，甚是無趣。先前披甲搏殺，是認定了高帝仁義；到如今，這天下事……不提也罷！丞相先歸，我等也是遲早的事。」

眾人舉杯暢飲，痛斥時弊，都覺十分盡興。王陵酒酣，回首見王忌侍立在旁，便笑問：「如此叔伯輩，仗義否？」

王忌應道：「阿翁豪俠半生，豈能無三五死士為友？」

王陵便點戳王忌額頭，大笑道：「你就是不懂！若滿朝結隊來送我，則我命不到月底，便要休矣！」

眾人聞言，都一齊大笑。又推杯換盞，飲了數巡，方才依依不捨，與王陵相揖作別。此時，彤雲密布，天欲雪。王陵登上車，拔出劍來，望了望天，長嘯一聲道：「罷了，罷了 ——」遂一路悲歌而去。

且說王陵歸鄉後，閉門謝客，蟄居八年不出，終未能盼到海內廓清，便鬱鬱而終，諡號「武侯」，長子王忌襲了安國侯。

後世有史家論及王陵，多讚其直，說他逢國家之變，不計得失，敢迎險而上。更有西晉名士陸機賦詩讚曰：「義形於色，憤發於辭。主亡與亡，末命是期。」其激賞之意，力透紙背。

後張蒼漸登貴顯，官至丞相，仍不忘王陵之恩。每逢休沐日，必去拜見王陵夫人，親手奉上飲食，伺候夫人食畢，方敢歸家。此為後話了。

自王陵辭歸後，呂后頓覺心清目爽，細數內外大事，樁樁件件都已擱平。這日散朝，呂后便喚來審食其，吩咐道：「近日不知為何，常思孝惠，亦想起周昌。惜乎這老榆木，早些年便歿了，少享了多少福！其子還算成器，襲了汾陰侯，也不知如今怎樣了，你這就代哀家去看看。」

審食其也感慨：「自是應去探看。若無周昌，孝惠必不保太子之位，也就沒有太后今日了。」

「此外，還有一事，也須探問明白。當年，周昌那御史大夫做得好好的，高帝忽就遣他為趙相，分明是選了個倔驢，來護著如意。失心翁固然有心機，然怎有如此高明之計？不知是何人獻計，須打聽清楚。」

「太后放心，我往汾陰侯邸宣慰，不消三五語，便可哄得他說出來。」

不到半日，審食其從周邸歸來，面有得意之色。呂后忙問：「探聽明白了？」

審食其一笑：「當初，果然有人獻計。」

「是何人？」

「御史大夫趙堯。」

呂后拍案而起，驚道：「如何是他？這豎子！」少頃，復又坐下，沉吟不已。

審食其在側，小心問道：「趙堯位尊，措置不宜太急，或可稍緩。」

呂后也不答話，只回首吩咐宮女：「天忒寒，端兩盞羊羹來。」

稍後，宮女端上兩盞滾熱羊羹，呂后招呼審食其一道用了，方緩緩道：「諸臣都稱我是『太后稱制』，我一個婦人，若不立威，又怎能稱制？往昔我不在此位，便要受戚夫人母子的氣；今日我得天下，自然要教人知曉：哀家是違逆不得的！最關緊要者，就在於用人之道——既要報恩，又須報仇，這便是立威。明日上朝，你看我如何處置吧。」

次日上朝，諸臣齊集長樂宮前殿，由右丞相陳平領班，商議政事。呂后端坐簾後，從頭至尾聽政。待百官商議完畢，有了定論，太后若無異議，便散朝。

這日，文武眾臣議罷，中謁者張釋剛要喊「罷朝」，呂后在簾後忽然大呼：「慢！哀家還有事，要問御史大夫。」

諸臣便都一悚，不知出了何事，疑心是誰家子弟又惹了禍。趙堯聞聲步出，向呂后一揖道：「臣在，願聽命。」

呂后注視趙堯良久，才開口問道：「公卿百官，近來有無不軌之舉？」趙堯答道：「自太后稱制以來，百官自知檢束，天下晏然，並無新案。」

「那好！既無新案，哀家便要問你一樁舊案。御史大夫之職，顯貴也，你是如何做上來的？」

趙堯心內一凜，知太后此番來意不善，福禍難料，只得硬起頭皮答道：「前任周昌，改拜趙相，微臣方接任此職。」

「御史大夫，位居九卿，實為副丞相也，當從功臣列侯中選任。你一少壯後進，是如何得了高帝賞識，得此越職擢拔的？」

「高帝是如何想的，臣實不知，或因微臣案牘細心。」

呂后便冷笑：「你倒謙遜，一個文吏，弄弄刀筆，便能躋身九卿？如此言語，是將老娘看作孩童嗎？」

趙堯臉發白，慌忙跪下：「請太后恕罪。」

呂后遂輕蔑一笑，切齒道：「光陰到底不禁熬，說來，竟是十年前一宗老帳了。那一年，是何人向高帝進讒，將周昌打發去了趙國？時趙王如意，勾連其母戚夫人，暗中倡亂，以周昌為趙相，便是要庇護如意。這計謀，是何人所獻？趙堯，你做了十年御史大夫，這樁舊案，可曾釐清過？」

趙堯知呂后已洞曉當年事，牙齒便打起戰來，哀懇道：「太后寬仁，恕微臣昔日狂妄。」

「趙堯，看你心竅頗多，當初如何卻看好戚夫人？莫非算定——如意可做太子？」

「臣不敢做此想。當初，只為討高帝喜歡，揣摩上意，獻了這昏頭的一計。」

呂后便忽然起身，厲聲道：「罷了！事到如今，還花言巧語。你獻計欲保如意，不是為助戚夫人上位，又是為的什麼？」

趙堯見萬難辯白，心一急，竟是涕泗橫流，連連叩首道：「臣趙堯，原一書吏也，豈敢有左右大政之心？當初獻計，不過是心存僥倖，希圖一步登高位而已，望太后饒命。」

「趙堯，哀家並未說要你命，只須你知罪。你不辨大勢，只知攀爬，攛掇君上屢發亂命。今日如何？小人得志，也不過十年而已，時日若久，天都不容！」

趙堯汗流浹背，急忙叩首道：「臣知罪，臣唯求不死。」

此時文武列班中，有多人步出，伏於地上，為趙堯求情。就連陳平、周勃也先後出列，揖道：「趙堯平叛有大功，今罪不當死，望太后開恩。」

呂后這才緩緩坐下，指戳著趙堯道：「既有諸臣求免，哀家若不饒你一命，倒是折了眾人的面子。然此罪不可不抵，御史大夫你便做不得了，廢為庶民，安居去吧。御史大夫職缺，由廣阿侯任敖補上。陳平，你看如何？」

陳平連忙回道：「任敖，豪傑也。跟從高帝舉義，功高蓋世，今為御史大夫，甚妥。然趙堯廢為庶民⋯⋯」

「如何？莫非還是論罪為好？」

趙堯聽見話頭不對，連忙摘下玄冠，急急道：「臣服罪！臣無可辯白，謝太后不殺之恩。」

呂后便一拂袖道：「你退下吧，辦好卸任，哀家不為難你。長安城內，任由你長住，只不要再撞見老娘。」

趙堯滿面沮喪退下，待出得魏闕，回首望望，不禁仰頭嘆道：「所謂九卿，何其匆匆？操勞一場下來，竟是不死就算好！」當即返回公廨，交了印信。自此之後，便銷聲匿跡，隱於民間，再未有一事在史上留名。

呂后趕走趙堯，猶自憤憤，對左右重臣道：「漢家草創，萬事都少章法，才有了小人的鑽營之隙。漢承秦制，固然不錯，然不能只守著『秦六法』不變。現有《漢律九章》，不過是秦律遺存，哪裡還能應付今日萬事？今後律法，當謹嚴周密，即是細小處，也都有個遵循。張蒼熟知天下典籍，這一向，又恰好投閒置散，便由他來定律法好了。限期一年，明年此時，便須有一番新律法出來，與民便利。」

陳平便對奏道：「太后英明。張蒼定律法，卷帙浩繁，所需人手應由相府出。相府吏員，可任由他揀選。」

呂后又道：「先前孝惠時，廢了《挾書律》，此舉甚好。我漢家堂堂正正，不應似李斯那般疑神疑鬼。以吾之意：夷三族罪及《妖言令》兩項，也應廢除。一人做事，便一人當，老幼都不要再殺了。吾漢家基業，固本在人心，絕非有人胡言亂語幾句，便可掀翻的，何須怕什麼妖言？」

眾臣聞之，心中又驚又喜，皆交口稱善。

經此一番打理，朝堂之上，人事一新。呂后便想：朝會之際，敢公然抗旨者，已然不存，可以為諸呂封侯封王了。然天下議論，從來難測，還要步步試探才好。

如是，為避嫌疑計，呂后小心出手，封了若干舊部為侯，夾帶著二三諸呂，以免突兀。先後有呂釋之三子呂種，封為沛侯；呂后阿姊之子呂平，依母姓呂，亦封為扶柳侯。

為塞天下之口，呂后左思右想，索性令呂劉兩家兒女結親。如此，外人看來，呂劉是一家，也就無從挑剔了。

其時，齊王劉肥已於年前病歿，長子劉襄襲了王位。另有次子劉章、三子劉興居，皆已成年，呂后便做主，將呂祿的長女呂魚，嫁與劉章為妻。因這層姻緣，便封了劉章為朱虛侯。劉興居沾了阿兄的光，後也封為東牟侯。兩兄弟先後應召，入長樂宮為宿衛，躋身近侍。此番安排，精於心計，呂后甚是得意，將劉章也當作自家羽翼。豈料這一步棋，是大大地走錯了，此處暫且不表。

還有那惠帝之弟趙王劉友、梁王劉恢，此時亦長成。呂后便做主，將呂氏之女許配二王，劉友、劉恢哪裡敢不從，只得娶回了家去。

待封侯事畢，朝議仍靜如止水。眼看諸呂無功而封侯，並未惹起非議，呂后心下暗喜，欲進而為諸呂封王，然左思右想，仍覺心虛。

這日，見審食其入值宮中，呂后便喚他近前，商議道：「吾欲為諸呂封王，又恐惹起群議，奈何？」

審食其道：「今之朝議，就如倡優登臺，過場而已。太后旨意如何唱，他們便如何唱。為諸呂封王，有何可憂？」

「不然。陳平等重臣，固無異議，安知其餘人是何心思？」

「陳平、周勃，皆為幾歷生死之人，尚且因懼禍而緘口，遑論其餘人？朝中情勢，明眼人都可看清，誰還敢逆鱗？太后可放膽行事，不必顧忌。」

正商議間，忽見竇姬奔入，慌慌張張伏於地，稟報導：「魯元公主病了多時，今日忽然就薨了！」

呂后臉色一白，猛然驚起：「魯元？只聞說是小恙，如何說走便走了！」竇姬回道：「早起還好好的，近午一頭栽倒，便薨了。」

呂后頓時泣下：「嗚呀⋯⋯天！吾有何過，僅一兒一女，竟走了個乾淨！」審食其忙扶住呂后，勸慰道：「太后節哀。先去送別魯元，再說其他。」

待呂后趕到宣平侯邸，見張嫣已先至，與張敖父子皆著素服，守在魯元榻前哀泣。

呂后在榻邊俯身，望見魯元面如白堊，似正酣睡，不由就淚落如雨，上前拉住魯元之手，哀切道：「孩兒，當年沛縣勞作，忙前忙後，只苦了你。而今福未享完，何事匆忙，便撇下老娘走了？」

張敖、張嫣聞言，不由悲從中來，都哀聲大作。

呂后回首望去，見魯元之子張偃，也正一身素服，伏地哀哭，心中便豁地一亮。於是轉身過去，拉起張偃，勸勉道：「男兒雖小，亦當有丈夫氣。豈能這般鼻涕眼水的，好沒氣概！阿娘走了，你須當大任，好好照看阿翁。」說罷，轉頭又對張敖道，「魯元此生，實是太過委屈，吾將有所報償。」

張敖驚喜交併，忙率全家老小，向呂后叩首謝恩。禮畢，張嫣起身，對呂后道：「太后，你也需節哀。天下事，皆操於你手，萬事不能有疏失，還望多多保重。」

呂后便拉過張嫣之手，端詳其面容良久，哀哀道：「嫣兒，呂家張家，骨肉不分。你娘走了，我焉能不悲？好在你娘嫁得好，張氏一門，倒還比那盈兒一門更親了。」

張敖聞言，慌忙叩謝道：「謝太后不見棄，然此恩萬不可當。小婿無能，曾惹太后擔驚受怕，僥倖未遭殃，皆託了太后之福。」

呂后望望張敖，嘴角忽隱隱有笑意：「舊時之事，還提它作甚？今後，為娘必保你一門富貴。」

此後，又過了旬日，魯元公主隆重出殯，陪葬於安陵園內，距惠帝陵僅千餘步之遙，與其弟常年做了個伴兒。公主陵上有封土，逾兩千年風雨，迄今猶存。只是近年，竟然數次險遭盜墓，令人唏噓。

魯元公主下葬事畢，呂后便有詔下，稱魯元昔年護衛太公，勞苦功高，惜乎其壽不永，思之痛極。今推恩及魯元之子張偃，加封為魯王，從齊國劃出一郡為封邑，以示慰勉。

此詔下來，朝中仍是一片啞然，呂后心中便有了數。幾日後，便宣召長兄呂澤之子呂台，來長安面授機宜。

此時呂台襲父爵已久，為酈侯，食邑在南陽郡。呂台入見後，呂后笑意盈盈，命其坐下，溫言道：「乃父呂澤，漢之功臣也，惜乎高帝八年便戰歿。今見你英氣迫人，酷肖乃父，我心甚喜。自孝惠、魯元走後，唯諸呂子姪與我親，我必善待之。你襲爵已逾十年，蟄居南陽，未免屈了才，今有一新爵，不知你敢不敢受？」

呂台忙叩謝道：「姑母待我如親母，姪兒萬死難報。襲侯以來，謹言慎行，不敢造次，所幸至今未獲罪。」

呂后便笑：「呂台終究是老實！孝惠一走，天下便歸了我呂氏，你豈能無為而守成？不踰矩，乃小吏本分。似你這等外戚，應為天下執干戈，保我山河永固。」

「太后請勿慮。若有亂賊，呂台將毀家紓難，不惜性命。太后有何旨意，請儘管吩咐。」

呂后便微微一笑：「這便好。不知……你願封王否？」

呂台大驚，望住呂后，遲疑道：「白馬之盟，言猶在耳，小姪豈敢望封王？」

呂后便一揮袖，哂笑道：「什麼白馬黑馬？長樂宮中，如今是姑母坐殿。孝惠走後，天下由我一人獨擔，不勝煩難。諸呂子姪也就不要太閒了，遲早都要封王，為姑母把守四方。」

呂台這才稍鬆口氣：「原來如此，然何以僅召我一人？」

呂后道：「諸呂子姪，頭一個封王的，人品要好，免得朝野議論。此人，非你莫屬。今召你來，便是事先有所交代。」

呂台慌忙叩首道：「姪兒治理一縣，或可應付。若為封國諸侯，恐將進退失據。」

呂后笑笑，安撫道：「能治一縣，便能治國。姑母詳察你多時，知你有幹才，方有大任予你。且去齊國，劃出濟南郡百里，新起一個呂國。封你為王，便是頭一個呂王。」

呂台不由一怔：「開國於齊？那都城置於何處？」

「無非濟水之南，你擇地自建。以一年為期，可否？」

「諾，姪兒當竭力。然此事當由群臣建言，人心方能服。」

「這個放心，我只須授意陳平，他自會上奏。」

「有陳平奏議，諸臣便不得不服了。」

「那好！此事便無更易。你遠赴濟南，實為監看齊王。故齊王劉肥，生有九子。年稍長者，個個有虎威，我實在放心不下。雖說朱虛侯劉章，已娶了你姪女，然終不是一家。你在濟南之地，便做我耳目，看牢劉肥之子，不容他一個有蠢動。」

「此去，割了齊地，那齊王劉襄，能心服麼？」

「你且看他動靜，再做道理。」

呂台想了想，遂定下心來，叩首領命道：「姑母之意，姪兒已然明瞭。待詔命下來，即整裝就國，為姑母做腹心之臣。」

「還有一事，不可不提。你那長子呂嘉，舉止乖張，須好生調教才是。否則，來日如何襲爵？」

「姪兒已知。待建國事畢，自當嚴加管束。」

呂后遂大喜：「諸呂子姪輩，若都似你這般沉穩，我百年之後，更有何憂？」

此番鋪排就緒，呂台便在客邸住下，未離長安。朝中上下，即刻便有流言，說呂台不日即將封王。

審食其聞聽風聲，忙來謁見呂后，問道：「太后，欲獨封呂台為王乎？」

呂后搖頭笑道：「豈能如此？哀家還不至於失心。孝惠那豎子，生前與後宮穢亂，生了些野種。除少帝而外，尚有五子，此次一併加封。內中已能識字者，封王；尚在學語者，封侯。待諸皇子封畢，你便可諷諭諸臣，推呂台為王。如此混搭，或不至惹起物議。」

審食其眨眨眼，拊掌讚道：「如此甚好，我這便去知會宗正府。」

果不其然，未出兩旬，惠帝與後宮所生諸子，一個不少，全都封了王侯。即劉彊[23]為淮陽王，劉不疑為常山王，劉山為襄城侯，劉朝為軹侯。最末一個劉武，乃滿地爬的嬰孩，也封為壺關侯。

此詔令一出，群臣莫不欣然，覺太后此舉，實屬仁慈，未忘恩賞惠帝諸子。豈料數日後，忽有陳平奏道：酈侯呂台，德能兼具，應享推恩，比照劉氏子弟，亦可封為諸侯王。

此議一開，便有人附和。一連數日朝議，皆是此類呶呶之聲。呂后只假意不允，堅拒道：「那呂台，既襲了父爵，在南陽韜晦得正好，為何要逼迫他為王？」

朝臣中，有受了審食其密囑的，不依不饒，在朝堂上嚷道：「漢家天下，多賴呂氏。諸呂若不封王，則山河便少了半壁，這如何使得？」

呂后推讓再三，到第四日頭上，方長吁一口氣道：「諸君之意既誠，哀家倒不好強違眾意了，便准了吧！此議，交宗正劉郢客那裡，且先斟酌。」

到此時，群臣方才大悟：封惠帝諸子，僅為其表；推出呂台來封王，

[23] 彊（ㄑㄧㄤˊ），「強」的異體字。

才是其裡。不由都憤恨陳平，私下裡唾道：「天不能饒陳平，必有雷劈！那諸呂屍位，何德何能？不過是姓了『兩個口』罷了。」

然諸臣之議，卻是無濟於事。次日朝議方始，便有詔下稱外戚功高，定鼎以來素少封賞。今應群臣竭誠所請，太后恩准，引劉氏子弟封王例，封呂台為呂王。封國在濟水之南，劃濟南郡之地百里。國都擇地新建，號為「平陵邑」（今山東省濟南市章丘區西）。

眾臣聞之，心中驚怒，只是不敢作聲。唯陳平面似欣喜，當即跨出一步，向呂台賀道：「呂兄封王，實為可賀！須知：此呂國，並非新國號，乃虞夏古國，原在河東呂梁，後徙至南陽。今兄之封地在齊，又是另有淵源——那齊國，本是姜太公所建。自古姜、呂為一姓，齊地豈不正是呂氏根蒂？兄臺此去，可謂歸根了。」

陳平放言滔滔，呂后在簾後聞之，也不禁喜形於色：「陳丞相不說，哀家竟也不知。所加國號，確是好！宗正何在？」

劉郢客便跨步出列，一揖道：「臣在。」

呂后笑道：「郢客姪兒，嬸母看你謙謙君子，詩書滿腹，才擢你為宗正。以今日觀之，果不負厚望。乃父楚王劉交，是先帝諸兄弟中翹楚，從小便喜讀書，素有才藝。劉氏一門，唯他一人無草莽氣。惜乎彭城地遠，我不能去探望，也不知他近來如何？」

「家父無恙，近年心無旁騖，只閉門為《詩》做傳注。」

「唔？是弄『關關雎鳩，在河之洲』麼？」

「正是。家父年少時，曾與友人申公等人，從荀子之徒浮丘伯，研習古之《詩》。老來無事，便重拾此好。」

「浮丘伯？似曾聞其名，學問果然了得嗎？」

「浮丘伯，當世大儒也，隱於東海郡，與安期生齊名，近年在長安收徒。家父便遣我來，一面為官，一面亦從先生學《詩》。」

呂后便大笑：「怪不得！我還納罕呢，交弟怎能捨得你離家？你擢升已月餘，如何？嬸母用你為宗正，還算識人吧？」

「家父時有教誨，囑我萬事聽命於嬸母。為此，一月三致書，姪兒豈敢有所疏失？」

「好好！若諸侯王皆似乃父，則漢家天下，恐早已是『鬱鬱乎文哉』了，怎能有這般遍地的愚氓氣？」

「太后明見。漢家以武取天下，當以文治之。」

「說得對，陸賈夫子亦曾有此論。看來，漢家文脈，唯賴交弟這一門了。賢姪，你且好好盡職，掃盡你伯父所留愚氓氣，莫教天下粗蠢成風。只可笑那王陵，不願做幼帝太傅，明日便由你來做，又何妨？」

「不敢。姪兒佩劍未沾血，亦未親見世事翻覆，胸無才調，亦無事功，何以教誨幼帝？蒙太后賞識，忝為宗正，躋身九卿，已心疑是在做夢了，當知足。」

呂后望望劉郢客，忽然觸動心事，便道：「看見你，便想起故建成侯呂釋之，他一門子弟，如今三子呂種，只封了關內侯；長子呂則，因罪除國，已成庶民。以吾觀之，他次子呂祿，擅騎射六藝，比那長子呂則，還是要成器些，若為庶民，好不可惜！便由呂祿來續這列侯之門吧。你先去草擬一道詔書。」

劉郢客遵命而退，自去忙碌。越日，朝中便有詔下，稱：「故建成侯呂釋之，於興漢有大功，長子因罪除國，思之不忍。今復推恩，封次子呂祿為胡陵侯，以續列侯。」

呂祿此時，正在長安宅邸閒居，聞詔令下，喜出望外，忙奔入宮中謝恩。

呂后見了他，只淡淡道：「你大伯家中兩子呂台、呂產，何其成器！然你一門兄弟，卻只知聲色犬馬。呂則我是扶不起了，你也不過是白鑞槍頭。今日在群臣面前，姑母為你吹噓，爭來個胡陵侯，好歹將這列侯之門續下去。胡陵（在今山東省魚臺縣）遠在齊地，你收拾好，便之國去吧。」

呂祿連忙謝恩：「蒙姑母厚恩，姪兒誓為前驅。只不知，為何要將我外放至遠地？」

「你只知走馬放鷹，唯恐今後玩不著。你記好，昔年漢家定都，大夫田肯曾建言：那齊地與關中，乃漢家兩處根本，擁齊地，便如擁百萬甲兵。高帝納此諫，將齊地封給庶長子劉肥。如今劉肥雖薨，其子劉襄猶壯，襲了齊王，雄踞在東，教我如何放心得下？若亂自齊起，則姑母豈不成了秦二世？今遣你赴胡陵，便是要你做我爪牙，與呂台同心，將那劉襄看牢，勿使有異動。」

「謝姑母。姪兒雖成事不足，然做爪牙則還無愧。」

「你就是成事不足！若非你走漏風聲，姑母早將那功臣誅盡了，何必還有今日囉唆？」

「姪兒定當收心斂性，以大事為重。」

呂后便一哂：「若有大事須你來做，恐大事也要做敗了！你今去胡陵，離蘭陵不遠，美酒夠得你飲。飲酒之外，只為我做個惡僕便好。」

呂祿連忙叩首道：「休說惡僕，便是教我做竊兒、賊人、登徒子，亦是心甘。」

呂后掩口而笑，笑罷又道：「昔在沛縣，姑母僅一農婦也，只知勞苦方有飯吃，全不懂朝堂為何物。而今坐了天下，才知其中荒唐：不但要教人做趙高，還要教人做惡僕！唯願從不曾離鄉，只知稼穡，那倒還省心些。」

經此一番布置，呂氏子姪登堂入室，朝中大臣雖多有側目，卻無人敢言。此後數年，呂后知人心已被壓服，便放手封賞，安插諸呂子姪至上下四方，以為臂膀。

高后二年（西元前 186 年）初，新封之呂王臺，竟然無福消受諸侯之尊，一病不起，薨了，諡號為「肅王」。呂后嘆惋之餘，便命呂台之子呂嘉，襲了王位。

同年，惠帝之子常山王劉不疑，命亦不長，得病薨了。因他年少，連子嗣都沒有。呂后便令惠帝另一子襄城侯劉山，改名為劉義，接了常山王。

至此，呂后稱制已有一年，民間谷茂糧豐，商業繁盛，漸漸透出了一片祥和來。呂后心頭暗喜，知自家手段不輸於夫君。這日忽就想起，責令張蒼編定律法，迄今已有年餘，也不知如何了，便喚張蒼來詢問。

張蒼答道：「臣領丞相府吏員數十，日夕不敢歇，迄今編定新律二十七種，另有《津關令》一種。天下律法，至此可稱完備了。」

呂后含笑道：「你這話，我信。二十七部？哀家是不能詳看了，只怕看得頭痛，你只逐個報來我聽聽。」

張蒼便道：「計有《賊律》、《盜律》、《具律》、《告律》、《捕律》、《亡律》、《錢律》、《置吏律》、《戶律》、《爵律》……」

「好了好了。」呂后連忙擺手，笑道，「我只聽著名號，頭已經昏了，難得你這番辛苦。去交丞相、御史、廷尉等人看過，便可頒行。要教那天下人看看，漢家不再是草莽了，事事都要有個定規。」

不數日，這一番新律法，便由相府傳令郡國，釋出四方，史稱「二年律令」。

至高后四年（西元前 184 年），呂后見呂家勢力更盛，索性又封姪兒呂他為俞侯、呂更始為贅其侯、呂忿為呂城侯。另有呂氏族屬五人，分遣各諸侯國為丞相，出守四方。呂氏風頭，就此一時無兩，大大蓋過了劉氏。

高后四年這一年，天下無事，朝中也無事，不料宮闈之內，反倒是起了一樁大事。

此時，少帝劉恭已有四五歲年紀，稍稍懂事，聽得宮人偷偷議論，得知生母原不是太后張嫣，而是後宮周美人。自己來到世上，即被人調包，成了張嫣所生的「太子」。生母周美人，則死得不明不白。小兒聞聽此言，心中大忿，也不知掩飾，便對張嫣起了敵意。

從此，每逢張太后教導，劉恭便故意不聽，且多有頂撞。張嫣不明就裡，不由得惱了，狠狠訓了他兩句。那劉恭便雙手叉腰，對張嫣道：「太后焉能殺吾母，而名為吾母？今我年未壯，一旦年壯，必顛倒此事！」

張嫣聞之，知劉恭已知事情始末，不由大驚，然終究心存悲憫，未作責怪，只是偷偷拭淚。

那劉恭不曉事，見一語竟說得張太后掉淚，內心解恨，此後動不動便口出惡語。

有那呂后安插於張嫣身邊的眼線，看不過去，密告了呂后。呂后聞之，拍案大呼道：「豎子，反了！如此小年紀，便有此心，年長後豈能不為亂？」當下，便喚了張嫣來問。

張嫣答道：「少帝年幼，確有此等言語。」

呂后便發狠道：「你如何不責打他，如何不來稟報？」

張嫣終究是厚道人，當即垂淚道：「想到周美人，不忍心責罰少帝。」

呂后便起身，戟指張嫣道：「多年在宮中，事情還見得少嗎？妳憐憫他人，他人可否憐憫妳？」

「說來說去，終是奴家不爭氣，未育一子。」

「既如此，那少帝便不是妳親骨肉，我如何處置，妳不要攔。」說罷，便命宣棄奴去將少帝帶來。

劉恭不知有何事，仍趾高氣揚進來，略向呂后一揖，卻理也不理張嫣。呂后便問：「不曾瞧見你阿娘嗎？」

那劉恭亦不懼呂后，朗朗答道：「張太后，非我生母也。吾母，已死於張太后之手。」

呂后便大怒，立起身道：「我說張太后是你生母，你不信；宮人說周美人是你生母，你便信了。是哪個宮人多嘴，給我指出來。」

「我不指。」

「那就莫怪我厲害。」

「太皇太后，妳便是再厲害，那張太后也非吾母。」

「大膽！宣棄奴，將這個豎子衣袍剝了，拉到永巷去，終身幽禁。不死，就不許出來！」

宣棄奴在側，不由得遲疑，小聲道：「太后，少帝乃天子，我如何能拉他走？」

「教你拉，你便拉走！張太后既非他生母，他也就不是天子，你還怕個甚？拉走！」

見呂后真的動怒，劉恭這才怕了，一屁股坐在地上大哭。宣棄奴趕忙上前，一手捂住他嘴，一手挾住他脖頸，拖將出去了。

劉恭也知永巷不是個好地方，一路上，只是蹬腿掙扎，連呼道：「孩兒錯了，我錯了！」

宣棄奴便笑了一聲：「遲了，傻天子！那張太后若不是你娘，你便連個乞丐都不如了。」

到得永巷，宣棄奴置劉恭於地，傳呂后諭旨道：「此子為廢皇子，在此監禁。任是誰，不得走漏風聲。」

劉恭拽住宣棄奴不放，只是大哭。宣棄奴一把將他推開，冷冷道：「給個天下你不要，偏要你阿娘，便在此處等候吧。」眾宦者便一擁而上，將少帝扔進了暗室中。

那永巷中暗室，為地下陋室，古時為乘涼之所，終日不見天光，幽閉於此，不啻黃泉底下。

此後半月，眾涓人不見少帝露面，都來問宣棄奴。宣棄奴只答道：「少帝病重，奉呂太后之命，移地養病，不見外人。」眾涓人心有疑惑，卻不敢多問。

可憐那少帝劉恭，被幽於永巷，粗食淡飯，自生自滅。因一句不平之語，不但失了皇位，也將要搭上性命。然童言向來便無忌，這一句真話，梗在一小兒胸中，你教他不說出來，也是難。

時過月餘，已至夏五月，群臣上朝，不見少帝端坐龍椅，疑心不免愈增。這日大朝，呂后於簾後咳嗽一聲，發話道：「諸君不見少帝日久，或有疑慮，今日哀家便要為諸君釋疑。凡有天下者，便有治萬民之命，蓋之如天，容之如地；上若有心安定百姓，百姓則欣然以事上，上下相通，則天下治。」

群臣聞此高論，都躬身一揖，齊聲稱道：「善！」

呂后便笑笑：「此理，不難懂，人皆稱善。然少帝久病不癒，已昏亂失心，不能繼嗣，不能祭宗廟，不能以天下託之，吾意，應另擇賢者而代之。」

此言一出，滿堂皆驚，諸人只是拿眼去瞄陳平。但見陳平猶豫片刻，忽而跪下，叩首道：「太皇太后為天下萬民計，另擇賢者代皇帝，以安社稷，我等頓首奉詔。」

諸臣一聽，誰還敢不附和，都紛紛伏地叩首，齊稱奉詔。

呂后大喜，連連揮袖道：「諸位，趕快平身，哀家受不得這般恭維。哀家之心，從來順天意，今日滿朝文武，無一有異議者，便是明證。自古老婦治天下，從未有，虧得諸臣一心，我方能足不出戶而天下安。既如此，便廢去少帝之位，仍為皇子，交由張太后去管教。諸君可上疏建言，擇賢者代之。」

群臣聞詔，有不明內裡的，便暗自吃驚；有早就聞說「調包計」的，則暗中好笑。總之是無人抗旨，唯稱「萬歲」。

不數日，陳平打探出呂后意旨，便領銜上疏稱：「臣等聞常山王劉義，性素賢德，可以託天下。」

呂后看了奏疏，不住點頭，大讚道：「好，就教那劉義來做皇帝，賢德不賢德的，小兒身上怕還看不出。只要不似那廢少帝就好。」

陳平道：「劉義登大位，則常山王位空懸，可擇賢者繼之。」

呂后笑道：「這有何打緊？盈兒多子，尚有未封王的。那軹侯劉朝，便可封王了，去做常山王好了。」

陳平又奏道：「新帝登位，乃漢家喜事，明年可否改稱元年？」

呂后便擺擺手，哂笑道：「那倒不必。也不知這新少帝運氣如何，坐不坐得久長。左不過是我在稱制，年號便無須改，一以貫之吧。只是新帝名字，太過俗氣。我漢家基業，眼見得弘昌無比，索性改名叫劉弘好了。」

群臣齊聲喊好，新少帝就此橫空出世，並無半分波瀾。

高后四年五月丙辰這日，劉弘冠冕加身，告了太廟，算是登上大位。後世史家論及此，都習稱廢帝劉恭為「前少帝」，劉弘則為「後少帝」，以免混淆。劉弘比起廢帝劉恭來，也大不了兩歲。可憐兩位少帝，均不滿十齡，在呂后威勢下，各做了四年的傀儡，都沒有好收場。

新帝登位後，前少帝便沒了用處，只為累贅。呂后想了想，便喚過宣棄奴來，密囑了一番。宣棄奴領命，匆匆奔往永巷，如此這般布置了一番。從此，前少帝劉恭便銷聲匿跡，再無聲息了。有宮人私底下傳說，或是被勒斃，或是被鴆殺，總之是沒了活路。

轉過年來，惠帝庶長子、淮陽王劉彊，亦無福消受尊榮，一命嗚呼。恰好壺關侯劉武年紀小，尚未封王，便襲了淮陽王位。

至此，惠帝與後宮美人所生六子，已有三子夭亡。餘下的三個，呂后已不以為意，打算留待日後收拾。

處置完廢帝，呂后坐在長樂宮中，想想孝惠、魯元先後走了，宮中有了清閒之意，看那來來去去的宮女，便覺人太多，欲打發一些往諸侯國去。

呂后想到竇姬，便頭一個喚來，吩咐道：「宮人冗雜，要分遣一些往諸侯國。你在長樂宮中，離出頭之日尚遠，不如趁此往邊地去，或有好運道。」

竇姬來長安數年，無日不思鄉，聞呂后之言，便問：「所遣處，可有趙國？」

呂后笑道：「有趙國。終是小女子，聞說可以歸鄉，竟不念太后的恩了！遣散之事，統歸宣棄奴，你找他便是。」

竇姬這才落了淚：「太后待我如母，奴婢怎捨得離開？只是多年不見兄弟，惦念他們的生死罷了。」

呂后揮手道：「我也不怪妳，去找宣棄奴吧。」

當日，竇姬便找到宣棄奴，講了要往趙國去。宣棄奴應了一聲：「這有何難？」便走開去忙碌了。

數日後，便有分遣詔下，竇姬聞聽，自己竟是被發往代國去了，便急忙去找宣棄奴。

宣棄奴一拍額頭，頓足道：「哎呀，我歷來代、趙不分，將你分派錯了。」

「我不要去代國，我只要歸鄉。」

「竇姬，這事不好改了。難道要驚動太后，去吩咐皇帝改詔書嗎？」

竇姬當場便哭了出來：「你個宣棄奴！只知道逢迎，能做得什麼好事出來！」

宣棄奴也無奈，只得賠禮道：「我就是個閹奴，不得好死。小女子妳便忍忍，饒了我吧。」

竇姬哭了半日，也不敢去驚動太后，只得自嘆命苦。到了離宮之日，垂淚告別太后，踏上漫漫途程。豈知這一去，竟交上了天大的好運。

抵代國之後，竇姬那聰明伶俐，一如既往，甚得代王劉恆憐愛，不久便納入後宮，封為美人。其時，劉恆已有王后，卻獨幸這位竇美人。未幾，王后病歿，竇美人便順理成章封為王后。不數年間，為劉恆生了長女劉嫖，後又生兩子，即長子劉啟、次子劉武。後皆成大貴。此為後話了。

至此，呂后稱制已然四年，普天之下，內外都無隱憂了。呂后看那廢立之間，陳平、周勃等老臣，都還頗知趣，便想也該稍加籠絡為好。內外既已大定，不妨還是遵高帝臨終所囑，實授周勃為太尉，以示嘉勉。再者，周勃勇武善戰，威震天下，用他掌天下之兵，亦可震懾夷狄。

於是便有詔下，重置太尉官，拜絳侯周勃為太尉，掌天下郡國之兵，南北軍則不在此內。拜官之日，呂后笑對周勃道：「公乃三朝元老，穩坐不倒。哀家看你心機似也不多，何以偏就不倒呢？」

周勃斂容答道：「廉頗能飯，然急於立功，故不得重用。吾則飽食終日，不思添功，也就不至添亂，故能安穩若此。」

呂后便笑指周勃道：「先帝說你厚重，依我看，你也不厚重了，倒是很會說話了。」

周勃慌忙辯白：「臣不敢有機詐。臣為凡人，樂天知命而已。」

呂后不禁大笑：「天下人若都似你，哀家臨朝，倒要省卻許多心思了。」

此次重置太尉官，恰是時候。自高后五年（西元前 183 年）春起，南北邊陲都有異動。那南越國趙佗，久聞呂后專擅，心有不服，忽然來書，自稱為「南武帝」，似有舉兵相抗之意。

呂后不敢大意，急召周勃來問。周勃答道：「南越王何敢來攻漢？無非是看我不敵匈奴，趁機生事，無須理會他。反倒是北邊防務，不可不加重。」

呂后從其諫，遂調發河東、上黨兩地馬軍，戍守燕趙，添兵以震匈奴。如此靜觀了數月，果然南北兩邊都再無動靜。自此，呂后便格外倚重周勃，不再疑心。

白衣智士，運籌帷幄勝相

且說呂台之子呂嘉，襲了呂王之位僅及一年，便屢有大臣上奏，說呂嘉做了諸侯王，驕恣不可一世，侵擾地方，目無朝廷，一副狠傲心腸，有司也拿他無可奈何。

呂后起先尚不在意，有意敷衍過去。嗣後，朝野非議日甚一日，陳平也幾次上奏，呂后便不能再裝聾作啞了，召來呂國丞相，詳加盤問。這一問才知，大臣所指摘，竟樁樁件件都可坐實。呂后不由就大怒，下了狠心，詔令奪去呂嘉王位，命有司押解來長安訓誡。

見呂嘉被押到，呂后怒不可遏，斥道：「教你襲父爵，是要倚你為臂膀，哪知你是此等犬子！呂台好歹是個君子，倒是如何養出你來的？封呂台為王之時，我便教他管教你，看來他是不聽老娘的話，捨不得用狠毒手段。」

呂嘉只是不服，回嘴道：「兒臣固有不法事，然豪門公子，大率如此，我也不比他人更惡。」

「你就是惡！漢家有你這般諸侯王，百官何以能服？百姓何以能畏？你真是要將老娘的天下蹬翻。可知否：那富貴公子，可以驕縱；然你這王，卻不可驕縱。百姓看我漢家，他不看《九章律》裡的之乎者也，他只看你這等高帽子王，廉恥還餘多少，是否還有人樣。」

「這個……兒臣可以改。」

「今日方才知錯？遲了！不將你打回到庶民中去，你是不知呂字幾筆方能寫成。來人！將這個庶民呂嘉趕出去。普天之下，隨你遊走，只不要來沾老娘的光。」

趕跑呂嘉之後，由誰來襲呂王，呂后也有所思。想那呂台之弟呂產，名聲頗佳，可以襲爵。然呂后忽又躊躇起來。想到呂嘉之事，實是丟盡了顏面，故而封諸呂之事，恐不能強來，還要稍作掩飾才好，免得留下罵名。

如此一想，便將那呂王之選，交予大臣去議。陳平、周勃等人奉了詔，循例去探聽呂后意旨，卻都碰了壁，沒有半分消息。陳平、周勃頗感茫然，召集群臣來議，七講八講，總也說不到一處，遷延旬日，仍無定論。

這一延擱，垂涎此王位之人，不免就蠢蠢欲動。其間，有那善於機變的遊士、策士，奔走於豪門，上下其手，就顯出了他們絕頂的本事來。歷代謀官謀爵，套路都是一樣的，本主總不能靦顏去奔走，需有人居間引線。

此次擇賢封呂王事，便有一位遊士冒了出來，左右逢源，助人且又利己。此人名喚田子春，本為齊地濟北郡人，或為田氏舊族也未可知。高后稱制年間，此人不甘寂寞，遠遊至長安，奔走於劉、呂之門，代人上下做些疏通。

田子春生來伶俐，工於心計，在長安甫一落腳，便留心結交豪門，探聽宮中祕事。若劉、呂兩家子姪有所圖謀，他便代為安排。長安城內，官場水深如海，那公卿巨僚，內廷外朝，田子春將各個門檻都走得熟了，代人謀利，如雨落鴨背，不著痕跡。此類人，可說是歷代京中不可或缺的人物。

這田子春入長安，先前也是兩眼一抹黑，欲結交權貴，卻不知哪扇門能敲開。他所入手結交的，是不大起眼的一個人。此事，須得倒推兩年再講起。那是高后三年仲秋，田子春來長安已有多日，所攜旅資眼看用罄，仍未尋到金主。這日步入食肆用飯，思前想後，便是一臉的愁悶。

店中有一店夥，早便與他熟了，見他來，即端上一碗秋葵羹，隨口問道：「客官，秋高氣爽，如何你滿面都是愁雲？」

田子春嘆了一聲：「天將寒，冬衣尚無著落呢！」

「哦哈哈……見你常奔走豪門，還以為你早已發跡，腰纏萬貫了也說不定呢。」

「說得容易！長安豪門千家，哪一扇門，能為潦倒人大開？」

「這倒也是。客官若不嫌棄，小人倒有個主意。距此地不遠，便是營陵侯的府邸。那營陵侯，名喚劉澤，乃高帝一個遠房堂弟，娶的是呂氏女，名氣雖不大，卻是貴胄，職掌衛尉。平素不拘形跡，喜好結交市井小民。我看客官滿腹詩書，何不上門去自薦？」

「哦？」田子春心頭一震，雙目立時炯炯，問道，「那營陵侯國，國都在齊（今山東省昌樂縣），營陵侯因何未去就國？」

「這個營陵侯，本就是田舍農夫，膽小怕事。早年沛公舉義，他不敢跟從，至漢王名聲漸起，他才去滎陽投軍，得了個郎中做，不過是隨侍左右。後來漸漸官做大了，拜了將軍，征討陳豨之時，擒了叛將王黃，高帝在世時，不大看得起他這兄弟，直至駕崩前一年，才賞了他一個營陵侯做。惠帝即位，由呂太后做主，為劉澤娶了呂嬃之女，加名號『大將軍』，重用為衛尉，護衛宮禁。」

田子春霍地站起身，躬身一揖道：「請君指路，在下這便去拜訪。」

店夥跨出門去，為田子春指了路，田子春拱手謝道：「指路之恩，當不忘。今日飯錢，暫且賒欠，日後發跡了再還。」

店夥便笑了笑：「客官欠小店的飯錢，不在這一餐了。你自去尋路，能討得幾個銅板來也好，不然你所欠錢，全是小人代墊了。」

田子春臉一紅，趕忙辭別而去。

哪知到得營陵侯邸，但見門禁森嚴，有士卒數名，執戟而立，閒雜人等不得靠近。有一惡臉司閽，在門後蹺足而坐，昂首望天，一張惡臉似城牆一般，拒人千里之外，白衣寒士空著手，哪裡能闖得進去？

田子春望門止步，在冷風中瑟縮多時，心中直嘆：「天下之大，橫北海，絕南越，然有了這許多門，又不知塞住了寒士多少路！」

正怨艾間，忽見有一白鬍鬚長者，帶了兩個店夥，擔著酒來，欲進侯府大門。田子春打量一眼，知是酒肆的店主，想必是侯府常客，便閃開身，讓那店主過去。

眼見得店主一撩裳襟，昂首往侯府步去，田子春忽一咬牙，將腰間掛的一個玉珮胡亂扯下，跨前一步，遞給那店主：「老丈，多有叨擾！我本齊地遊士，欲拜謁營陵侯，卻是無門可入。望老丈提攜，帶我入此門。此玉珮，為家傳之寶，已傳了五代，乃扶餘國之紅玉，不知老丈中意否？」

那店主一怔，即哈哈一笑：「自齊地而來？儒生？如何弄得似討飯的一般？我不過坊間一酒販，與營陵侯並無交情，哪裡有面子為你引見？」

「老丈不必客氣，只須領小人進得此門，我自有分曉。」

店主猶豫片刻，接過那塊玉珮，翻來覆去看了，便揣入懷中，笑道：「你這引路之資，倒還貴重！我若是不帶你進去，反倒是不近人情了。你只管隨我來。」

那司閽顯是與店主相熟，見面便大笑，才寒暄了兩句，猛然見到有生人，便跳起身，攔住不放。店主連忙打了聲哈哈，拱手道：「此乃吾友，儒生一個。今日之酒，非同尋常，乃自長沙運來，大有典故。我肚中才學少，講不分明，須吾友來為營陵侯講明。」

那司閽轉了轉眼珠，哼了一聲：「酒便是酒，儒生來講一講，飲了便可長生嗎？」這才坐下，揮揮手放行。

此時府邸內，劉澤正倚在榻上閉目養神，忽聞酒家來了人，便躍起身，搶步來至中庭。見了店主，即朗聲大笑道：「近日正愁無好酒，你這酒仙，又送佳釀來，恰好救了我！」

店主連忙打躬，臉上賠笑道：「侯爺玩笑了！我哪裡有此神通，今日之酒，倒是好酒，係長沙國所釀醴酒，開壇便能香倒人。昨日才到貨，今日便給侯爺送來兩擔。侯爺若飲了不嫌棄，我就教那酒商，每月送過一擔來，定不教侯爺口中無味。」

劉澤笑個不住，忽見店主身後有一陌生人，不禁大奇：「此乃何人？白面朝天，比你雅多了！平素不曾見，可是你帳房師傅也來了？」

店主正躊躇如何作答，田子春便上前一步，作個揖道：「在下田子春，自齊地來，久聞侯爺大名，冒昧叩訪，與這位老丈無關。」說罷，便摸出了一片半尺長的名謁[24]來，遞與劉澤。

劉澤接過名謁，瞟了一眼，嘴角便有輕蔑意，哂笑道：「齊人？白衣？田氏？……不會是田橫之後吧？」

那田子春不卑不亢，昂首道：「若是田橫之後，豈肯生入長安？」劉

[24] 謁（一ㄝ ˋ），古之名片，漢末改稱「刺」。彼時無紙，古人將自己的姓名、閭里、爵位寫在竹木片上，用於拜訪時投遞。後世則不用竹木而用紙，稱「名帖」、「拜帖」等。

澤便一驚，望住田子春：「此話怎講？」

「入長安者，無非謀有所用。若為君王所用，便是國器。然吾國田橫，不入漢都，寧願求仁而死，這便是孔子所言『君子不器』。田橫，千古君子也，其後人，怎肯生入長安？」

此一番話，令劉澤脊背冒出冷汗來，竟一時語塞，打量田子春有頃，方問道：「公入長安，便不欲做君子了嗎？」

「田橫死國，是上一代事。而今，我入長安，是為求正道而來。」

劉澤眼中精光一閃，知來者定是奇人，便略整整衣冠，向田子春施大禮道：「聞先生言，絕非販夫走卒之流，我素與鄉鄙之徒交往，竟忘了禮數。方才與先生立談，實欠雅量，這便請先生入內小敘。」

待落座後，劉澤談得興起，便不肯放田子春走，食宿款待，務盡周到。田子春在侯邸淹留了數日，每日與劉澤杯觥交錯，上下古今地胡聊，甚覺愜意。談到第四日，劉澤舉杯間，望見黃葉飄下，忽就嘆道：「又是一秋了，這流光也忒匆忙！自有漢家始，堪堪已二十餘年了，人生過了半百，如願之事卻是不多。」

田子春便問：「公為貴胄，與高皇帝同宗。開天闢地以來，生民之數過億萬，幾人能有此等之尊？若換作我，死也足矣。不知公更有何求？」

經數日傾談，劉澤已視田子春為膩友，聞言便大笑道：「吾阿兄為高皇帝，吾所夢，自然是封王，好歹獨掌一方。今職掌衛尉，不過是大戶人家的護院而已。」

田子春一怔，稍作沉吟，便回道：「在下入都已有一年，朝中門路，也摸到了些。侯爺望封王，乃人之常情也，吾當居間效力。然目下呂氏勢大，劉氏衰微，欲謀劉氏封王，便不能急。好在侯爺為太后姪女婿，又重用為衛尉，或可通融；否則，萬勿做此想。」

劉澤頷首道：「先生所言有道理，吾雖貴胄，然命卻是賤命，或許還能活上二十年。我不急，可否為我徐圖此事？」

「君子當成人之美，奔走此事，不在話下，然……在下本一寒士，無力打點豪門，奈何？」

「哈哈，這我倒忘了，先生乃寒素之士，受苦了！如此，某便以金相贈，你不要推辭。金三百斤，可足日用否？」

田子春一驚，竟失手掉落了酒杯，瞠目道：「三百斤？足可抵十個富家翁了！在下如何敢受？唯願為侯爺盡力奔走。這裡，且放膽大言——此事必成。」

劉澤大喜，當即喚出家老奚驕叔來，備好了三百斤金，鄭重相贈，恭謹道：「聞先生之言，大開心竅。區區薄禮，乃為祝君長生。」

田子春正待要假意推辭，劉澤便一瞪眼睛，嗔怪道：「瞧不起我嗎？」

見戲已做足，田子春便一笑，拱手謝過。一番飲宴後，由奚驕叔駕車，載上黃金，送田子春回到尚冠裡賃居。

此後，劉澤日日自宮中返家，便要張望門外，坐等田子春消息。卻不料，堪堪過了三月有餘，只不聞動靜。忙遣奚驕叔往田子春住處打探。奚驕叔到得尚冠裡，尋不見人蹤，問房東，方知他已攜財物回鄉去了。奚驕叔無奈，回來覆命。劉澤聞之，大失所望，然亦不願輕言上了當，只道是田子春家中或有急務。

奚驕叔道：「這不是騙子又是甚？不如知會濟北郡有司，拿下此人，解來長安。」

劉澤搖頭道：「不可，這怎生使得？傳出去，恐為都中人笑。待他忙完家事，自會有分曉。」

卻不料，如此一等便是兩年多，田子春全無消息，劉澤任是脾氣好，也不免怨尤，這才疑心是遇到了騙子，便打發奚驕叔，速往濟北郡，去田子春家中責問。

奚驕叔奉了命，一路馳驅，來至濟北郡泰山腳下，找到田子春，驚見他已一掃寒酸氣，廣置良田美宅，儼然為當地一富豪了。

奚驕叔進門坐下，便一拜，語帶譏諷道：「兩年不見，田先生不復往日清雅，竟換作冠冕堂皇了！」

田子春心中有數，不卑不亢，含笑道：「田某乃寒士也，生平未曾見百金是何模樣，況三百金乎？今驟得三百金，便欲登高自鳴，亦是人之常情吧。」

奚驕叔無言以對，眼睛轉了轉，忽然問道：「府上尊夫人，可養有雌雞？」

「養有數十。」

「飼之，可有兩年不生卵乎？」

田子春領悟此語，即仰頭大笑道：「侯爺心急了！」

奚驕叔斂容道：「正是。侯爺有話，令小臣務必帶到，謂曰：『田先生，不欲與我為友乎？』」

田子春便躬身一拜，道：「寒士驟富，不免失態，萬望侯爺海涵。請足下回稟侯爺，就說我月內必至長安，登門謝罪。所託之事，這兩年確乎延擱了，待我近日入都，即著手打理清楚。」

奚驕叔仍含怒意：「我主相托，如何一擱便是兩年？那三百斤金，豈是隨手拾得的？」

田子春也不辯白，起身送客道：「我這裡還在起屋壘牆，家無寬敞之所，就不留宿足下了。我本遊士，浪跡四方，侯爺所贈金，於我而言，正似路邊拾來，故未能日日感恩，也請侯爺包涵。」

見田子春狂悖若此，奚驕叔也是無奈，只得搖了搖頭，起身告辭。

待返回長安，奚驕叔向劉澤覆命，多有怨尤。劉澤聽罷，將信將疑：「無論真假，便等他音訊吧，再等兩年也不遲。」

奚驕叔為主公不平，發牢騷道：「再等兩年？三百斤金，怕是全化成了水！」劉澤不聽，只道：「你也毋庸多言了，靜候就是。他不仁，我豈可不義？」

那邊廂，田子春送走奚驕叔，便知此事已不能再拖，忙吩咐僕人收拾行裝。隔日，便偕其子田廣國，同赴長安。

路途之上，田子春將此行所謀，向田廣國交代。田廣國頗有不解：「父既有然諾，為何拖延兩年不為？」

田子春便一笑：「那時若便做成，倒顯得此事不難做了。」

田廣國有所悟，也笑道：「阿翁原是為自重！至長安，須如何行事，只管吩咐孩兒就是。」

父子二人一路顛簸，來至長安。田子春卻不去拜訪劉澤，只撒下大把錢財，在修成裡賃了一套大宅。

在此處，田子春廣交舊友，問何人能識得呂后身邊人，有人便應承，可為他引見中謁者張釋。田子春大喜，拿出些財寶來，託那人轉贈張釋，說願送子為張釋門客。

不過數日，張釋那邊便有了回話，說可以見。田子春便叮囑田廣國道：「此去，將有大任。」

田廣國便道：「孩兒當如何做？」

「中謁者張釋，位高權重，然身為宦者，並無子孫，你只須甜言蜜語，呼他『阿公』，他聽了高興，必器重你，吾事便可成。」

「孩兒記下了，此事易耳。」

這位張釋，本為宦者，惠帝在時，就已討得呂后喜歡，官做到中謁者，深得寵信。他權勢在手，卻仍覺勢單力孤，便喜好結交各色人等，廣植羽翼。見田廣國聰明伶俐，願供驅使，便欣然受之，收留為門客。

兩月之後，田子春暗囑田廣國，延請張釋來居所飲宴，事先交代：「請中謁者來，吾有要事相求，事成與否，全看他心思。你我父子，須將此人巴結好。」

當日過午，田廣國便陪著張釋，乘了一輛軺車，不事聲張，來至修成裡田氏居所。田子春親迎出門，便要跪下，張釋不要他下拜，與他執手笑道：「廣國在我門下，如同孫輩。我本無家，來赴你家宴，你我間便無有尊卑。若無此一節，哪個大臣能請動我？」

田子春言下感激不盡，便在前面引路，進了宅院大門。

在門外時，張釋只顧寒暄，未及留意。入得門來，見此處雖為一座賃居，然其帷帳器具等，卻是極盡奢華，與列侯府邸不相上下，張釋心下便一驚，知田子春身家必定不凡。

正訝異間，忽聽田廣國道：「阿公今來，似炎陽當頭，田氏門楣，眼見得就亮了起來。」

田子春連忙道：「犬子說話，素無遮攔，中謁者休要見怪。」

張釋不由就笑：「田兄，此子嘴甚巧！吾何來如此福氣，竟憑空有了個好孫兒？」田子春便趁勢下拜，懇切道：「中謁者看重田氏，這情分，便如同骨肉。」

張釋連忙上前，將田子春扶起，道：「此祖孫之誼，乃天定。我既為阿公，來日定要好好栽培他。」說罷，又望住田子春笑道，「至於你我之誼，另當別論，只當是兄弟也。」

田子春做直欲泣下狀，再三謝過，便請張釋入座。而後招呼了一聲，僕人聞聲而動，將菜餚端出，無一不是山珍海味，世所稀見。張釋又是一驚：「民間商家，竟富比王侯。若非結識了田兄，吾何以得知呀！」

田子春便一使眼色，田廣國連忙躍起，為張釋斟酒，賀道：「阿公德高望重，護佑漢家，當長生百歲，請受孫兒在此一賀！」

席間，主賓言笑晏晏，親若一家。酒至半酣，田子春忽然容色一凜，招呼僕人退下，又對田廣國道：「你也暫避，我有事，要向中謁者討教。」

待眾人退下，張釋瞥了田子春一眼，微笑道：「事必涉呂太后。」

田子春拱手一拜：「正是。足下位高，朝中之事無所不知，然有些話，卻是聽不到的。」

張釋頷首道：「願聞。」

「在下兩番入都，見城中王侯宅邸，竟有百餘家，皆為高帝功臣。唯呂太后母家族屬，昔年也有大功，卻不得遍賞。今太后年事已高，欲封諸呂子姪，又恐大臣不服，迄今僅封了呂王一人。臣聞呂嘉於近日獲罪，已廢王，王位暫空。張公久隨太后左右，不知太后意欲選誰？」

「當然是呂產。」

「那麼，為何又遲遲不見大臣推舉？」「這個嘛……是大臣不急吧。」

「大臣為邀寵，哪裡能不急？如今不舉薦，定是呂太后尚未發話。」

「哦？有些道理。」

「呂太后為何不發話，大有深意在。恐是畏懼眾議，實難開口也。」張釋忽然大悟，望住田子春道：「田兄之意是……」

「足下既知太后心意，何不私下知會群臣，聯名上奏，薦呂產為王。呂產若繼位呂王，足下便立有大功，封個萬戶侯也不難。倘不如此，太后必恨足下做事不力，恐是禍將及身了。吾雖一平民，然心繫廟堂，日夜為中謁者擔憂。」

話音方落，張釋便霍然起身，深深一揖道：「田兄，真智士也！若非你提醒，則張某必然失機，或淪為有罪之臣也未可知。此大任，在下自願肩負，不容推託。事若成，吾當重謝田兄！」

田子春急忙攔住，恭謹道：「足下不必見外。田某羞為白衣，技止此耳，蒙足下看得起，深覺幸甚。今日家宴，不成敬意，望足下不嫌鄙陋，盡興而飲。」

張釋哪裡還坐得住，便告辭道：「事不宜遲，我這便去見大臣，草擬奏疏。今日得識廣國之父，贈我以肺腑之言，好不痛快，不飲了也罷。」

此後數日裡，張釋無暇稍懈，逐個拜訪公卿，私下授意。事畢，方返回宮中，稟告呂后道：「臣已意會諸大臣，呂王之選，非呂產莫屬，不可舉薦他人。」

呂后正在椒房殿廊上烤火，聞言頭也未抬，只問道：「你怎知哀家心思？」張釋連忙伏地答道：「人同此心，不問亦可知。」

呂后便甩下紫羔裘，大笑道：「中謁者做事，著實幹練。事成，定教你做個富家翁。」

幾日後，便是高后六年十月。一元復始，呂后心情頗佳，元旦以後大朝，在簾後忽然發聲，問眾人道：「命你等商議呂王人選，如何一月過去，尚無分曉？」

諸大臣早受了張釋調教，紛紛道：「臣等有奏疏，以為呂王之位，非呂產不可。」

呂后望了張釋一眼，微露笑意道：「終究還是呂產，群臣既然力推，哀家亦不能違眾意。然為何竟拖了近一月？莫非呂產尚嫌勉強？」

陳平、周勃等老臣，連忙作揖請罪。周勃道：「太后責備得是！年末事多，微臣有所疏漏。所幸於新年裡，便可封呂產為王，正合歲時。」

呂后忍不住一笑：「老臣們也學得狡猾了，明明是疏失，卻偏要說成彩頭！」

張釋連忙道：「太后既准了奏，散朝之後，微臣便留下擬詔。」呂后揮袖道：「還有何事？這便散朝好了。」

待諸臣退下後，呂后便招呼張釋道：「中謁者，你有大功，哀家不能不賞你。」於是命近侍去知會少府，「搬來一千斤金，賞賜張釋。」

張釋吃了一驚，連忙謝恩道：「賞賜如此之重，臣實不敢當。」

呂后哼了一聲：「你是老臣，就無須假惺惺了！我若不重賞臣下，哪裡會有人賣命？」

張釋得了黃金千斤，感慨良多，不由就佩服田子春。想想此賞不能獨享，便分出一半來，要贈予田子春。

哪知田子春堅辭不受，只道：「吾與中謁者交，乃憑至性，非為謀利。若受金，則白圭有玷，日夜不能安也。」

張釋眼睛睜大，只不信世上竟有如此高潔之人，便險些落淚。此後半月間，又與田子春往來了數次，見他行止恭謹、襟懷開敞，渾不似庸碌商人，倒像個俠士，遂引為至交，頻繁往還，遇事便登門相商。

田子春見前面文章已做足，便要點出正題。一日，在田宅中，兩人就著炭爐小酌，田子春忽然輕嘆一聲：「呂產為王，固然是好，然群臣不服者亦多，若不略加安撫，怕是難平。」

張釋聞此言，頓感不安，拱手求教道：「田兄有何良策？」

「這個容易。單單呂氏擢升，人難免側目；間或雜以劉氏，人便無話可說。」

張釋擺手道：「田兄有所不知，呂太后忌憚劉氏，非同小可。私底下，我只能說到此而已。欲扶劉氏，恐將難於登天。」

田子春便故意淡淡道：「劉、呂如今是一家，聯姻者比比皆是。且劉氏遍及天下，防亦難防，還不如好好籠絡。今有一人，太后最該籠絡。」

「是何人？」

「當朝衛尉、營陵侯劉澤。」

張釋一怔，便笑道：「劉氏未封王者，所餘寥寥，你不說，我倒將這人忘了。這劉澤，雖也姓劉，卻是遠親，官居衛尉，是沾了丈母娘呂嬃的光，已屬萬分榮寵了，何須太后特意籠絡？」

田子春便屈指數道：「首要者，劉澤妻為呂嬃之女，這便如自家人一般。再則，劉澤在諸劉中為長，乃高皇帝之弟，輩分之高，無人能及。三則，劉澤有軍功，曾號大將軍，職掌衛尉以來，毫無疏失，並非紈袴之流，足可以服眾。若封為王，群臣之怨，可立見平息。足下可稟告太后，不如劃十餘縣，封劉澤為王，以消弭眾議。所出本錢甚少，卻極是划算。」

張釋閉目想了想，睜開眼道：「倒也無不可。我忽想起：那劉澤，既是呂嬃之婿，便不是遠親，而是近親了，呂太后必不會疑。」

「中謁者不妨想想，那劉澤若是封了王，豈能不心喜？必謝恩而去，遠離長安，太后這邊廂，不也少了些近身之憂？」

張釋甚驚喜，讚道：「田兄高見，我倒不曾如此想過。多謝兄好意，明日我便入見太后，當面建言。」

隔日，張釋果然入見，依田子春之計，向呂后建言。

呂后愣怔片刻，忽而一笑：「你不提起，我也險些忘了，這姪婿，至今還只是個侯。然……終究還是劉氏，不宜封王。」

「太后，天下今已大定，尚未定者，唯眾臣心也。如今，封劉便是安呂，太后必能洞見此中機竅。那諸呂封王，豈能僅一呂產乎？若才封了呂產一人，眾臣便不服，又遑論其餘？因此，封一劉澤，便是塞住一群人之口，此乃以小博大也。」

「唔，也是好計。那劉澤，我看了這些年，還算盡職；又與呂氏婚姻相連，不至為大患。然當年看呂嬃情面，給了他『大將軍』之號，日後我崩了，他若以此為名，作起亂來，便無人可敵。今日封他僻地為王，令他遠離京都，倒也好。」

於是未及旬日，便有詔下，又從齊國劃地，分出瑯琊郡（今山東省臨沂市）來，封劉澤為瑯琊王，著令辭去衛尉職，立即就國。

田子春在友人處聞訊，知大事已成，這才將心放下，遂穿戴整齊，赴營陵侯邸道賀。

那劉澤剛剛卸了衛尉職，正滿心歡喜，闔府都在忙著收拾，準備上路。忽聞田子春登門，便知果然是田子春使的力 —— 當初之三百金，終見了收效。於是滿面堆笑，離座迎出。見田子春入門，便大步迎上，執手謝道：「君子一言，果不負我所望。今如願以償，當置酒相謝。」

劉澤將田子春延入上座，命家僕擺酒。田子春也不推辭，與劉澤杯觥交錯，略敘營謀始末。劉澤聽得感慨，唏噓了幾聲。

如此飲了數杯，田子春忽然摔杯於地，起身請劉澤撤席。劉澤大驚，心中生疑，忙起身問何故。

田子春便道：「大王一日未至瑯琊，事便一日未成，臣願隨大王同往，共襄其事。大王請從速整裝啟程，勿再留長安。」

劉澤不明究竟，還想詢問，田子春便厲聲制止：「我兩年未動，乃因時機不到；今大王若遲一日，或時機便已失。若信我，請勿多言。」

劉澤心懷忐忑，只得從其請，命家人連夜收拾。田子春便告辭，返回賃居打點行裝，退掉房舍，至次日凌晨，又返回營陵侯邸，催促早走。

待天明之後，劉澤匆忙入宮，見了呂后，稟明出行時刻。呂后望望劉澤，只淡淡道：「哦，你去吧。」

劉澤得了允准，即偕同田子春，與家小一起上路。出得清明門，劉澤不免頻頻回望，大有不捨之意。田子春在側諫道：「大王，離死地，赴生地，有何可流連？」

劉澤便道：「縱是此去赴仙境，又豈如長安？」

田子春便搶過御者長鞭，甩了一鞭，催馬疾行，一面便道：「今疾行，長安便可重返。否則，萬事難料。」

劉澤心中疑惑，也不好深究，便命御者加鞭，一路狂奔。

如此顛顛簸簸，三日後，出了函谷關。又狂奔了數十里，回望長安已在萬山叢中，不見了塵囂，田子春這才鬆了口氣：「大王，今日可慢行了。」

劉澤也吐了口氣，苦笑道：「齊地俠士，怎的竟如此神神怪怪？」

田子春開顏而笑，長揖道：「縱有神鬼，也掠不去大王冠冕了，我為大王賀！」

也就在這幾日，呂后在長樂宮閒坐，忽覺心神不寧，便遣人召審食其入見。審食其聞召，匆匆趕到。其時，呂后正在廊上徘徊，便命人設下案几，與審食其並排而坐，同晒冬日暖陽。

方才坐下，宣棄奴便手託朱黑兩色漆盤，呈上來一盤甜瓜。

審食其拈起一瓣，欲遞給呂后。呂后擺擺手道：「哪裡還有心思吃瓜？一早便覺心亂。」

審食其勸道：「太后有何焦慮？天下不安之處，唯有北疆，然天寒地凍，匈奴斷不會南下。」

呂后搖頭道：「不幹匈奴事。哀家只是想：如何便封了劉澤為王？」

「封便封了，好歹他也是呂氏女婿。」

「女婿算什麼？我問你：那劉澤，他究竟姓呂，還是姓劉？」

「當然姓劉。」

「這便是了！日前哀家昏了頭，不知為何，竟答應了封劉。」

「是張釋建言，封劉便是安呂，我亦贊同此議。」

呂后苦笑道：「封了那老劉，我這老呂，反倒是心中不安了。」

審食其忙拱手道：「太后一人，身繫天下安危，還請寬心。若覺劉澤不妥，可快馬追回，廢去封王詔令便是。」

「唉，朝令夕改，豈不為天下所笑？」

「笑罵任由笑罵，至尊者，唯求心安而已。否則，獨領天下又有何用？」

呂后望望審食其，笑道：「審郎，你活得倒灑脫！哀家便聽你的，著人去追回劉澤。這個王，不給他做了！」當下便命宣棄奴，去知會宗正府。

宣棄奴領了旨，欲去宗正府傳命，又小心問了一句：「即便追到瑯琊，也須追回嗎？」

呂后道：「哪裡？收回成命，不能出函谷。出了函谷關再追還，天下人都要笑煞，說我太后臨朝，封個王都要翻三覆四。」

宣棄奴聽得明白，諾了一聲，便傳旨去了。

當日，宗正府便遣了使者，飛騎東出，直奔崤函古道而去。追了三日，來至函谷關前，向關將打聽，關將只說：「瑯琊王一行，早三五日已出關去了。」使者聞之，心有不甘，遂至關上遠望，唯見去路杳然，一派蒼莽，只得辭別關將，打馬返回了。

聽罷使者覆命，呂后半晌未語，仰天發呆。審食其便在旁勸道：「未追回，也罷，便任由他去。張釋所獻計，還是好計，凡事終以中庸為好。」

呂后便瞪了他一眼：「中庸，中庸！若中庸，你我今日怎能坐在此處？」說罷，又轉頭問宣棄奴道：「依你看，張釋獻計，可是受了人賄金？」

宣棄奴慌忙答道：「中謁者私事，我不知；唯知人若不貪財，便是心智殘了。」呂后便猛地拍案，恨恨道：「這個張釋！」

審食其連忙勸解：「太后請息怒，中謁者終究是重臣，功高過人，略有過錯，亦不掩其功。」

呂后想想，一拂袖道：「算了！如此幹練之臣，也是難得，我不能自拔羽毛，此番便不與他計較了。然劉澤若敢生亂，我便先砍他張釋的頭！」

審食其吃了一驚，遲疑道：「劉氏個個尊榮，想來，也並非都想生亂。」

呂后瞥一眼審食其，哂笑道：「你一個舍人，做了公卿，當然知足；然那劉氏子弟，父祖為開闢之帝，哪一個能知足？」

「愚以為，太后是高看諸劉了，未免過慮。」

呂后便轉頭望住審食其，緩緩道：「審郎，可還記得擒韓信那年？歲寒時，你我曾在櫟陽觀冶鐵，入酒肆祛寒，遇見一老翁……」

「哈哈，是那個『國舅』？」

「那『國舅』，雖是草莽，卻有一句酒後真言，令我銘記至今。老者言：『分封子弟，雖是近日無憂，然至聖君萬年之後，亂將不旋踵矣。』因何也？你可曾想過？」審食其瞠目以對，搖頭道：「不曾。」

「官宦家子弟，不易生僭越之念，即使坐不上高位，也只是嘆命不好。然皇子皇孫，則不免個個心存僥倖，都想做皇帝。若做不成皇帝，便遷怒於他人。他們此刻最恨的，便是我了。我若一旦病倒，那劉氏子弟中，還不知有幾人要蠢蠢欲動呢！」

「哦？」

「你跟從哀家雖久，也不過充個清客，焉知守天下之難？……給我拿一瓣瓜來！」

審食其連忙遞上一瓣瓜。

呂后嘗過，面露欣喜之色：「此瓜，好甜！莫不是召平所種東陵瓜？」

「甘甜若此，定然是。」

「召平行事，頗似蕭丞相，今已徵調他為齊相，我才稍寬心。唉！自蕭丞相故去，我竟無一日能安枕，這社稷之事，是那麼好弄的嗎？那失心翁駕崩，好在還有哀家；然哀家一走，誰又能攏住這四野八荒呢？」

「太后永壽，萬不可憑空添煩惱。」

呂后便笑：「你哄鬼去！我而今也是計窮了，唯有效仿失心翁，多封諸呂而已。一朝我昇天走了，便管不得誰與誰拔刀相向了。」

「太后……」

「審郎，我前日忽想起：你若先走，倒也省心；若是我先走，你又將何如？」審食其神色便黯然，語氣幽幽道：「到那一日，我也將不活了。」

呂后仰望天上彤雲，想了想，忽而道：「那陸賈夫子，你須多加敬重。」

審食其目光一亮，似有所悟，連忙叩謝道：「太后大恩，所囑，我謹記了。」

呂后便指了指滿庭枯枝，道：「你看這樹，哪一株不曾有過繁盛？將來之事，人不可無所料呀！」

審食其聽得滿心淒涼，便是一陣唏噓。

呂后望望審食其，忽就一甩袖：「罷了，不說這些了。你我能同坐於一簷之下，晒晒老陽，便是福氣。趁今日暖和，好好晒吧。」

再說那劉澤一行，輕車過了函谷關，便緩轡徐行。昔日劉澤居長安，已有十數年不曾東出，此次沿河之南而行，一路平坦，心情便大好，對田子春道：「先生料事如神，大有黃石公遺風，惜乎未遇楚漢相爭時，不能名動天下。」

「大王，人各有命，豈能強求？那英布、彭越雖傾動一時，也不過留下一個空名，骸骨都不知撒在何處。田某生也晚，願隨大王經營瑯琊，智固不如蕭曹，行則必效蕭曹。」

劉澤搖頭苦笑道：「孤王費盡九牛之力，方謀得一郡之地，豈敢奢望蕭曹大業？」田子春矜持一笑，徐徐道：「天下有大勢，每每契合人心。此中之理，可道，亦不可道。大王，容在下今日放言 —— 逆人心者，絕無十年之壽。」劉澤一震，似信非信，望望天，只是道：「唯願如此吧。」

這日，車行至淮陽國扶溝縣，後面有兩輛驛車趕上來，車上郵傳吏都拿眼瞄著劉澤。待兩輛車駛遠，後面又有一驛車追上，車上人仍是拿眼死盯住劉澤。

劉澤大惑，終是按捺不住，朝那郵傳吏猛喝了一聲：「爾等弄的什麼名堂？如何個個都拿眼瞄我，難道我是亡命徒嗎？」

那郵傳吏頓感大窘，忙停住車，跳下車來，上前賠禮道：「小官前日出長安，路遇朝中使者，曾快馬急追瑯琊王，至函谷關方罷。」

劉澤不禁愕然，連忙謝過那郵傳吏，命御者加鞭疾行。待疾馳數里後，回望眷屬車離得遠了，渾家呂氏已然聽不到，才對田子春道：「先生料事，有如鬼神！若非先生，劉澤必為那老婦所擒，拘在長安，恐將要老死於幽室了！」

田子春微微一笑：「大王請寬心。高后雖專擅，卻不能福壽萬年。獨夫在上，眾臣離心，這不是好兆頭。以臣觀之，天下或於數年之內，必將有變。想那高皇帝當年，緣何能趁勢而起？皆因心存高遠，不灰頹、不喪志而已。」

劉澤聞言，心頭便是一激，遠眺大野，忍不住簌簌泣下，道：「我本姓劉，卻活得戰戰兢兢，無一日似皇親。幸而天賜我田兄，使我得脫樊籠。我既解脫，便不能負天意。今日，田兄便隨我去，為我長史，實為國相。你我躲避一時再說。」

田子春放眼河川，見綠禾萬頃，便倍覺意氣昂揚，當即道：「大王，臣以為，無須再躲多時了！」

劉氏宗族，枝葉凋零遭劫

話說劉澤脫出樊籠，一身輕鬆，往瑯琊地面疾馳而去；呂后卻是足有三晚未睡好，這日想想，便召了張釋來，當面問罪：「張釋，你一個閹宦，做到此位，也算是位極人臣了；居然賣官鬻爵，上下其手，風都吹到老娘耳朵裡來了，究竟有何所圖？」

張釋不知此話從何說起，不由就慌了：「太后，小臣心中正知足，哪裡還敢有圖謀？」

呂后便冷笑：「你忘性倒不小！那劉澤，竟然將老娘我哄過，去做了瑯琊王。居間說合者，便是你張釋，莫非你看他能登大位嗎？」

張釋面色一白，連忙伏道地：「臣薦他出為諸侯，是為天下計，豈敢有私？」

「豈敢有私？如今你這班朝臣，說謊竟連結巴都不打一個了！那劉澤，是如何攀上你的？他究竟給了你多少錢財？」

「他……分文未給小臣。」

「不給錢，你為何要助他，莫非要做個活聖人嗎？」

「小臣……」

「罷了罷了！大丈夫做事，你怎就不敢認？老娘又不要你吐出賄金來！只是那劉澤跑掉了，你可敢擔保他？」

「臣願擔保。」

「哼，那劉澤多詐、有謀斷，怕是你也擔保不起！既然收了他錢，為他鼓吹，總不能只賺不賠吧，這樣好了——若劉澤日後不反，便好說；若他在瑯琊反了，你那頭顱，就要交予老娘了！」

「臣願以頭顱擔保。」

「那，日後就莫怪我寡恩！若要保命，你這就遣人往瑯琊，告誡那劉澤，識相者命長，切莫心存歹念。若他有一星星兒蠢動，哀家必發兵討滅，還要拿你張釋的頭來祭旗！」

張釋慌忙叩首道：「恕小臣方才隱瞞，那劉澤賄金，為數確是不少。臣願繳清，不使惡名在外。」

呂后便仰頭大笑，戟指道：「府庫還少你那幾個錢嗎？老娘調教大臣，還不至一竅不通，既要你賣命，就得容你腳底板滑潤。那賄金，你自家收好吧，若教外人知道了，我也保你不得。下去吧！」

張釋至此已是汗流浹背，忙謝恩道：「臣知罪，臣不敢大意。劉澤那邊，這便遣人去知會。」

張釋退下後，手撫額頭，心中連呼僥倖。一面就寫了手書，遣人快馬去送給劉澤，再三囑他不得亂動。

那劉澤得信，心裡便笑：「此時豈是我動手時？若真是時機到了，莫說你張釋，便是太后出面，也攔擋不住我。」稍後，便交代田子春復了信，巧言巧語令張釋放心。

如此半年光陰過去，瑯琊那一帶，果然無異常，張釋鬆了口氣，伺候呂后就更加殷勤。堪堪又一年過去，劉澤仍安穩如故，張釋這才放下心來，以為劉澤謀外放，無非是圖個享樂。

至高后七年（西元前 181 年）之初，東邊諸侯無事，北邊諸侯卻鬧起了家事。此時的趙國，趙王為劉友。那劉友為劉邦之子，雖是後宮美人所出，然究竟是龍子，惠帝在時，由呂后做主，先封了淮陽王。後趙王如意被鴆殺，劉友又改封了趙王。

為羈縻劉友，呂后也選了一位呂氏女，為劉友做王后。那劉友儘管氣傲，娶回來這樣一位渾家，卻也無可奈何。

這位劉友渾家，本不是呂氏近親，史上連個身世也未留下，脾性卻是不輸於呂后。進了趙王宮，一躍而為王后，便作威作福，時常欺凌劉友。那劉友，再不濟也是高皇帝血脈，脾氣還是有一些的。見這呂氏女驕橫無禮，又不能與之爭，便不掩飾滿心的厭惡，將這雌老虎冷落一旁，偏去寵愛其他姬妾。

那呂氏女見丈夫不理不睬，怒從中來，整日裡在宮中摔東摔西。然此等祕闈家事，不獨大臣無法勸說，便是呂后本人聞知，又能如何？

那呂氏女越想越氣，醋意不可遏。忽一日，便狠了狠心，索性想害死這親夫了事。害了，還可以再嫁，總比這日日守活寡的好。

女子主意一定，便是九頭牛也拉不回。正月裡，這呂氏女冒雪奔回長安，見了呂后，也不哭訴家事，只聲稱變告：「我夫趙王劉友，胸有異謀，聞呂台、呂產先後封王，便憎恨太后。平素屢與人言：『呂氏安得封王？待太后百年後，吾必誅之！』」

呂后便豎起眉毛來：「劉友敢如此？可是你親耳聞之？」

「吾夫劉友，人前一面，人後又一面；然出此惡語，譭謗太后，則不問人前與人後。」

「豎子也敢謀反？此罪若坐實，我便教他不能再活⋯⋯也好！你便無須再做他渾家了，索性改嫁，天下好男子，還愁找不到？」

「回太后，此事我早想好：為大義計，妾身得失在所不惜。」

呂后便一笑：「你本小家女，何時竟有了大丈夫氣？別不是夫妻吵架，你跑來告惡狀。」

那呂氏女面不改色，只叩首道：「異謀之事，小女不敢亂說，請太后查實。」

「那諸劉，哪有一個好崽兒？你既如此說，我又何必再查？你先在長樂宮住下，稍後再安頓，我這便召劉友來問罪。」

旬日之後，太后詔書飛遞至邯鄲，劉友聞呂后宣召，心中一驚，想到渾家剛剛出走，太后便宣召，定是渾家去告了惡狀，此去長安，恐非好事。

猶豫不決間，劉友召左右近臣來商議。眾人議了半日，皆以為：此去安危難料。劉友便道：「孤王也知長安去不得，然又怎能抗旨不從？」

此時便有近臣道：「大王終究是高皇帝骨血，太后或有疑心，總要顧及先帝臉面。此去，我等盡數跟隨，如有萬一，也好商議。我輩入都人多，太后也將有所顧忌，不至突生變故。」

劉友想想，蹙眉道：「也只得如此了，你等隨我入都，日夜警惕，萬一有不測，則相機逃出。唉！先帝之子本為福氣，如今卻成了禍根，還要牽連諸位。」

諸臣則齊聲應道：「願與大王共生死，大王請無慮。」

劉友既不能反，又不能坐以待斃，唯有留下丞相監國，自率近臣火速入都，不欲授呂后以口實。正月裡，一行人奔至長安，便安歇在趙邸內，等候召見。

晚來掌燈，劉友與長史、都尉、督郵等數十近臣小酌，道：「我今還朝，未有半日延遲，文武重臣皆隨行，太后見我心誠，或無事。」

眾臣都紛紛道：「唯願如此。」

長史秦昐房卻道：「王后日前出走，太后即召見大王，恐不會無事。想來是大王寵愛姬妾，王后心中有怨。明日召見，大王請勿任性，向王后賠罪便是。」

劉友怔了一怔，頷首道：「你說得是！這世道，哪裡還有什麼『男尊』？」

豈料君臣在趙邸等候，一等就是旬日，卻不聞太后召見。正在惶然間，忽一日，從南軍中開來一隊甲士，約有百人，圍住了趙邸。為首一校尉手持符節，叩開大門，向劉友一揖道：「奉太后令，除趙王而外，趙邸不得居留他人！」

劉友一驚，看看符節不假，便道：「衛尉劉澤，乃孤王叔父，我有話與他說。」

那校尉便拱手道：「大王有所不知，營陵侯劉澤已卸職。長樂宮衛尉，今為贅其侯呂更始接任。他與大王別無可說，唯請大王遵令。」

劉友還想分辯，那校尉卻不容他多言，高聲下令道：「邸內閒雜人等，盡都驅離，不得留一個！」

眾軍卒得令，發了一聲喊，便擁入大門，一陣擾攘，將趙邸內官吏通通趕了出來。

長史秦昐房回望，見劉友為眾軍劍戟攔住，形同囚徒，不由心傷難抑，向那校尉打了一躬道：「軍爺，我等盡可驅離，然家僕婢女總該留下，以伺候大王。」

那校尉想了想，便道：「事已至此，留下家僕又有何用？」

「軍爺，趙王到底是高皇帝血脈，還請賞個臉面。」

那校尉便冷冷道：「我只知當今是太后坐廟堂，還不知有別人坐廟堂！閒話少敘，請君速離去，若是遲了，太后亦有令：凡交通趙王者，殺無赦！」

眾臣萬般無奈，一面散去，一面灑淚回望。

當夜，眾趙臣在城內逆旅安頓好，便聚到一處，對泣不止。那秦眇房道：「趙王待我等情同父子，今有難，我等僅效婦人泣淚，又有何用？明日，理應前去探望，看大王有甚難處，妥為迴護，方為臣子本色。」

眾臣聞言，抹去眼淚，都紛紛應聲願往。

次日晨，眾臣即攜了衣物、吃食，前往趙邸，欲探望趙王。卻見門外軍卒林立，劍戟密布。秦眇房提了食盒，剛要上前，但見兩士卒挺戟擋住，喝道：「太后有令，無論何人，不得擅入趙邸。有違禁者，斬！」

「我等為趙臣，今為趙王備好飯食，別無他物。即便是囚犯，也須飽餐吧？」

「我乃南軍甲士，唯太后之命是從。若再囉唆，請吃我一劍，你信也不信？」

秦眇房見與粗人說不通，便繞著趙邸走了一圈，見各處密布甲士，虎視眈眈，遂不敢冒昧，只得與眾臣怏怏而歸。

當夜，眾人又聚在一處商議。秦眇房道：「趙邸內，僅有趙王一人，眾軍卒又不允送飯，這分明是要餓斃趙王！臨此大難，我等不可退縮。今夜，我即攜食盒，潛近院牆外，將飯食拋將進去，不可眼看主公喪命。」

座中便有都尉蔡遊威道：「公為文臣，不如我等身手矯健，今夜我來當此任，必將飯食送入。」

當夜，都尉蔡遊威便帶領隨從，著一身黑衣，攜了食盒，躡蹤竄至趙邸近前。蔡遊威吩咐隨從望風，他一人躍至牆下，剛要拋食盒進去，不料暗處早有埋伏。數名甲士已等候多時，此時見有人至，便點燃火把，一起撲出，將那蔡遊威擒住。

蔡遊威攘臂抗拒，大呼道：「趙王何罪，竟遭此虐待？堂堂漢家，何時興起的如此勾當？」眾甲士忙將他嘴捂住，拖至當街，一劍便斬了！

隨從在遠處見了，心膽俱裂，連忙趁夜色逃回，泣告眾臣。

眾臣聞聽，皆淚如雨下。少頃，秦眇房緩緩立起，吩咐從人道：「武臣死義，文臣又豈能偷生？再備食盒！我偏要在朗朗白日下，為趙王送飯。」

眾人大驚，紛紛起身相勸：「公不可輕生。」

秦眇房微微一笑：「求仁者，何謂輕生？眼看君將死，臣卻不能捨身相救，才是輕賤此生。臣意已定，無論斧鉞劍戟，也願從君而去，稍有蹙眉，便算不得大丈夫！」

眾人再勸，秦眇房只是不語，默默更衣，坐待天明。

次日，晨光熹微時，秦眇房提了食盒，回首望了同僚一眼，從容邁出了門去。其餘眾臣，哪裡忍心見他獨自赴死，只得在後遠遠跟著。

不多時，眾臣見秦眇房剛走近趙邸，便有甲士竄出，喝令止步。

秦眇房昂然答道：「我乃趙長史，今為趙王送朝食。」

為首甲士道：「公請退。」

「軍爺，家中可有父母？」

「有。」

「父母可以兩日不食否？」

「吾為兵卒，不知其他，唯知有嚴令。公請後退！」

「吾不能退。」

「不退則死！」

「那正遂我願。趙之大臣，寧死，亦不退！」

秦眇房話音剛落，但見那甲士退後半步，掣出長劍來，逼住秦眇房。秦眇房凜然作色，昂首而立，只不退半步。

那甲士怒視半晌，忽就狂吼一聲：「退也不退？」「不退！」

甲士頓足暴怒，一劍便刺入秦眇房胸膛。少頃，劍拔出，血流便如噴泉。秦眇房踉蹌兩步，猶自挺住，雙目圓睜，手指甲士，一面就緩緩僕倒下去。

眾趙臣一聲驚呼，都爭相上前，要搶下秦眇房來。那邊廂，眾甲士也一擁而上，劍戟齊指，逼住了眾趙臣。

為首甲士喝道：「諸人退走，否則一個不留！」

眾人僵住，呆呆張望。初起，只見秦眇房尚能努力張口，似在詈罵；稍後頭一歪，眼看便不再出氣了。

眾趙臣看看施救無望，只得含淚伏地，朝秦眇房屍身拜了三拜；又凝望良久，才緩緩退走了。

至此，幽禁趙王事，風傳長安閭巷。朝臣聞之，人人震恐。至第三日，趙臣無人再敢來送飯。劉友飢腸轆轆，憑窗而望，但見窗下滿是甲士，街上人影全無，連鳥兒也難飛進。

劉友望了半日，知隔著這條街，便如相隔山海，將他與世上活人分開來了。想想心傷，不由便唱出一支歌來，那歌詞曰：

諸呂用事兮，劉氏微，
迫脅王侯兮，強授我妃。
我妃既妒兮，誣我心惡，
讒女亂國兮，上曾不寤。
我無忠臣兮，何故棄國？
自決中野兮，蒼天與直。
於嗟不可悔兮，寧早自賊！
為王餓死兮，誰者憐之？
呂氏無理兮，天將報仇！

唱了一遍，見無人理睬，便又一遍遍地唱，聲聲哀戚，直傳入空寂閭巷中。

趙臣聞百姓中傳唱此歌，皆感悲傷，紛紛買通趙邸附近戶主，潛進民宅內，伏於窗下，聽趙王吟唱。

至第四日，聲音漸小。至第五日，尚隱隱有聲。到得第六日上，趙邸內聲息全無。趙臣仍是每日潛來，於民宅側耳細聽。趙邸內凡有一絲聲響，都堪可寬慰。至第十日，終未聞再有何聲響，眾趙臣知事已無可挽，不禁淚如雨下，朝那趙邸三叩九拜，算是祭了靈，回去又換了素服，為趙王服喪。

春正月丁丑日，正是上元節這日，南軍甲士入宮報稱：「趙王劉友已薨。」

呂后聞之，哂笑道：「他薨了？是昇仙了吧？他看不慣我呂氏女，今日逢節慶，或是上天去尋佳偶了。這豎子死前，有何言語？」

甲士背誦不下那歌詞來，便道：「無甚言語，只喃喃幾個字。」

「說了些什麼？」

「上元節……平呂……」

「上元節？平呂？他做的千秋大夢！」

呂后正在恨恨間，有宗正劉郢客前來請旨，問趙王諡號、葬儀如何處置。

呂后道：「劉友既幽禁而薨，諡號叫『趙幽王』便好，實至名歸，不亦美哉？葬儀就不必了。以民禮，葬於民壕之內，我看就恰好。」

劉郢客不敢反駁，遵旨而行，果然依民禮，將劉友葬在了城北亂葬崗上。

夜來，此崗無人看守，皆是狐兔亂竄。眾趙臣瞞過邏卒耳目，潛入民壕，燒了些柴枝，算是拜祭了。

眾臣拜畢，立於崗上，見趙王墓無碑無丘，淒涼似無主荒墳。又望見夜氣迷茫，天高月小，滿城已無半點燈火，都倍感淒涼，不由放聲大哭。哭畢，唱起趙王《幽歌》來，唱罷又哭，如此直至天將明，方才散去。自此，劉友一支便作星散，親眷流落於民間。

再說那呂后，只用一道詔書，便結果了劉友性命，心下也是不安，不知臣民將如何議論。恰在三日之後，天有日食，長安白晝驟見晦暗。閭巷百姓都倉皇奔出，鳴鑼擊鼓，恐嚇那「天狗」。

見此狀，呂后心甚厭惡，坐臥不寧，耳畔似聞劉友臨終囈語，便問審食其道：「天有異象，此乃為我乎？」

審食其忙勸慰道：「天象示警，或為他事。劉友懷有異謀，薨也就薨了。那豎子死活，上天豈能為之所動？」

呂后擺手道：「你也不必寬慰我。平白無故日食，不為此事，又能是何事？然我之所為，雖失之過，初心卻是為天下，並非為呂氏一門。我歸天之後，萬民自可知我用心。」

「太后看得明白。天道已移，臣民遲早都會歸心。」

「罷罷，顧不得那許多了！天上有日，地上亦有日，老娘便是那地上紅日。我之所為，尚無人可阻，事就要做下去。如今劉友薨了，趙王位空缺，便教梁王劉恢去接替吧。」

「那麼，空出的梁王位……」

「呂產可為梁王！他那呂國，地狹人稀，無大國氣象，實是委屈他了。便教他做梁王，更名梁國為呂國，方才氣壯。他也不必就國，就留在朝中，做那少帝太傅，朝夕為我獻計，我也好省些心。」

「如此，原呂國又何如？」

「那蕞爾小國，更名濟川國，隨意打發了便是。你可知？少帝如今亦有皇子了，尚在襁褓中，名曰劉太，已封了平昌侯。這小崽兒，留之何用？就教他頂了濟川王吧。」

審食其不由一笑：「太后打理天下，如同弈棋。」

呂后也笑道：「豈不就是弈棋嗎？地為棋枰，人為棋子。治天下，也就是個擺布之術，不必非聖賢不可，老婦我也會。」

呂后這一番鋪排，朝臣見了，無不眼花撩亂。嘴上不說，卻知太后又在扶植諸呂。只是那梁國改名呂國，呂國改名濟川國，眾人皆暗笑，除公文而外，無人加以理會，仍是按老名號叫著。

卻說那梁王劉恢，雖年已弱冠，卻還未婚配。他脾性懦弱，不似劉友那般倔強，在梁都睢陽（今河南省商丘市）安居，優哉遊哉。睢陽王宮本就壯麗，宮外又有聞名天下的禁苑「梁園」，美輪美奐。劉恢常與文友來往，飲宴於梁園，好似富家子一般。這年二月，劉恢在梁園踏春，忽接到太后詔令，徙他為趙王，當下便滿心不悅。

想那趙地苦寒，又當匈奴南犯之鋒，豈能與梁園美景相比？再者說，趙國自張耳之後，已相繼廢一王、薨兩王，可稱不祥之地，此去無異於赴險地。

於是，接旨後，劉恢便遲遲不動。呂后亦知劉恢不悅，為安撫計，又下一詔，將呂產之女嫁與劉恢。

劉恢見此，更是沮喪，怕又生出更多事來，連忙收拾行裝，帶著家眷、屬官就國去了。

果不出他所料，至邯鄲後，諸事皆不順遂。劉恢所帶屬官，與那趙國原有官吏，不知何故，便生了些嫌隙。國中政事，紛亂如麻。劉恢北上之時，睢陽有數百戶百姓感念劉恢仁慈，自願跟隨北上。這一干百姓，落戶於邯鄲後，與當地民戶又起了紛爭。官司打到劉恢面前，劉恢偏袒哪一面都不是，終日不勝煩惱。

再說那呂產之女嫁過來後，更是大顯雌威，直嚇得人不敢近前。又自帶屬官十數名，個個都是諸呂親戚，擅權攬政，只盯著劉恢一舉一動。稍有不合意之處，便狀告長安，呂后那邊，立即就有敕令發來，責備劉恢。

如此鳩占鵲巢，那劉恢實似家奴一般，動輒得咎。想想心灰意懶，便百事不問，只陷身於聲色犬馬中。然這也不成，凡劉恢寵愛的姬妾，呂產之女探聽得清楚，未過三五日，便予鴆殺 —— 你寵幾個，我便殺幾個。到頭來，劉恢萬念俱灰，寫了歌詩四章，令樂工歌之。

劉恢本是個情種，聽樂工唱此曲，想起幾個愛姬面容，心愈悲傷，終日流淚不止。

如此生涯，哪裡能熬得久？至六月，劉恢愈覺生之無趣，便一狠心，仰藥自盡了。

那呂產之女，將自家折騰成了寡婦，竟也沒了主張，只是哭泣。劉恢死訊，便由趙相府遣使，飛報至朝中。

呂后聞知，不禁大起疑心：「好好的諸侯王做著，為何要自盡？莫非他也有異謀，為呂產之女所逼？」當下便遣使，急召趙相入都，要問個究竟。

趙相入都後，不敢隱瞞，將劉恢夫妻齟齬之事，如實稟報了。

呂后聽了，冷笑一聲：「我猜也是！那呂產之女，有何本事能逼得劉恢自盡？無非是婦人爭寵。這個劉恢，實無度量！」

劉郢客便奏請道：「趙王劉恢既薨，可定諡號，其子應為王嗣。」

呂后沉下臉道：「他堂堂一個王，竟為婦人事而棄宗廟，哪裡還像個王？哀家之意，諡也不用諡了，其嗣索性也廢之。這一門，本就不配做王！」

那劉郢客不敢違抗，只得建言道：「趙地雄踞北邊，屏障中原，趙王位不可虛懸。」

呂后當即怒視劉郢客道：「我不虛懸！那劉恆做代王，不是做得好好的嗎？徙他為趙王就是。」

不久，太后便有詔令，飛傳至代，令代王劉恆徙趙。那劉恆在代地，已安穩了十餘年，聞詔大驚，遂與其母薄太后商議：「諸兄弟封於趙者，再死三死，無一善終，我又如何能去？」

薄太后遂道：「正是。呂太后容不得劉氏枝葉，百計除之。而今高帝之子，還剩得幾個？你穩居代地，或還可多活幾年，倘今日赴趙，明日便是個死。」

劉恆會意，道：「母后之意，與兒臣相同，兒這便致書呂太后，婉言謝絕。」

數日後，朝使攜劉恆信返回。呂后拆開信來看，見信中寫道：「兒臣蒙恩，守代十餘年，使匈奴不敢南犯。今又蒙太后看重，轉徙趙王。趙地遠勝代地，然兒臣守代日久，於人情地理已諳熟於心，故不願徙趙，寧願為太后守代邊。乞予恩准。」

呂后看了信，便對審食其道：「想想那劉恆，確也恭謹，十餘年未曾生事，拒胡騎於邊外。今若強徙趙地，天下人未免有非議，還不如做了這人情，隨他去吧。趙王位空懸，無人願去做，就教那呂祿去！」

審食其拊掌讚道：「如此甚好。那呂祿，尚有些才。年前由胡陵侯徙為武信侯，位次為列侯之首，不如趁此時，加封為王，也可使呂氏再添一王。」

呂后道：「哀家身體，眼見得日漸衰敗了，後事不可不慮。此次呂祿回來，便留他在都中，不要就國了，與那呂產一道，為我掌文武大事。只可惜諸呂數十人，唯呂產、呂祿二人，略似吾之子。」當下就召來太傅呂產，低聲叮囑了一番。

次日上朝，呂產、陳平等重臣便進言道：「趙王位不宜虛懸過久，今呂祿為上等候，位列第一，可以為趙王。」

呂后佯作猶豫道：「呂祿確是小有才。然封王……其德能，可當乎？」

陳平便道：「呂祿之才，可經天緯地，惜乎未逢楚漢爭霸時。今為趙王，只覺此位太輕，而呂祿兄才具更重也。」

呂后便笑道：「古今會說話者，哪個能勝於你陳平？也好，如此哀家便准了。趙王之位，既然不配呂祿之才，那麼遙領也可。人留在長安，兼顧朝中事，不必就國。」

陳平聞言，怔了一怔。日前呂產私下裡招呼時，陳平原想：若呂祿徙至趙地，管他是王是侯，總還是離朝中遠了。因此欣然附議，與呂產一起舉薦了呂祿。此時方知，呂后如此安插子姪，竟似在布置後事了。

想到此，陳平便眨眨眼，強作欣然之色，賀道：「太后英明！賢才不外放，朝中之事才理得清楚。呂祿才藝俱佳，留朝中任事，乃漢家之福，臣為太后賀。」

呂后笑指陳平道：「哀家睜眼之時，你無須說這些好聽話。待哀家閉眼之後，你也能如此說，便是君子了。」

「微臣所言，或有溢美，然不至於無心。」

「好了！你也毋庸辯白了。呂祿封王，順天應人，也不算是阿諛。我在，聽你說話順耳，這便夠了。我那身後事，交付予天，也做不得主了。」

眾臣聞此言，皆笑。呂祿封王事，就此一言而定，全無滯礙。

諸臣議罷，正要散朝，劉郢客忽又奏道：「呂祿封王，其父呂釋之，亦當追尊為王，方合禮儀。」

呂后道：「不錯。宗正府便擬個諡號吧，即日頒詔。」

如此，隔日便有詔下：封呂祿為趙王，留都中任用。其父呂釋之，追尊為趙昭王。眾臣聞之，仍是敢怒不敢言，各個道路以目，在心中憤憤。

當此際，呂后處心積慮，欲剪除劉氏枝葉；偏巧那劉氏子弟，又紛紛凋零。當年九月，忽有燕使快馬入都，報稱：燕王劉建因操勞傷身，已於日前病歿。

這劉建，乃劉邦最末一子，在當年盧綰投匈奴後，便立為燕王，迄今已有十五年。

呂后聞報，甚感驚奇，便召燕使來問：「燕王年方十七，政事全託付相府，如何便操勞至暴薨了？內中有無隱情？」

那燕使不敢隱瞞，老實答道：「燕王喜圍獵。近日圍獵，為狐狸所傷，未能及時敷藥，染疾而薨。」

呂后當即面露不屑：「死都如此不雅！劉氏子孫，多似他們老祖，亡命徒也。」燕使不敢對答，只伏地叩首。

呂氏想想，便又問：「燕王尚未婚配，後宮美人，定又是多多。究竟有多少子嗣了？」

燕使答道：「燕王身後，僅庶出一子，為後宮美人所生。」

「果然！有幾歲了？」

「尚在襁褓中。」

呂后一笑，對燕使道：「你且退下吧，謚號及嗣王事，靜候詔令。」

燕使便遵命而退，呂后又拿起燕使所呈文書，沉吟起來。

其時審食其在側，深知呂后心思，便道：「燕王，末枝也，不足為慮。劉建為王，自幼及長，十五年來未曾生事，便令其庶子繼嗣好了。」

呂后卻道：「審郎，你可知朝野之議，說誰最似高帝嗎？就是這個劉建！我不怕高帝子孫有才，單怕有人貌似高帝。也是老天有眼呀，竟將劉建收去了，不然，此子便是天下大患。」

「長得像其父，便可得位嗎？」

「你見識淺了！長得類其祖父，也可得上位呢，此事奇怪嗎？千年之後，亦必如此。」

「臣生平未聞有此說。且劉建之子，總不至酷肖高帝吧？」

「那劉建，本就是後宮美人所生；其子，又是美人所生。難不成漢家之王，都要給美人之子來做了？」

審食其回味此言，便覺驚異：「太后之意是……」

「你門下，可有那雞鳴狗盜之徒？」

「有。」

「明日遣一得力者，潛往燕都薊城，刺死劉建之子，哀家自有重賞。」

「此事易耳。只是……太后此意已決？」

呂后便甩了甩長袖，笑道：「秋之時，掃掃落葉而已。」審食其便一揖道：「臣領命，這便去掃。」

一月後，薊城果然有使入都，報稱燕王庶子暴斃，係溺水而亡。

呂后召見燕使，故作不解，問道：「襁褓幼子，如何落入水中？有司可曾勘驗過，是否有人加害？」

燕使答道：「有司驗看過，全無頭緒，或為自行落水。」

呂后一笑：「自行落水？如今這死法，真是千奇百怪。」便又回頭問劉郢客道，「日前擬了燕王諡號嗎？」

劉郢客答道：「已擬好，諡號靈王。」

呂后便道：「這燕靈王也是無福，獨子夭亡，即屬無後；無後，則國除。這一門，便廢了。」

陳平心中一驚，連忙建言道：「劉建一門，可以除國，然燕王位不可廢。」

「自然不可廢，老娘囊中，有人呢。年前呂台薨，朝野都嘆可惜。幸而有長子呂通，人如其名，堪稱通達，便去接那燕王位吧，為我守北邊。」

諸臣聽了，面面相覷，沉默有頃，只得錯落讚道：「太后聖明。」

於是，至十月新年，便有詔下：立東平侯呂通為燕王，呂通之弟呂莊為東平侯。

至此，劉邦所生八子，多半凋零。僅存活二人，一為代王劉恆，與薄太后相依為命，屈居代地；一為淮南王劉長，係趙姬所生，由呂后撫養大，因而得存活。

如今算起來，加上齊、吳、楚、瑯琊、常山、淮陽、濟川等諸王，劉氏子弟及孫輩仍有九人為王，看似人丁興旺，實則多為弱枝，分散四方，全不成氣候了。

呂后問政，至今已有八年。其間苦心布局，或廢或立，致使後少帝形同木偶。呂氏子姪遍布內外，其中已有三人為王，即梁王呂產、趙王呂祿及燕王呂通。其中呂產、呂祿兩人，因高踞朝中，權勢尤重，與審食其勾連，已成難以動搖之勢。

如此，呂后既不敢公然坐龍廷，亦不欲還政，專以劉氏為表、呂氏為裡，將子姪親信四處安插，以便來日可放心離去。

皇孫拔劍，波濤洶湧浪清

上文說到，歷經八年經營，呂后權勢，已如泰山之固。三個趙王的厄運，如陰霾壓頂，令劉氏子孫心驚膽寒，紛紛蜷縮避讓，或隱忍於僻地，或甘心為附庸，鮮有如前少帝劉恭那般硬頂的。

然凡事都有例外，劉氏子孫中，竟然有一人，既受呂氏賞識，又心懷除呂大志，遊走於朝中，如魚得水，可謂太后稱制時的奇觀。

此人年方二十，生得儀容俊美，膂力過人，是個極好的才俊。他不是別人，正是朱虛侯劉章，乃齊悼惠王劉肥的次子。前文表過，那劉肥，雖庸碌了一生，卻是生有九子。他病歿後，長子劉襄襲了齊王。呂后放心不下劉肥這九子，每思之，便覺是虎狼成群。及至見到劉章英氣勃勃，呂后眼前就一亮，心下也喜歡，便做主將呂祿長女呂魚許配給劉章，又封他為朱虛侯，調入長樂宮做宿衛。其弟劉興居，也因此沾光，於數年後亦入都任宿衛，且封了侯。

那呂后做主的劉、呂婚配，夫妻多不諧，呂氏女猛如雌虎，乖張橫霸，先後逼死了兩位趙王。然呂魚與劉章，卻偏就恩恩愛愛，情同魚水。這一番情景，呂祿看在眼裡，只道是招到了一個佳婿，心中歡喜，對劉章格外高看一眼。呂后也喜劉章英俊伶俐，直將他當作「弄兒」[25]一般。起居坐臥，常喚劉章來侍衛，方才安心。

劉章豈能不明大勢，原本他是想：太后定下的媒妁之婚，既然不能違逆，便作權宜之計，討好了呂氏女再說。哪知弄假成真，小兩口真的

[25] 弄兒，供人狎弄的童子。

就恩愛起來，劉章心中暗喜，一面借渾家之口，哄得太后放心；一面暗自韜晦，為光大劉氏埋下伏筆。

且說有一夕，劉章入宮侍衛，正逢呂后置酒高會，款待劉呂宗親。各支宗室，絡繹入長樂宮正殿，萬頭鑽動，竟有百位之多。劉章抬眼一看，內中竟多半為呂氏子姪。

看諸呂意氣飛揚，似天下已改姓了一般，劉章心中便冒火，手按劍柄，僵立半晌，才忍下氣來，只想尋個機緣，要煞煞諸呂的威風。

他剛侍立片刻，呂后便一眼看到，揚手招呼道：「章兒，過來！」劉章連忙上前，拱手一揖道：「太后請吩咐。」

呂后拉過劉章，滿面喜色道：「今日高會，飲宴自家人。你來做酒吏，為我監酒，哪個不飲，便是折老娘面子，你須狠狠責罰！」

劉章心下一喜，便有了主意，慨然道：「臣本將種，奉太后之命監酒，請比照軍法從事。」

呂后只道劉章是撒嬌邀寵，便摩挲他頭頂道：「好個將種！今日酒會，無有詔令；你出言，便是詔令。誰敢不從，行軍法便是。」

劉章得令，便掣出劍來，雙目炯炯，環視殿中，高聲道：「諸位聽清，今日飲酒，不可敷衍矇混，否則軍法從事。」

諸宗親只道是戲言，都嘻嘻哈哈道：「今日須強飲了，否則頭顱不保呀！」

待眾人陸續就座，謁者一聲唱喏，樂工將絲竹奏起來，便有宦者魚貫而入，為眾人斟酒。

呂后舉杯，環顧滿堂道：「天下者，我宗室之天下，在座者不可糊塗。哀家昔年隨高帝，殺伐征戰，實屬不易。丁壯也不知死了多少，方得了這天下。至高帝殯天之前，仍有兵燹，其餘可想而知。所幸哀家稱制後，四海無事，或為天意也未可知。今日大宴宗親，便是要劉呂兩家渾如一體，不分彼此，勿使天下移作他姓。鼎革之事，血流漂杵，也是慘得很，可一而不可再。我輩今日尚在世，便是上天眷顧，今後諸事宜協同，莫因自相殘殺而失了天下。」

在座諸宗親聞言，都齊聲喊好，一同舉杯，賀呂后長壽。

如此酒過三巡，席上喜氣便愈濃。劉章見勢，上前一步，向呂后請道：「臣願以歌舞助興。」

呂后含笑道：「難得盛會，章兒，你且好好歌舞一回。」

劉章獲允，便披一身軟甲至殿中，手持長劍，歌之舞之，跳了一回「巴渝舞」。只見他簪纓如火，劍芒如蛇，左右騰挪，靈巧如猿猱。呂后看得心喜，擊節讚嘆，諸宗親也大讚不止。

一曲舞罷，滿堂喝采。呂后喜極，幾欲泣下，對眾人道：「章兒所歌，甚是好！高帝在時，常聞此曲。自他走後，竟有十餘年不曾耳聞了。」

劉章便又請道：「臣願為太后唱《耕田歌》。」

呂后便笑：「崽兒，才誇你兩句，便又耍狂了！你父幼年在沛縣，尚知耕田；你一出世，便是皇孫，哪裡知曉耕田？」

「臣亦知耕田。」

「唔？那好，就算你也知耕田，且為我歌吧。」

「遵命！」劉章望了一眼呂后，便挺直身，高歌起來。歌詞曰：

深耕溉種，立苗欲疏；非其種者，鋤而去之。

此曲一唱三嘆，迴環往復。尤其「非其種者，鋤而去之」一句，越唱聲越高，尾音竟凌空而上，久久不散。

座中諸人聽了，都起身叫好，大讚不止。

呂后卻聽出劉章所唱，是暗諷剪除劉氏子弟事，心中便不快，欲當場責問，又覺不妥，只好裝作不解，默然無語。

劉章歌罷，諸宗親喧嚣愈甚，直呼「拿酒來」。宦者又魚貫而入，逐個斟酒。如此飲了數巡，便有人東倒西歪，顯見得是大醉了。

一片雜沓中，有一呂氏子弟，不勝酒力，眼看宦者來添酒，便欲趁亂潛出殿去，脫席溜走。劉章看得清楚，哪容他跑掉，立即持劍，追下階去。那人酒已半酣，腿腳不快，劉章三步兩步追上，喝問了一句：「膽敢脫逃耶？」

那人嚇得酒醒了一半，轉身欲賠罪，忽聞劉章厲聲道：「已奉太后令，今夜監酒，以軍法從事。你擅自逃席，藐視軍法，當立斬！」

那人大驚：「怎麼，不飲酒，也當斬？」

劉章一把拽住那人衣領，道：「不錯。軍法豈是戲言？恕我不敬了。」言畢，將那人按在地上。那人正待喊叫，劉章便猛一劍下去，斬下了他頭顱來。

此時殿上諸人已醉眼迷離，皆未理會階下之事。劉章便一手提首級，一手提劍，步入正殿，高聲道：「適有一人，違令逃席。臣已依軍法處斬！」

眾人循聲望去，但見劉章左手上，正提著一顆血淋淋的人頭，不禁都大驚，滿堂立時鴉雀無聲。

呂后亦吃驚不小，鳳眼圓睜，直視劉章，良久不作聲。

劉章卻鎮定自若，手提首級，向四面宣示，而後將那首級一拋，正落在那人的空席上。眾人不由驚呼一聲，紛紛退避。劉章則從容收劍，向呂后一拱手，奏道：「臣執法已畢，酒會可重開。」

呂后心中冒火，幾欲發作，然想到既允了軍法從事，便不好反口，只得強忍怒氣道：「你看你看，哀家一念不周，話音剛落，便又砍殺起來了！今日事……砍便砍了，下不為例。我死後，你們再隨意砍殺也不遲。」

張釋聞呂后此言，連忙傳令道：「諸臣請就位，重開酒會。」

呂祿眼見這一幕，也是心驚，然終究是自家女婿所為，不便多言，只得低頭不語。呂產卻氣不過，面露怒意，起身道：「臣甚感不適，不能奉陪，這便告辭了。」

他話音一落，便有十數人也相繼站起，聲言告辭。

呂后望望眾人，一拂袖道：「今日便散了吧，都不要再生事。若將老娘氣死，看你們如何收場！」說罷，便也起身離席，轉入後殿去了。

諸宗親見呂后離席，便都起身，紛紛朝殿外走去。只見劉章面不改色，隨眾人之後，也大步走下丹陛。諸呂見了，都紛紛閃避，不敢多看一眼。

劉章回到家，呂魚見他一臉殺氣，吃了一驚，忙問緣故。劉章將方才監酒事講了，呂魚大驚：「夫君，殺了呂氏子姪，這如何得了？」

「太后尚未責備，你有何懼？」

「……人家要害你，手腳豈能做在明處？你命危矣！我今夜便要去見阿翁。」

劉章一笑，也不阻攔。那呂魚確也好生了得，要了夜行符牌，便親自御車，直赴呂祿府邸。

見了呂祿，那小女也不多言，只是跪在地上哭。呂祿正惱恨劉章，氣還未消，一臉都是嚴霜。見女兒悲泣，心中又不忍，思忖片刻，才道：「你嫁得一個好夫君！罷了罷了，回去吧，我自會在太后面前說情。」

此事之後，呂祿因劉章之故，受了族人許多白眼，本欲斥責劉章一番，然想到女兒，也只得忍下了，但求小兩口恩愛便好。

經此次飲宴，諸呂個個膽寒，都盼呂后能發雷霆之怒，誅了那劉章。哪知多日過去，呂后並未責罰劉章，反而寵信如故，諸呂不由就疑慮叢生，氣短起來。劉氏子弟則反之，聞說劉章斬了呂家人，都心中暗喜，只為劉章捏了把汗。

隔了數日，劉章正在家中休沐，見司閽忽然奔進，報稱陳平丞相來訪。

劉章心中一動，面露喜色，急推司閽道：「快去迎丞相下車，我這便到大門恭迎。」

當下，劉章便整好衣冠，恭恭敬敬迎於侯邸門內。

陳平見了劉章，不容劉章施禮，一把便拽住他衣袖，連聲道：「虎子，虎子！劉肥兄好福氣，竟有如此虎子。」

兩人步入正堂坐下，劉章又喚出渾家來見過。那呂魚見是丞相光臨，心中暗暗吃驚，寒暄過後，便退至內室，躲在屏風後偷聽。

劉章遂向陳平一拜，道：「丞相光臨敝舍，實不敢當，有何吩咐，下官當效犬馬之勞。」

陳平道：「朱虛侯客氣了。你入都後，尚未來你府上敘過。當年在軍中，你不過是個小兒，匆匆十餘年，竟成虎將一員，甚是可喜呀！」

劉章連忙致謝，道：「有勞丞相登門下問，下官不勝榮幸。」

陳平問了侯邸大小、房宅幾間、僕從若干，而後又問到身體如何。劉章一一作答，拍拍胸膛道：「在下別無長技，肉還吃得幾斤。」

陳平便笑，又閒聊了些天氣，便起身告辭。臨別，在門口稍停步，殷殷囑道：「小將，也須保重。」便深深一揖，登車而去。

劉章回到內室，呂魚便問：「丞相今日來，倒是奇了，如何說了些不鹹不淡的話，便走了？」

劉章佯作不解，撓撓頭道：「這個⋯⋯我也不知。那班功臣，人漸老，言談亦多不明其意。」

隔了沒兩日，司閽又報，有太尉周勃來訪。劉章便一驚，連忙迎出中庭。

周勃入得堂來，與劉章相對而坐，半晌未發一語，只將那室內陳設細細打量。臨了，忽問了一句：「小將軍，身體可有恙？」

劉章忙答道：「謝太尉掛心，下官並無恙。」

周勃便道：「無恙便好，無恙便好。老臣路過，打擾小將軍了。」說罷，起身便告辭。

劉章也不挽留，親送至大門外。周勃正要登車，忽又駐足回首，目視劉章。劉章心中一凜，想了想，便一揖道：「下官自當保重！」

周勃這才頷首微笑，拱了拱手，登車而去。

此後數日間，又有灌嬰、張蒼等文武重臣，陸續造訪，也都是言不及義，坐坐便走。

呂魚便大惑，拽住夫君問道：「你近日未封未賞，禍倒惹了一堆，那文武諸臣，為何倒是蜂蝶兒一般，相跟著來做訪客？」

劉章暗暗心驚，連忙敷衍道：「我哪裡知？想必是太后賞識我，諸臣亦趨附罷了。若不是太后推重，公卿豈肯屈尊來咱家？」

呂魚聞之，頗覺有理，也就不再追問。劉章便將那心機深藏，每每與諸臣相會，數語之間，都彼此會意，要伺機舉大事。

隔日，呂魚又稍起疑心，嬌嗔道：「諸臣之意，你豈能不知？只哄著我一人罷了！」

劉章連忙搪塞道：「功臣都已老，巴結小輩，顯是氣數已盡了。」如此哄著，一面卻在心中暗笑。

又數月過去，見劉章安然無事，劉氏子弟便都揚眉喜笑，互相走動，聲勢大振。

朝中諸臣見了，也扯起順風旗，紛紛依附劉章、劉興居兄弟。原已傾斜之政局，竟稍稍有所回擺。

且說那呂后之妹呂嬃，得封臨光侯，消停了幾年，近日見右丞相陳平勢大，不免勾起舊恨，又想進讒。這日入宮謁見時，忽對呂后道：「姐夫在時，用蕭何治天下，四海安泰。阿姊問政，卻用了個陳平……」

呂后不同於呂嬃，到底以治天下為重，此時倚賴陳平，反倒甚於審食其許多，聞此言，便面露不悅，問道：「我用陳平，又如何？四海便沸騰了嗎？」

「那陳平做了右相，初起尚可，近年阿附者多，權勢漸盛，便只知醇酒婦人，越發沒個樣子了。朝中重臣，品行不端，只怕阿姊也要被人戳脊梁呢。」

「哼，我坐這龍庭，做好做歹，都會有人戳脊梁，莫指望眾心皆服。倒是陳平他耽迷醇酒婦人，我甚是放心。」

「為何？這……我便不懂了。」

「朝中眾臣，若行事都似魯儒，一板一眼，你我焉能在大殿上議朝政？」「哦？」

「陳平豈能不知，他所得好處，係何人所賜？若想長享樂，便要知呂字如何寫。你說，他既愛醇酒婦人，還敢懷有異心嗎？」

呂嬃卻不服，喃喃道：「自古做官便要正，怎的到了阿姊這裡，做官也須是歪的？」

呂后瞄一眼呂嬃，笑道：「你且說說，自古女子，有幾個能封侯的？阿娣論事，不要只揀有理的說！」

正在此時，有謁者來報，稱右丞相陳平求見。呂嬃聞之，起身便要迴避。呂后伸手拉住呂嬃，道：「你且坐下，聽聽我如何問政。」

少頃，陳平趨入，猛看見呂嬃在側，不由一怔，忙向兩人施了禮。呂后笑道：「丞相莫怪，吾女弟進宮來，不過說說平常話而已。你有事，不妨坐下說，不礙事的。」

陳平所奏事，原是入夏以來，江漢兩水暴漲，水患所及，流走萬餘家。陳平講明災情，便向呂后討教賑濟事。

呂后偏頭思忖半晌，道：「人禍消弭已久，天災卻不絕，莫非天公也來逼我？哀家之意，各地官庫雖不充盈，然亦須賑濟。那流民可憐，不可佯裝不知，先要有食，後要有居。」

「有食不難，郡國皆有藏糧；唯有居室，甚棘手。」

「棘手亦須做。丞相之用，便是用在這上面！上古那始祖，名兒叫個『有巢氏』，便是使民有居。我漢家行仁義，怎可以使民無居，教那有巢氏在天上笑？」

「太后所言極是，臣當竭力，務使流民有居。」

「令郡國籌錢，勸富戶捨財，發丁壯相助，這都是解救之道，你自去籌劃吧。」陳平應道：「太后既明示，臣心中亦有數了，當極力賑濟。」說罷便要告退。

呂后卻擺手道：「且慢，稍坐坐不妨。丞相，今吾女弟在，吾有數語，要囑咐你。市井有諺曰：『兒女子之語，不可聽。』君為丞相，循例做事，呂嬃若有何話說，你無須聽。我但信君，不信他人。」

此語一出，呂嬃與陳平都大窘。呂嬃當下以袖掩面，陳平則惶恐萬分，叩首道：「臣不敢！昔年為奉先帝詔，驚到了樊相，罪無可赦。」

呂后揮揮袖道：「你扯到哪裡去了，哀家今日所囑，絕非戲言，丞相請退吧。」陳平連忙謝恩退下，這邊呂嬃聞聽他走遠，才哇的一聲哭出聲來。

呂后也不勸解，只冷眼瞄著呂嬃哭泣。僵了片刻，呂嬃自覺哭得無趣，便起身拭淚道：「阿姊一問政，便不似往日了，只信那些粉面郎。滿堂上下，哪個不似宋玉？那些粉面郎，當得飯吃嗎？遲早我呂姓人，都要死在粉面郎手中。」

呂后忽也氣上心頭，叱道：「呂氏若不想死，也須稍加收斂才是！我在，爾輩個個權勢熏天；我若不在了，何人還能看你臉面？」

「莫非姊妹至親，倒不如外姓親了？」

「用人是用人，豈是論親疏？我固然與你親，如骨肉之不可分，然你可知掌兵嗎？可知治國嗎？你便說與我聽——那周勃、灌嬰、張蒼、周緤、徐厲，哪個是粉面郎？即便天下改姓了呂，那官吏也不能皆姓呂。你且回吧，好自省思，不要潑婦似的來罵。」

「好好！阿姊，我今日方知：這長樂宮，竟不是吾姊妹的長樂之地。

你儘管安心，我不會再來了，只在家中做個守財老嫗，免得人看到生厭。」說罷，扭頭便跨出了門，一路抽泣而去。

呂后眼看呂嬃掩面走遠，也不挽留，仰首想了想，便喚了宣棄奴來，吩咐道：「去囑少府，為臨光侯邸送去五百金。」

宣棄奴忙問：「太后有諭旨嗎？」

呂后略略一笑：「無須言說，送去便是。」

又過了半月，春意漸濃時，呂后覺身體愈加虛弱，忽而想道：呂嬃所言，也並非無端生事，總還有迴護呂氏之意。然環顧諸呂，已各占要津，不便再貿然加封了。

如此想著，臥於榻上，望見窗外綠意，呂后便生出些孤苦之感。想到自家一對兒女盡都早死，連那女婿張敖也死了，不由就流淚。張敖與魯元的嫡子張偃，雖封了魯王，此時卻還年少，父母雙亡，正是孤幼無助。於是，便起身喚來宣棄奴，傳令中涓下詔，將張敖與前姬所生的兩子——張侈、張壽，都封了侯，以輔佐魯王張偃。

同日，又下詔：加中謁者張釋為建陵侯，位在列侯，可出入太后臥室領旨。又加封所有閹宦為關內侯，倚之為心腹。

經此一番安排，呂后仍不能拋卻心事，總覺呂氏天下有飄搖之感，然想想已盡了人事，也不知該如何再使力。

那邊廂，陳平也正心事重重。呂后雖已當面斥責呂嬃，以示籠絡，然陳平心中仍是惴惴，想到呂氏枝葉已漸盛，自己這右丞相，便做得尷尬，事權屢屢被侵奪，竟是朝堂上一個擺設了。看來，應早謀應對之策才是，不然禍將及己。如此一想，不由便發起愁來。

環顧海內，可用之才或凋零或隱沒，全不成陣勢，重臣如周勃等亦不吐真言。若想遏制呂氏，竟然無一人可以共謀了。

平日裡，陳平本就酗酒，而今更加頹唐起來，每隔三五日，便要大醉一場。卻未料到，此刻有一位老臣，正想與他商議平呂之計。

此人便是老夫子陸賈。自惠帝登位之後，陸賈眼見呂后專權，天下已是要改姓的樣子，自覺無力與之爭，便託病，辭去了太中大夫職，一心要隱居起來。當其時，老妻早已病歿，家中有五子，便率了這五子西行，去尋個隱居處。

向西走了一百餘里，路過好畤，望見有座九峻山，便覺此處山色甚幽，可以隱居。於是喚五子至膝前，吩咐道：「阿翁不善聚財，家無寸土，僅有南越王所贈財寶，或值得千金。爾等拿去平分，各自去謀生好了，若買賣有盈餘，便輪流送些飯錢來與我。我自有劍一柄、車一乘、馬四匹，居於好畤山中，偶爾雲遊，正為平生之快事。兒郎們以為如何？」

長子便道：「阿翁豈能獨居？可居吾家。」

陸賈搖頭道：「人世齷齪，爾等仍孜孜以求，不覺饜足。然阿翁我已看夠，不欲心上蒙塵，只想登仙，小子就無須再勸了。」

五子雖是放心不下，卻也不便勉強，只得平分了財寶，各奔生計去了。餘下陸賈一人，帶了兩個僕役，在好畤賃了屋，布衣蔬食，悠遊林下。鄉人不知夫子是何人，只疑是碩儒來此安家，竟有攜童稚前來求教識字的，陸賈也含笑應下。

春日桃杏花開，夫子率了農家稚子，濯足水畔，沐風陌上，琅琅誦讀《論語》，大有孔門之風。然每隔十天半月，必乘車赴長安，去拜訪舊僚。

陸賈善辯，與人談，滔滔不絕，大小舊僚均喜他來訪。久之，各府閽人皆識得陸夫子，不須通報，便可昂然直入，連那右丞相陳平府上，亦是如此。這日，陸賈來至丞相府，司閽自然放過，他便直入內室。

時陳平正在內室獨坐，冥思苦想，不知該如何保全自己。待陸賈入，陳平竟視而未見，陸賈便一笑，拱手道：「丞相，何思之深也？」

陳平愕然抬頭，見有客至，連忙起身道：「得罪，原來是陸生來了。」便邀陸賈入座。

兩人坐下，陳平便道：「陸生，你猜，我所思為何事？」

陸賈道：「陳平兄位列上相，食邑三萬戶，可謂極盡人間富貴也。當此際，應無悔無欲。然以我觀之，足下滿面憂思，必是因諸呂勢大、主少國疑而致。」

「正是如此。夫子知我心，然怎奈何？」

「丞相且聽腐儒一言。人皆曰：天下安，重在相；天下危，重在將。將相和，則群僚依附，人多勢眾，即使天下有變，權亦不分。權既不分，社稷之大計，便在將相兩人掌中，他人不可窺伺。」

陳平略感驚異，問道：「夫子是在說太尉？」

陸賈頷首道：「不錯。在下常訪太尉周勃，天下之事，亦曾與他說到過。然太尉與我太過相熟，每見，他必屢出戲言，不以為意。君為丞相，令出如山，何不交歡太尉，深相結納。如此，將相共謀，天下事何患不濟？」

陳平面露難色，起身一揖道：「惜乎吾與周勃，略有嫌隙，欲交好怕是不易。今謀大事，為何要拉上他？還請先生指教。」

陸賈連忙起身，拉陳平坐下，含笑道：「君與太尉有何隙，在下怎從未聞說？」

陳平臉便一紅，道：「我早年投漢，周勃曾向高帝進言，劾我收取僚屬賄金，又誣我盜嫂……」

陸賈便大笑不止，險些笑出眼淚來：「丞相，這些陳糠爛穀之事，還提起來做甚？周勃乃武人，早年受人慫恿，妒你白面郎做了高官，亦屬常情，萬不可記恨在心。太尉到底是忠厚人，絕不至與足下為難。」

陳平也覺尷尬，便道：「夫子，你勸我聯結太尉，道理何在？」

陸賈左右看看，方低聲道：「諸呂羽翼，如何比得上丞相之勢？彼輩能震懾京畿者，唯南北軍而已，故丞相必借太尉之力，事先謀劃，適時奪下南北軍之權。南北軍若歸順，則百僚再無疑慮，皆願群起相從，平呂之計，又何愁不成？」

陳平大悟，連連致謝道：「夫子在野，仍心存廟堂，難得難得！若事成，實不知當如何謝你。」

陸賈聞言，便低頭略作沉吟，而後道：「事若成，群情激奮，當誅者恐不唯諸呂，凡依附諸呂者，命皆危矣。然朝中諸臣之間，恩怨交錯，不可判然兩分。來日平呂，應止於呂氏一門，不事株連。屆時，我或為親朋故舊講情，還望丞相寬大為懷。」

陳平道：「這個自然。今日聞君之言，如開心竅。待事成，夫子的情面，我豈能不顧？」

送陸賈走後，陳平立即依計行事，命家老取出五百金來，送往太尉府，為周勃賀壽。

周勃在府中聞報，心中納罕，連忙出來查看。見果然是陳平家老登門，便道：「周某當不起丞相如此抬舉，你且攜回禮金，我自會寫信答謝。」

那家老卻不動，只拱手道：「太尉，丞相交代之事，小臣不得不從。太尉若堅辭不受，可另請他人送還，恕小臣不能攜回。」

「我焉能無端受丞相之禮？」

「我家丞相，想來不會無端，或有求於太尉也未可知。太尉先請收下，容小臣告辭。」說罷，轉身便帶著從人走了。

周勃瞟一眼堂下，見五百斤金錠堆得整整齊齊，心中不免疑惑，與左右道：「丞相意欲何為？莫非看上我周家女子了？」

正進退兩難之際，閽人忽又來報：「丞相陳平有請柬送來！」

周勃忙接過請柬，拆開來看，原是陳平在府中設宴，專邀太尉對酌。看罷，周勃覺陳平似頗有誠意，便不再疑，吩咐下人道：「這五百金，暫且收下吧。」

至約定日，周勃親臨陳平府邸，陳平迎出門來，於正堂開宴，備極隆重。宴席上，陳平只談享樂，不涉其他。在這半日裡，飛觚流觴，樂聲繞梁不止，兩人都飲得大醉方罷。

周勃酒足飯飽，回府後，甚是感念。未及五日，便以同等酒宴，回請陳平。兩人一來二往，漸漸便言及國事，都露出伺機平呂之意。

周勃以拳擊案，嘆道：「天無日，實在難熬。」陳平便勸道：「莫急。待此日落，彼日方出。」周勃會意，轉而一笑：「正是！」

兩人便擊掌為盟，心中都有了數。宴罷，周勃也送陳平同等厚禮，陳平欲不納，周勃便道：「不為別事，謝足下來訪，令我猛醒。若足下不來，我終將隨波逐流矣。」

陳平結交周勃之後，忽又想起陸生來，便遣人往好畤，送去奴婢百人、車馬五十乘，囑陸賈要多多結交百官，伺機興劉。

陸賈慷慨從命，遂奔走於公卿府邸之間，凡談得稍微入港者，便勸人助劉滅呂。眾臣本就厭惡諸呂，經陸賈一說，都願為扶劉出力。

這日，陸賈想到中大夫曹窋，為曹參之子，必與呂氏有隙，又常在宮中值守，將來定有大用，須刻意籠絡，便登門去拜訪。

曹窋見陸賈來訪，心中亦有數，忙迎入密室，屏退左右。

陸賈便道：「賢姪，令尊過世之後，便沒來看過你，匆匆十年，光陰也是快。如今世事更易，奇葩異草遍地，不知故舊之子，是否還如舊？」

曹窋略一思忖，便答：「舊也未必朽，新也未必不朽。小姪倒一向是念舊的。」

陸賈笑道：「老夫是舊人，許多事是有心無力了。可知，漢家河山，皆為高帝與令尊輩一刀一槍搏來。若在賢姪手中失卻，你輩是當不起的。」

曹窋便面露凜然之色，回道：「世伯，無須憂心。小輩雖未弄過刀槍，然不會輕易任人宰割。」

陸賈聞言，心中便豁亮了，仰頭大笑道：「虎父，果無犬子。世事，可以不平，然不可以顛倒。今日是如何顛倒過去的，明日便要如何顛倒過來，不過是那些躁進之徒，搭上幾條性命而已。」

曹窋兩眼炯炯有神，贊同道：「然也！撥亂反正可待，且為期不遠。」

陸賈大喜，豎拇指道：「智者無須多言。賢姪便請留意，撥雲見晴之際，還望襄助。」

曹窋便斬釘截鐵道：「願為內應，以迎王師。」

陸賈不由朗聲大笑：「須待日落時，方可動手。」

曹窋會心，便一笑，大聲喚從人拿酒來，兩人即酹酒為盟。

出了曹窋府邸，陸賈又來至朱虛侯邸叩訪劉章，又是一番如法炮製，亦得劉章慨然允諾。

經此一番奔走，陸賈之名鵲起，公卿中願跟從者甚眾。劉氏之勢，不知不覺竟由弱變強起來。

那呂產、呂祿，妄自尊大，以為深結黨羽，權勢已固，便不信世間還會有強敵，舉措往往失當。雖也知陸賈喜好東遊西竄，但又想此人好歹與審食其為摯友，或不致為敵，便未加留意，竟令陸賈輕易得了手。

齊魯動盪，戰鼓鳴軍聲壯

這年春上，呂后常犯心慌，眼皮跳動不止，枕上便睡不安穩，只是唉聲嘆氣。至三月中，依例要赴霸上渭水邊，行「祓禊」[26] 大典。呂后舉著銅鏡，端詳半晌，對宣棄奴道：「天下已安，我卻無一日得安。我做善事，是為萬民，世人有誰能知，後世又有誰肯信耶？」

宣棄奴忙勸慰道：「太后想多了。太后之功，不輸於高帝。且高帝在時，時有諸侯反；太后臨朝，則郡國心服，四方無事。顯見得太后功勞，前世無人可及。」

呂后便笑道：「不是我能勝高帝，是天下已無英雄了。治天下，好比治家，要那些逞能之徒何用？能循規蹈矩，便是好。」

「太后說得是。高帝若能見今日，也定是心喜。」

「雖說稱制不易，我到底對得起劉家，也對得起呂家了。」

宣棄奴想了想，又道：「不止於此。天下萬姓，太后都是對得起的。」

呂后便大笑：「明知你這是阿諛，聽來也還是順耳 —— 哀家做了事，總不能白做呀！」

宣棄奴忙道：「太后太過操勞，小的們都心疼。渭水大典在即，除凶祈福，還要有一番操勞，這幾日，太后還請好好將養。」

如此，祓禊大典前，呂后便在宮內齋戒了三日，焚香沐浴，將身上弄得清清爽爽。

---

[26] 祓（ㄈㄨˊ）禊，古代春秋兩季在水邊舉行的祈求福佑的祭禮。

高后八年（西元前 180 年）三月上巳，乃祓禊之日，一清早，大隊鹵簿即浩浩蕩蕩出城，東赴霸上。

長安百姓已多時不見大駕出行了，都奔出家門來看，一路觀者如堵。呂后一身盛裝，強打起精神，端坐於黃蓋戎輅車上。百姓遠遠望見，歡聲震天。

呂后環顧左右，心頭略喜。又見身後呂氏子姪，人人高頭大馬，簇擁而行，便更是得意。此時諸臣也都欣欣然，唯審食其一人鬱鬱寡歡，呂后見了，便甚覺奇怪。

至渭水，天色已晚，君臣露宿了一夜。次日晨起，眾人走出帳幕來，見水畔早已矗起九尺高臺，四周遍植松柏。群臣來至臺下，分席入座，不多時，便有樂聲響起。但見少帝劉弘，頭戴十二旒冕，身佩白玉，由奉常楊根引導，直接步向臺頂。

臺下，百官見天子出來，皆高舉雙手，避席俯首。少帝緩步登至臺頂，筆直站定，大行令便向臺下唱道：「起！」百官這才起身，各歸其位。

此時，有宦者持酒觴，步上臺階，呈給少帝。少帝手便一揮，將酒酹入渭水，以為祭禮。此後，各皇子皇孫依次上臺，亦灑酒祭之。

酹酒禮畢，群臣皆伏地而拜。少帝便緩緩步下臺階，為百官分賜胙肉。待眾臣食畢，大禮方告成。少帝換了衣巾，大隊人馬便又重張旗幟，浩蕩返城。

路上，呂后將審食其喚至近前，問道：「左相，春日郊行，人皆有喜色，如何你獨自不歡？」

審食其勒馬道：「不知為何，臣近來心甚不安。雖朝野氣象博大，遠勝於高帝基業，然微臣只覺 —— 座位下就是個湯鑊！」

呂后遂仰頭大笑：「左相過慮了。呂家子姪今已成強幹，與劉氏枝葉相連。山河之固，甚於高帝時，不知何事能燙了你屁股？」

「只恐盛大之世，頃刻間冰消瓦解。」

「焉有此理！哀家自問政以來，無一日不在用心，只悟得一個理來，即是：漢家之危，唯在外患。前年匈奴擊狄道（今甘肅省臨洮縣），去年趙佗侵長沙，皆小恙也。今南北之敵，已無力與我做生死纏鬥，漢之天下，無大患矣。」

「非也，禍恐在宮牆內外。」

「哦？」呂后雙目灼灼，似有所思，稍後才道，「此事不必再提了。倒是你，與陸老夫子可有結交？」

「臣素來與陸賈友善，近年走動更勤。」

「那便好！呂氏子姪大勢已成，哀家這裡，你可以少操些心了。我送你一個為臣之道 —— 不樹私敵，便可保全。」

審食其心頭一熱，幾欲淚下，忙謝恩道：「臣之得失無所謂，太后須保重。」

兩人正說話間，車過軹道[27]地方，有亭長率父老數十人，夾道迎送。呂后朝父老們招手，見百姓衣衫敝舊，便對審食其道：「出長安，僅二三十里，便可見鄉閭貧瘠，看來，所謂『三代之盛』，你我都看不到了。」

說話間，呂后便命車停下，下車面詢亭長及三老諸人。

二人上前，與父老們逐個揖過，忽見一位三老面熟。呂后與審食其對望一眼，同聲驚呼：「曹⋯⋯國舅！」

---

[27] 軹（ㄓˇ）道，此處是指「軹道亭」。軹道即是秦時馳道之一，從渭水南至長安橫門，穿過北城，宣平門東出，過灞河。

那老者抬頭，果然是當年櫟陽酒肆所見之人。老者亦頗愕然，忙一揖道：「不敢！在下曹無妨，遷居於此，為鄉民推為三老。當年櫟陽偶遇，竟不知……這廂見過太后、丞相。當年相遇，小民十分唐突了。」

呂后便道：「哪裡，既是故人，便不必客套。如何從櫟陽遷至此處？」

「回太后，昔日咸陽，兵連禍結，百姓逃散一空。蕭丞相起造長安城之後，櫟陽百姓即多遷徙至此。老夫故舊星散，耐不住寂寞，便也跟來了。」

「也好也好。當年說起這……『國舅』來由，只不知令愛可曾尋到？」那曹無妨便是一震：「此等細事，太后竟也未忘？」

呂后瞟一眼審食其，笑道：「哪裡忘得了，前朝『國舅』嘛！」

曹無妨也忍不住笑：「蒙太后垂問，小女當年九死一生，逃至上郡，嫁了人，前年方有路資歸寧，總算得見，如今倒也好好的。」

「哦，那便好。當年酒肆中，長者曾有教誨，老身經年也不曾忘呢。我本信黃老，不喜孔孟之說，先生則教我孟子所言，銘感至今。先前只覺那老孟，與孔子無異，惶惶如喪家之犬，所主張者，玄虛過甚。然聞國舅指點，方知與民同憂樂，乃山河永固之韜略。先帝殯天後，我秉政十五年，更覺老孟之苦心。看如今世道，民是否更少憂？」

「太后垂治之功，自不待言。然人主事功，就似婦人所用銅鏡。在上者，喜撫其面，甚覺光潔；在下者，則惡其背後甚不平。太后所自得者，鏡面也；百姓所憤者，鏡背也。漢家天子一向所慮，為民之倉廩。然天下事，不唯倉廩一節，首要者，仁也。孟子曰：『天子不仁，不保四海；諸侯不仁，不保社稷。』故老夫以為，飽腹，不過事功一尺；為仁，才是功高千仞。太后，以今日論，天下事，可稱仁乎？」

呂后便面色大變：「公以為我不仁乎？」

那曹無妨忽然跪下，伏道地：「臣並無此意，然……民間皆懷趙王！」呂后臉忽地漲紅，審食其也大驚，欲拉呂后退走。

呂后不肯走，凝視曹無妨片時，方揖謝道：「終有敢忤我者，使我知有虧。謝了！」言畢，轉身便走。

上得戎輅車，呂后一路鬱鬱寡歡，良久，方嘆息道：「我為政，其不仁乎，弄了這許多年？」

話音剛落，忽見道旁荊叢中，竄出一隻怪獸來，頗似黑犬。那獸倏忽而過，低吼一聲，一頭便撞在了呂后腋下！

呂后吃不住痛，大呼一聲，險些摔倒。審食其連忙拔劍，護住呂后，然定睛一看，那黑犬卻不見了蹤影。車後郎衛聽見喊聲，皆執戟跑上前，聞說有怪獸，立時四散開來，在草木中搜索。

尋了半晌，毫無所獲。審食其問近旁郎衛道：「適才可有人見怪獸竄出？」

眾郎衛皆感茫然，答曰：「不曾見。」

呂后手撫腋下，猶覺疼痛入腑，便納罕道：「這軹道上，難道有人作祟？」審食其應道：「早年間，秦王子嬰便是在此處，素衣白馬，降了高帝的。」呂后搖搖頭道：「那子嬰，又不是我漢家殺的，他作鬼祟，怎能來害我？」

回到宮中，呂后即喚太醫孔何傷前來。孔何傷驗視傷處，見呂后腋下，已有瘀青一片，便連忙敷藥，然疼痛卻未減分毫。

見外敷無效，孔何傷又張羅要煎藥。呂后一拂袖道：「你醫術究竟如何，哀家不知，然從未聽你說過一句清楚話！我也不怪你，且退下吧。十五年前，你治死了一個高皇帝；今日，莫要治死老娘就好。」

孔何傷滿面羞慚，退了下去。呂后便吩咐，傳太史令譚平定入宮，有話要問。

不多時，譚平定匆匆而來。呂后便道：「今日大典畢，返回途中，忽有惡犬撞我，眾人卻未曾見。你且就此事占卜，問個究竟。」

那譚平定久已厭惡呂后專政，受命起卦，心中已打好主意，要嚇一嚇呂后。遂翻開《日書》[28]，查閱今日天象，閱後，故作大驚失色，稟報導：「今日熒惑守心，竟是大不吉之象。」

「你不要弄玄虛，且講，守什麼心？」

「熒惑星，滯留於心宿中不去，赤光四射，是為守心。主兵亂、旱災、饑荒，或……」譚平定忽然就嚥下了後面的話。

「你說嘛，哀家不怪罪你。」

「……或死喪。」

「好，這個我已知，你且占卜。」

譚平定便以火炙龜甲，細察其裂紋，看了半晌，神情又是一變，舉起龜甲，呈與呂后查看。

呂后問道：「此象如何？」

「鼎折足，凶。」

「鼎折足？是何意？」

「力小而任重，將有禍。」

「曆書、龜紋都看了，你所言，我半句也不懂。我只問你：那軹道黑犬，究竟是何人作祟？」

[28] 《日書》，是古人從事婚嫁、生子、喪葬、農作、出行等活動時選擇時日的參考書，書內標明每日的吉凶宜忌等。

譚平定略一遲疑，橫了橫心，答道：「是……趙王如意。」

呂后臉色便慘白，忽地想起當日，田細兒稟報，如意死前，曾哀告願做黑犬效命，於是喃喃道：「他果然不甘心，弄死了田細兒，今日又要來拉老身下黃泉了！太史，可有解脫之術？」

「有。詩曰：『彼澤之陂，有蒲與荷。有美一人，傷如之何？寤寐無為，涕泗滂沱。』便與此像甚合。那荒郊野外，趙王如意墳前，不要有女子夜哭，便好了。」

「哦，女子夜哭？莫不是……哀家知道了，便賞你百金，且退下吧。」

翌日，呂后召來審食其，告之：「昨日黑犬事，已問過太史令，是個想不到的人與我作祟。」

審食其不免驚奇：「是何人？」

「趙王如意。」

「啊！譚平定不是亂說吧？那如意，一個小崽兒，何來這般神通？」

「誰知道。譚平定囑我禳災，要賠個罪；這人情，就派給你去做吧。明日，你去尋到如意墓，好好修繕一番，算是我給戚夫人賠了罪。」

審食其聞言，怔了半晌，才喃喃道：「居然是如意！」

呂后便道：「那崽兒確也冤，皆因他娘，才不得好死。你代我去，好好祭掃一番，以禱免災禍。」

審食其領命，當下去問了宗正，知如意墓並未遷入安陵，仍在城北亂葬崗上。便率了石工、園丁等一眾雜役，去了墓地，將雜草除盡，植下松柏，重新立了石碑。

一連數日，審食其帶領數十人忙碌，豈能不驚動地方？有嗇夫、里正前來詢問，知是左丞相帶人來，修葺趙王如意墓，都驚得半晌合不攏嘴。

十日後，如意墓修整一新，碑碣巍然，四面松柏森森。審食其備了酒水果品，叩首上香，祭了一回。附近百姓有來觀望者，也不禁動容，齊刷刷地跪下，跟著審食其叩頭。

未幾，消息便傳遍長安。百官聞之，都極感驚愕，只道是審食其良心未泯。眾功臣相聚，說起此事來，都忍不住為如意灑了些淚。

審食其禳災歸來，復了命，呂后便拉住他手不放，哀聲道：「殺人多，必有報應，老來才應驗出來。近年已覺命不久長，今日，果然有如意來索命！這幾日，腋下愈發腫痛了，似有刀劍穿心，或將不能痊癒。看來，這長樂宮，我也住不得了——那戚夫人鬼魂，就在永巷，如何能放得過我？明日，我將移往未央宮住，暫避祟氣。萬一有個山高水低，也可與少帝在一處，如此，倘有大事，子姪們不用分作兩處。我移住未央之後，你便不必再來，來多了，於你無益。我若能病癒，日後再召你；我若病重不起，你自顧保命便好。」

審食其聞聽，心中大起感傷，伏道地：「太后永壽，豈能說走就走？偶染疾患，捱過了炎夏，便可痊癒，何由傷悲若此？」

呂后便搖頭，慘笑道：「哀家壽數如何，哀家自知。我呂雉，是何許人也？生於亂世，一田舍婦罷了，未料卻做了皇后，此乃一知足也；自沛縣至今，有你審郎為伴，此乃二知足也。有福若此，不能再奢望長生了，牽牽絆絆，好歹也勝過無數平常婦人。」

「太后，妳有天賜之福，豈是平常民婦所能比的？臣半生跟從妳，乃大幸。」

呂后望望審食其，溫言道：「審郎，你頭也漸白了，當年英俊，似還在眼前呢。隨我半生，也是多磨難。此刻無外人，我只要你說：平素你在朝野奔走，聞民間議論，究竟是如何說我的？」

「太后不必多慮。民間稱頌太后，皆出自肺腑，不似朝堂上那些阿諛話。」

「是如何說的？」

「說太后政令不出門，天下卻晏然。刑罰罕用，罪人稀見，民無租賦之苦，皆安心稼穡，衣食滋潤。」

呂后便吐了口氣：「天下，竟有這麼好了嗎？」

審食其便道：「民之口，如江河瀉地，他們要說什麼，無人能阻得住。」

「官吏也知感恩嗎？」

「大小臣吏，俱得休息，以無為而治民，官民皆安。故而，臣吏無不讚太后寬宏。」

「哦？這就奇了！如何我見群臣，卻多有怨恨之色呢？」

「或是為諸呂。」

呂后便仰頭一嘆：「正是！我施政一反秦政，秦政苛，我便寬懷；秦政不施仁義，我便體恤鰥寡。按理，千秋後應留美名，然諸呂封王事，惹得群臣不樂，難與我同心，後世也不知將如何褒貶呢！」

審食其朝呂后深深一拜，道：「吾起自鄉閭，知民之悲喜。太后不奪民財，民無愁苦；僅此一端，縱然千秋後，亦是聖人。」

呂后面露微笑，道：「審郎，有你，我可以瞑目了。」

審食其慌忙道：「太后尚有萬歲，臣願永隨。」

呂后望望審食其，忽就落下兩行淚來，擺手道：「你今夜，便早早歸家吧；明晨，早些入宮來，送我往西宮去。」

審食其心亂如麻，已不知如何說才好，只得流淚叩首而退。

次日平旦時分，移宮大隊便從飛閣浩蕩而過，審食其親推輦車，送呂后入未央宮。呂后居所，就在承明殿，此地高敞開闊，隔窗便可俯瞰長安城內。與少帝所居之前殿，亦相去不遠。

那少帝劉弘，今已長成翩翩少年，一早便迎候在飛閣出口，見輦車緩緩而來，急忙上前，換下了審食其，親推太后至承明殿。

隨行閹宦、宮女們忙碌了一陣，將各樣器具安頓好。呂后便對審食其道：「搬來西宮，有孫兒劉弘照拂，你就不必辛苦了。自沛縣起事，便苦累了你，我這裡總算無事了，你且在家中將養，我若不宣召，你不必來。」

審食其頓時哽咽，竟不能應對：「太后……」

呂后臥於榻上，命少帝道：「弘兒，你去送送左丞相。」少帝應命，向審食其揖道：「左丞相請。」

審食其心中頓起悲涼，知再也難見呂后一面了，只得含淚而去。至殿外，忽淚如奔湧，一步三回首，徘徊多時。

此後，呂后心如槁木，在病榻上遷延時日，覺身體時好時壞，病癒卻無望。平常所有朝政，都交陳平、周勃、呂產、呂祿去打理。四人若有事不能決，再呈報上來，呂后也懶得理，一概答覆「容後再議」。

病榻上，所見人少，耳目清淨了許多。宮內諸事，多由張釋、曹窋兩人打理。那兩人，都是清靜無為之人，一連數月，漣漪不生。呂后每日臥著，看花開花落、靜日生煙，心中便起了感慨，想自家滄桑半生，到如今，卻只餘了吃睡兩件事，這人間之事，真是難料。

身邊人，唯有閹宦宣棄奴善解人意，可以說上兩句話，呂后便常與他說起病情。

這日晨起，呂后又覺腋下劇痛，便嘆道：「這是煞氣蝕了骨肉了，藥石怎能解得？別家君王當政，多有祥瑞。我一個婦人問政，卻遇見這般惡煞，神鬼也不放過我。」

宣棄奴連忙絞起汗巾，為呂后擦臉，一面就勸慰：「太后病弱，不宜多想。那蒼狗，雖不是祥瑞，卻也未必是凶煞。天地間，生有萬物，能親見蒼狗者，萬不及一，或是幸事也未可知。」

呂后便微笑，嗔道：「你這甜嘴的話，比陳平要差得遠了，有雲泥之別！那蒼狗若不是禍，還有什麼是禍？哀家不怕就是了。這輩子，想也想了，做也做了，可以閉目了。」

宣棄奴望住呂后，呆了半晌，方道：「小的明白了，眼見敵手先走，便是大幸事。」呂后笑了笑，道：「身邊人，只你一個是明白的。」

搬來未央宮後，少帝劉弘便逐日來請安，未嘗稍懈。起初，呂后還記恨著前少帝劉恭，見了劉弘，總覺心中不快。日久，見劉弘低眉順眼，絕無冒犯，呂后漸漸也就心軟了，常笑著誇道：「你父惠帝就是個瘋癲，你卻生得好，恁地知禮！」

堪堪來至七月中，呂后忽覺病情加重，心知將要不起，便急召呂產、呂祿入宮。呂產、呂祿聞召，知大事不好，倉皇奔入宮內，跪在呂后病榻前。

呂后強打精神，雙目灼灼，望住二人道：「天將召我去，我不能不去，身後事，要交代你二人。」

呂產、呂祿都慌了，涕泗橫流道：「太后，妳不能走，我等撐不起這天下呀。」

呂后揮揮手道：「事已至此，焉有退路？朝中重臣尚堪用，遇事須與之好生商議，不可仗勢欺凌。」

呂祿便道：「那陳平、周勃，如何能靠得住？不如這便除去，以免生事。」

呂后搖頭道：「顧命老臣，係高帝再三囑託，可以安天下。今若下詔除去，雖為易事，然來日我一走，朝中人心不服，必有人倡亂，你等便要以命償之了，故萬萬打不得這主意！」

呂產望一眼呂祿，仍是疑慮，便又問道：「少帝劉弘，應如何待之？」

「我看他還聽話，及至年長，便知感恩了，必將厚待呂氏。太遠的事，我不能替你輩謀劃，且將眼前的事打理好。今日便可下詔：呂產為相國，位在陳平之上，居於南軍，嚴守宮禁。呂祿為上將軍，領北軍，拱衛京畿，北防匈奴。」

呂產、呂祿心中一凜，雙雙下拜領命。

呂后又囑咐道：「今日天下晏然，既無山賊，亦無外寇，故而誰領禁軍，誰便是真皇帝。呂產，你平日起居，只在南軍，不可離開一步。呂祿，北軍有人馬五萬，此兵一動，便地動山搖，故不可似往日嬉戲了。我這裡，有《韓信兵法》三篇，所述皆精要，你拿去，好好研習。平素只知遊獵，有事如何能掌兵？」

呂產、呂祿汗流浹背，連聲應諾。呂產心中惴惴，忍不住問道：「太后稱制已八年，群臣並未有不服。今日看太后安排，似要動刀兵一般，事有如此之急嗎？」

呂后道：「高帝病重之時，與大臣相約：『非劉氏而王者，天下共擊之。』今呂氏封王，大臣不服，不過嘴上不說罷了。我是活不了幾日了，那劉弘年少，張嫣也只是小家婦，都鎮不住，恐將生變。你二人，須領兵守牢宮禁，勿為我送喪，免得半途為人所制。」

呂祿憤憤道：「大臣果有如此膽量嗎？」

呂后叱道：「你又耍公子脾氣！我一崩，你若無兵，誰人都敢踏你一腳！」

呂祿怔了怔，臉紅道：「這一節，姪兒倒疏忽了。」

呂后又道：「領南北軍，是為威嚇天下。另一面，也須安撫好公卿百官，我崩後，賜諸侯王各千金，將相、列侯、郎吏等按級賜金，並大赦天下。臣民領了些好處，想來也不至生亂。」

呂產應道：「太后所慮深遠，姪兒當謹守。」

呂后忽又注目呂祿，問道：「你還有一女，在閨中？」

呂祿答道：「然也，便是次女呂鶩，此女幼小，尚未字。」

呂后斷然道：「就嫁與劉弘，為皇后。後宮之貴，莫過於此，呂氏一門自然也就安穩了。」

呂祿連忙叩首謝恩，想了想，又試探道：「闢陽侯可以信賴否？」

呂后便低頭沉吟，半晌才道：「審公此人，與你輩到底不同，人若恨他，他防無可防。我崩後，可令他退下，萬勿招風，改任帝太傅就好。」

二呂便應道：「太后之命，姪兒必遵行。」

「我稱制八年，每夜必讀黃老，那老子曰：『強梁者不得其死。』你等若想久安，便不能逞強。想那韓信、彭越，哪個不是強梁？就連那戚夫人，也想逞強。這幾人，今在何處？全在老娘面前化作了土！你二人，掌了禁軍，便是天下頭等的強梁，須以仁厚待人，籠絡住官民，方可保萬世為王。」

「太后請安心。呂氏興衰，繫於我二人，我輩只得拚死擔待。」

「又逞強！你二人，掂過劍戟嗎？豈是無事不能的？遇大事，切記先推出少帝、張太后來，替你們擋一擋。」

「姪兒知道了，絕不敢慢待君上。」

呂后喘息一回，擺擺手道：「我著實累了，不多說了。你二人下去吧。」

二人見呂后面色發白，汗溼衣裳，便不敢再多言，惶惶然退下，去找張釋擬詔了。

次日，以少帝之名，有詔下，為呂產、呂祿加官晉爵，各掌文武，分領南北軍。又令呂祿次女呂鰲，嫁與少帝為皇后。

眾臣聞之，知呂太后來日無多，心中皆憂喜參半。

且說那朱虛侯劉章，這日適逢休沐，默坐於家中，思慮大事，不覺便失了神。其妻呂魚見了，不免奇怪，便上前詢問了幾次。

劉章左思右想，終於橫下心來，對呂魚道：「妳下嫁至我家……」

呂魚當即嗔道：「哪裡敢說下嫁。是我高攀到你皇孫家來。」

「好好！事急，莫玩笑了。妳嫁入吾家門，耳聞目睹，可知萬民如何看呂氏了？」

呂魚一怔，便也坐下，滿面愁思道：「夫君說得是。妾身待字閨中時，只道萬民感激呂氏，頌聲盈耳，人皆笑面相迎。出了呂氏門，方知民間憎呂氏，切齒之聲可聞。」

「妳可知呂氏招怨，緣何故？」

「妾實不知。或因位高權重，故招人嫉恨。」

「絕非如此。劉氏亦為王侯，如何便不招恨呢？」

「妾於此事，也十分納罕，還請夫君教我。」

「劉氏所得，乃天命，官民皆心服。那呂氏豪奪，卻是倚太后之勢，如鳩占鵲巢，萬民如何能服？」

呂魚聞之，甚不安，疑惑道：「今日吾父與伯父，皆又加了官，威臨中外。萬民即便不服，又能如何？」

劉章便一笑，轉了話頭：「今日裡，有貴客陸夫子，要來咱家。你去吩咐灶下，好好煮些牛肉，我與夫子對飲，你在旁伺候，也好聽聽先生如何說。」

這日過午，陸賈果然如約前來，劉章迎出中庭，執陸賈之手，引入堂上，即招呼渾家出來伺候。

呂魚聞聲而出，向陸賈施過禮，忙吩咐庖廚上菜。

陸賈入了主座，劉章在側座坐下，呂魚便上前道：「先生大名，四海皆知。妾在閨中時，便常聞阿翁提起。」

陸賈大笑道：「乃父不是常罵我吧？」

呂魚道：「哪裡話！阿翁只是誇讚，天下儒者，唯先生為大。小女平素孤陋寡聞，不大知理，今日先生來，願親奉羹湯、面聞賜教，請先生恕我冒昧。」

陸賈便對劉章道：「哈哈！朱虛侯，你娶得個好呂氏女。別家呂氏之女，都似猛虎，只將夫君視作犬羊；你這渾家，卻是彬彬有禮。」

劉章忙對呂魚道：「先生不怪罪，你便坐在下首吧。」呂魚謝過，便規規矩矩在下首坐好，屏息恭聽。

劉章便提起話頭來：「先生，楚漢相爭時，吾尚年幼，唯喜見戰車交馳、煙塵大起，如遊戲一般。記得漢家兵將，各個都懼項王，聞楚軍來，一日數驚……」

陸賈便笑：「小子記得不錯。老夫雖為文臣，惡戰卻經了不少。那高帝上陣，哪裡是項王對手？大小數十戰，無一得勝。漢軍畏楚，如羊畏虎，於戰陣上逃起命來，只恨爺娘少生兩條腿。」

呂魚便面露不解：「那為何是漢滅了楚，卻不是楚滅了漢呢？」

陸賈瞄了瞄呂魚，略顯詫異，便道：「問得好！妳這小女子，還有些心思。誠然，項王善戰，天下無敵；怎奈世上有一物，強勢亦難勝之，那便是人心。當年，高帝出征，諸侯皆相助，關中百姓也心服，願送子弟投軍。漢軍雖弱，然人心向漢，以弱兵鏖戰，屢僕屢起，人馬便不疲，終獲完勝。楚軍雖勇，卻處處寡助，左衝右突，無個安穩處，終陷於死局。因此，勢再大，亦敵不過人心。」

呂魚恍然大悟，連忙道：「先生之論，小女以往從未耳聞，今日才如夢醒。」

劉章便趁機問陸賈道：「太后恐已來日無多，若太后駕崩，則劉呂兩家必勢同水火。先生對來日變局，有何見教？」

陸賈一驚，便抬眼去望呂魚，見呂魚並無異常，又見劉章以目示意，當即便領悟，忙答道：「昨日楚漢，便是今日劉呂。孰勝孰敗，在深閨中或不知，然只須步出門去，聞街談巷議，已是一目了然，還用說嗎？」

呂魚臉便漲紅，驚道：「事竟已至此了？多謝先生點破，不然，小女還糊塗著呢。」

陸賈便笑：「妳夫君劉章，膽略甚是了得，劉氏子弟全仗他，方能直一直脊梁。妳只須隨他進退，便不至入歧路，性命也可無虞；否則，一切難料。呂氏這『呂』字，我勸妳還是離遠些為好。君不見，這世上倒行逆施者，勢再大，可有大過秦始皇的？然始皇一旦駕崩，天地卻還是要翻轉的。往世今世，道理皆一樣，即便是來世，也變不出什麼新道理來。」

劉章與呂魚皆大悟，對視一眼，便雙雙叩首致謝。謝畢，劉章握拳道：「聞先生言，如聞雷鳴。來日事起時，大丈夫當如何，小子已然有數了。」

呂魚也道：「謝先生指教。妾雖姓呂，然也明大勢：凡逆勢而動者，欲求長久，可得乎？妾不忍心害萬民，定隨夫君進退，唯求仁義。」

陸賈望望眼前兩人，便仰天大笑：「妳家的酒，飲來痛快，下回還要來飲……只怕下回飲的，該是慶功酒了！」

此後，在未央宮中，呂后又捱了幾日。至七月辛巳，即月末最後一日，朝暾初起時，呂后醒來，咳嗽兩聲，覺周身通泰了不少。

宣棄奴見呂后面色紅潤，有了些精神，便欣喜道：「太后，今日氣色大好，眼見是要痊癒了。」便將呂后稍稍扶起，倚在榻上。

呂后一笑，未接宣棄奴的話頭，只吩咐道：「去喚張太后來。」

那張嫣，日前也隨呂后移到未央宮，就住在近旁，不多時，便來到榻前。

呂后執張嫣之手，細看其相貌，微笑道：「妳就似魯元，妳不似那張家人。」

張嫣笑道：「太皇太后在誇我。」

「張偃那小子還好？」

「還懂事。」

「嫣兒，妳也是我呂氏一門呀。」

「回外祖母，兒臣不敢忘祖。」

「那就好。呂產、呂祿兩個舅舅，妳要多多相助。」

「兒臣知道。」

「唉，糊里糊塗的，竟活了六十二載……」

「外祖母不糊塗。」

「我累了……身上涼……」

宣棄奴聞聽，連忙為呂后加了被蓋，又與張嫣扶呂后臥下。

呂后雙目合上，似在昏睡。不久，卻又睜眼，拉住張嫣問道：「蓮荷枯了嗎？」張嫣忙答：「秋七月，已然枯了。」

「穀禾熟了嗎？」

「可見黃熟了。」

停了一會兒，呂后忽又喃喃道：「魯元呢？盈兒呢？」張嫣慌亂中不能答，只是流淚。

宣棄奴連忙搶上答道：「都在樹蔭下，正小睡呢。」

「哦……」呂后鬆開張嫣之手，撥出一口氣，頭一歪，便睡了過去。

張嫣與宣棄奴不敢大意，寸步不離病榻，守候了多時，仍不見呂后有何動靜。

宣棄奴起了疑心，起身端詳了半晌，伸手去探鼻息，探了片刻，又去號脈。忽然便大叫起來：「太皇太后殯天了！」

張嫣尖叫了一聲，猛撲在呂后身上，便嚎啕大哭。

此時，有宮女端了一盤瓜上來，聞之猛然變色，慌忙將瓜盤放下，也跟著大哭起來。

訃聞傳出，長安城內一片靜默。朝官多半在心中暗喜，卻佯作憂傷，事事閉口不言。呂產見眾人似有不服，便下令，百官不必至宮內哭祭了，僅劉、呂宗親可以入宮。

其時，未央宮內外，一派縞素，如同八月飄雪。劉、呂兩族宗親，各懷心事，絡繹來至前殿，列隊拜祭。

呂產謹記太后所囑，領南軍守住兩宮，將那下葬事宜，交予張釋、陳平去辦。呂祿則日日帶一隊北軍精銳，往復巡城，捉拿可疑人等。禁城內外，忽就多了些甲士蹤影。

如此停靈旬日，便依天子例，為呂后送喪。百官聞令集結，由陳平、周勃帶領，簇擁少帝劉弘，浩蕩出城而去。呂產、呂祿則立於城頭，按劍而望，一刻不敢大意。

呂后棺槨，依其生前所定，葬於高帝長陵，與高帝合葬而不同陵。

早在定都之初，蕭何便調發了丁壯，於高帝墓塚之東五百步處，為呂后起了墓塚。後又陸續修造了十餘年，方告落成。墓塚高約十丈，狀亦如覆斗，與高帝墓塚巍然並立，仰之如山，極是壯觀。

此塚迄今猶存，遠望之，有恢宏之象。惜乎在史上屢遭赤眉、董卓、黃巢等亂兵盜掘，至近世十數年，又屢遭今人盜挖，已是創痕累累了。

話說高后葬畢，少帝劉弘便遵遺旨，有詔下：免去左丞相審食其職，改為帝太傅。審食其知是呂后生前安排，也樂得從高位退下，任個閒職。

朝中其餘諸事，則全無變化。正值舉喪之際，各類人等皆沉默行事。那呂產、呂祿唯尊呂后遺囑，身居南北軍大營內，輕易不出。

陳平、周勃看了幾日，不見有隙可乘，相見時便以目會意，知道還須靜待時機。

一日散朝，陳平車駕趕過周勃，便回首招呼道：「太尉，大丈夫貴在動如風；然足下車駕，為何如此遲緩？」

周勃聞聲，探出頭來笑道：「近日霧大，老夫看不真切，快不得呀！」

反倒是那邊廂，呂祿耐不住，急入未央宮內，與呂產商議道：「高后崩去，天下至多太平三月，後必有人反。不如趁高后餘威尚在，我二人率南北軍起事，以呂代劉，易了幟再說。」

呂產想了想，擺手道：「不可。高帝舊臣，半數尚存，武將更有絳侯周勃、大將軍灌嬰，都可與項王比高下的。你我若舉事，二人豈能坐視，一旦廝殺起來，我二人可是彼輩敵手？」

「事成在先機，搶先用兵，絳、灌或有所不備。」

「不然，誅殺絳、灌，易耳，然誅盡天下功臣難！只要有一人漏網，登高一呼，天下便立成湯沸，再難平息。你雖精於騎射，也不過隨身小技，若臨陣交兵，可有勝算乎？」

呂產這一席話，說得呂祿大沮，不由抱怨道：「高后經營十五年，今呂氏氣焰之盛，已壓住半面天，卻要坐以待斃嗎？」

呂產低頭想想，道：「只要絳、灌二人在，就只能坐等。若絳、灌先後薨了，我便不怕他人。」

呂祿無奈，只得怏怏而歸，也無心守在北軍大營了，只顧回家去飲酒。燈影下，一面飲，一面想到大計落空，好不心傷，便拍劍狂歌起來。

府中家眷們聞聽，都驚恐不安，卻無人敢出頭來勸。恰好呂魚這日歸寧，見阿翁如此失態，忙上前來勸。呂祿便恨恨道：「你那伯父呂產，左怕天塌，右怕地陷，還能做得什麼大事？此時不為，更待何時？這大好的天下，難道要白白送人嗎？」

呂魚聽了，心中大驚，忙問：「阿翁想作甚？」

呂祿斟滿一杯酒，看看呂魚，又將酒潑在地上，怒道：「你伯父，他就是個婦人！」說罷，便不再言語，只呆望著房梁。

呂魚雖未問出底細來，但心中已然明白：阿翁與伯父，定是在商量起事！如此一想，心中不由大恐，也無心再坐，匆忙告辭，返回了家中。

入得侯邸大門，呂魚腿便一軟，竟癱坐於地。眾奴婢見了，慌忙去扶，呂魚只是擺手道：「不用扶，我且坐一坐。」

劉章聞聲趕來，見呂魚神色慌張，便起了疑心，盤問道：「看你面色發白，何事竟驚恐至此？」

呂魚手捬胸口，喘息半晌，方才問道：「若父謀逆，事敗，子女可免乎？」

劉章聞言，便知事非尋常，一面扶起呂魚，一面答道：「今有新法，罪不誅三族；然謀逆為彌天大罪，不在此例。」

呂魚聞言大驚，連叫道：「天，天啊……」

劉章猜出個大概來，便溫言道：「你嫁入劉家，便是劉家的人，何事不可對夫言？你說出來，我也好幫你有個計較。」

呂魚一聽，知無僥倖可言，便狠了狠心，將所聞呂祿之言，備述了一遍。劉章一凜：「你父與呂產，要做什麼？」

「渾家我猜度，定是阿翁欲與伯父倡亂，以呂代劉；只是伯父膽小，未允而已。」

劉章將呂魚攙扶至內室，叮囑道：「你今日所聞，不可對人言，即便是僕從奴婢，也不可令其知。我原就猜，你父定有此等念頭，卻不料他下手如此之快。」

「這該如何是好？速報予丞相、太尉知，可否？」

「陳平、周勃，此時正與我類同，手下無半個兵卒，還不抵你父一道令牌有用。」

「除諸呂而外，誰還能掌兵呢？」

「我手下雖無兵卒，然劉氏有人有。」

呂魚被點醒，想了一想，大喜道：「你是說齊王？」

劉章便握住呂魚之手道：「吾兄齊王平素不露山水，等的便是這一日。待我密遣家臣赴臨淄，令阿兄起兵西來，討逆除奸，自立為天子。我與興居在都中，與大臣為內應。如此裡應外合，何患事不成？」

呂魚忽又猶豫起來，問道：「若討逆事成，我阿翁性命可保乎？」

劉章望望呂魚，沉默有頃，才答道：「當此際，你性命可保，方為正事。」

呂魚怔怔想了一會兒，忍不住泣下數行，喃喃道：「阿翁，孩兒顧不得你了！」

當日，劉章便遣一家臣，微服快馬，潛出城去，一路向東狂奔。

旬日之後，家臣到了臨淄城南，叩王宮大門而入，見到了劉襄，從鞋底掏出帛書密信來，俯首呈上。劉襄展開看過，臉色就一變，忙命人取出十斤金來，打發了來人，便坐下來想事。

密信中所述，正是劉襄日夜之所思。數年前，襲了齊王後，劉襄謹記父囑，隱忍退讓。齊原本有六郡，先後為呂國（後名濟川國）、魯國、瑯琊國劃走三郡。劉襄聲色不動，彷彿無事一般。早前呂台封至濟南時，劉襄還親迎至濟水邊。後呂台病歿，劉襄又贈珠寶玉器為墓葬，執禮甚恭。

劉襄如此忍讓，竟瞞過了呂后的一雙毒眼，以為子必隨父。加之劉襄之弟劉章、劉興居都在宮中宿衛，呂后倚之為心腹，便不再疑心劉襄。

這些年裡，劉襄就似薪盡火熄一般，人前不發一句牢騷。直至讀罷密信，心頭才砰地爆起火來。

當下，他喚了母舅駟鈞、郎中令祝午、中尉魏勃三人來，閉門商議。

這三人，平素便為劉襄心腹，皆厭呂后專權。近聞呂后駕崩，都摩拳擦掌，來勸劉襄起兵。前幾日，劉襄只是不允，責備諸人道：「高后方崩，上下不安，朝中所提防的，就是諸侯王有異動者。諸位若為孤王好，便請勿躁。灶若無柴，點火何用？想那市井人家，一戶之主若喪，家中定會大亂，況乎這天下百萬戶？我輩只須坐視，自有可觀之處。」

那三人聽了，皆感氣沮。駟鈞脾氣暴戾，又為劉襄長輩，說話便分外難聽：「你脾性隨父，只長了個鼠膽，天大的好事都要錯過了！」

劉襄聽了，也不惱，反倒越發信賴這位母舅。

這日召了三人來，駟鈞見劉襄屏去左右，心中便有了數，以拳擊案道：「襄兒，莫非朝中有變，可效法陳勝王了？」

劉襄便取出密信來，交予三人傳看。看畢，駟鈞拊膺大叫道：「這多年，可悶死我了！我這便回府，披掛起來再說。」

劉襄笑著扯住他衣袖道：「舅父，你勇氣可嘉，然舉兵西向，你一人披掛有何用？」

駟鈞便望望中尉魏勃，納罕道：「俺齊國，不是有兵嗎？」

魏勃一笑，回道：「下官雖為統兵之將，然無齊相發給兵符，我帶不走一兵一卒。」

劉襄拍了一下掌，對諸人道：「不錯，今日來商議，便為此事。丞相召平，行事規矩，以諸君之見，他能否交出兵符來？」

駟鈞便道：「那個老古董，呂太后將他遣來，便是要提防你的，他怎肯與你合謀？」

原來，這召平，便是當年蕭何的門客，來歷大不凡，在秦朝曾為東陵侯，後又曾為陳勝輔臣，陳勝覆滅，他流落民間，終為蕭何收入門下。呂后既敬重蕭何，自然也知召平名望。蕭何亡故後，便徵召平為官，遣至齊國為丞相，權作耳目。

召平感激呂后賞識，相齊多年，兢兢業業，凡事從無錯漏，世人皆稱他「白頭丞相」。

議起召平來，諸人都搖頭苦笑。魏勃道：「欲令丞相交出兵符來，難於登天。」

劉襄便霍地起身，拂袖道：「高后已崩，我不想再忍，有無兵符，我都要調兵。勞煩中尉，你便去知會丞相：人心思正道，天下不能久為鼠兔所據；孤王擬近日提兵，西向討逆；至於丞相跟隨與否，孤王並不勉強。」

駟鈞當即讚道：「大丈夫，當如此決斷。這個白頭翁，知會他一聲，也算是看得起他了。」

魏勃卻道：「僅憑微臣一語，只怕他不肯。」

劉襄道：「孤王禮數在先。若他抵死不交，則……」

駟鈞會意，便做手勢劈空一砍，道：「那就怪不得我輩狠毒了！」

劉襄閉目片刻，睜開眼道：「魏勃，你去吧。」

魏勃便領命，來至丞相府，將劉襄之意轉告召平。

召平聞罷，渾身一顫，斜睨魏勃問道：「中尉，可知你所言為何嗎？齊王欲提兵，可有少帝手詔？」

「並無。」

「可有少帝賜給虎符？」

「也無，唯有天道人心而已。」

「你我同僚，就無須在此大言了！齊王無少帝所授虎符，便欲調兵，豈非形同造反？你乃國之重臣，難道不明此理嗎？」

「臣為齊王屬官，便唯齊王之命是從。」

「你糊塗！犯禁之命，便是亂命。中尉，今日你不能走了。來人！押中尉往後堂去，好生伺候。」

堂上眾親兵聞令，便一擁而上，將魏勃擒住，拖往了後堂去。

魏勃大怒，一路高叫：「我傳齊王詔令，憑甚將我拿下？！」

待魏勃被推下，召平穩了穩神，取出兵符來，喚一校尉到近前，舉符示意道：「高后崩逝，郡國有不寧之象，吾邦尤須當心。為防意外，著令你率封國兵兩千，去拱衛齊王宮。無我手令，不許人出入，僅庖廚雜役可通行往來。」

那校尉一怔，便問：「若齊王欲出行呢？」

「此為將令，無有例外。」

校尉眨了眨眼，便會意，退下去點了兵，浩浩蕩蕩開赴南城，將那王宮圍了個水洩不通，有齊國屬官來晉見，均被攔住。劉襄在宮內聞報，吃驚不小，便親上高閣去看。只見宮牆外面，兵甲林立，連隻鳥兒都飛不過，不由就長嘆：「大意呀，輕看了那老兒！」

在王宮之外，魏勃被軟禁於相府，駟鈞、祝午亦受困於王宮不得出，急得頓足不止。

僵持了一日一夜，魏勃困在相府後堂，水米未進，心想如此下去，大局必將崩壞，便決意使詐，高聲大叫要見丞相。

召平聞下人來報，便命左右將魏勃提上來問。

魏勃踉蹌步入大堂，伏地便拜：「丞相，在下自省了一日一夜，痛徹肺腑。覺丞相品格之高，當世罕有。為人臣者，當忠於君事，齊王未得朝中虎符，便欲發兵，確乎形同謀逆。丞相發兵圍王宮，善莫大焉！在下枉為統兵之將，險些入了泥淖，今願將功補過，率兵守衛王宮，不使齊王有異動，以報朝廷之恩。」

召平未曾料到魏勃悔悟，便一時遲疑，擺手道：「中尉並無大過，能做如此想，便是改過。這就可以回府了，照常任事，也不必親往王宮守衛。」

「丞相，在下統兵多年，熟知兵卒習性。看守王宮為大局，不可稍有疏忽。臣既已悔悟，便不能棄大局於不顧，願領兵守王宮，勿使有變。」

召平見魏勃說得誠懇，不由大喜：「也好，你仍去帶兵吧，都中之兵，盡歸你調遣。非常之時，更需好好用心，待此事平息過後，我將上報朝廷，為君請功。」說罷，便將兵符交予魏勃。

魏勃接過兵符，望了一眼召平，忽就滿眼含淚，道了聲「丞相保重」，便深深一揖，扭頭走了。

出了相府，魏勃回到府邸，稍事沐浴，便披掛整齊，帶了親兵，飛馬馳往城南。一路上，手捧兵符如捧一輪日月，想著漢家百年運祚，當下就在自家手裡，心都要跳了出來。

王宮門前，眾軍卒見中尉馳到，都一陣歡呼。內中有冒失鬼，竟脫口問道：「要攻打王宮了嗎？」

領兵校尉聞知，連忙飛奔過來，向魏勃施禮。魏勃理也未理，放馬至軍前，高聲問道：「諸位兒郎，可用過朝食？」

眾軍卒齊聲答道：「用過！」

魏勃便一笑：「用過，便不差力氣了。給我一起答：漢家天下，姓什麼？」軍卒便憋足了氣力，高聲吼道：「姓劉！」

魏勃大喜，當即舉起手中兵符，向眾軍卒宣示，慷慨陳詞道：「諸君執戈，深知大義，這便好！在下今奉王命，擁齊王劉襄，遵高帝『白馬之盟』，發兵征討非劉氏而妄為王者。兒郎們想必也親眼見，自高帝駕崩以來，天下怪象叢生，呂氏為王，劉氏凋零，迄今已是人神共憤！今齊王舉大義，行天道，要帶領諸兒郎，西進長安，一舉平呂。兒郎們，可有此心？」

那諸呂近年猖獗，民間早有非議，軍士又焉能不知。日前圍齊王宮，軍心就甚為不安，唯恐天下將從此多事。今日聞聽魏勃之言，正中下懷，恰如乾柴遇烈火，勃然而發。魏勃話音方落，兩千齊軍便一齊舉臂，大呼道：「願從大王！」

內中有膽大者，以劍擊盾道：「漢天下，非舊時暴秦，怎麼坐著坐著，便要改姓？還不是諸呂貪婪，要巧取社稷。天下萬民，早已看清，將軍便帶我等去立頭功吧！」

魏勃大笑，這才轉頭，對那領軍校尉道：「撤王宮之圍，全軍隨我迎出大王，先往齊相府，擒拿逆賊召平！」

宮外諸軍動靜，劉襄在宮中早看得清楚，知大事已成，不由大喜，立即披了鎧甲，親駕戎車，載了駟鈞、祝午，衝出宮門來。

眾軍卒見了，一片歡騰雀躍，隨即簇擁在劉襄車旁，浩浩蕩蕩往相府去。

大隊來至相府近前，劉襄便對魏勃道：「相府無兵，無須大動干戈，圍住就好。召相年高德劭，素有威望，軍卒不得唐突。你勸他降了便罷，又何必苦撐？」

魏勃領命，便打馬來至相府門前，朝司閽大聲道：「相府人聽著，今齊王奉天命，起兵討逆，擊殺非劉氏為王者。齊相召平，卻是執迷不悟，多有攔阻。今大王開恩，有令下：召相若降了便罷，視作同心一體；若不降，便走不出這相府一步了！」

那門前的司閽、衛卒等人，早望見前街煙塵大起，心頭便惶惶，此刻又見大隊兵甲源源而至，更是慌了手腳。聽罷魏勃宣諭，都面色蒼白，忙退回門內，關門落鎖，奔去稟報召平。

此時召平正在擬奏稿，擬將齊國不寧的情形寫明，上稟朝廷，忽聞閽人稟報，忍不住擲筆，霍然而起，怒道：「我五朝為臣，竟為一個小兒所騙！」

此時長史在側，急切道：「今日之事，或降或死，別無他途。丞相若不欲降，請集合曹掾、家臣、兵丁、僕役等，也可湊齊百十餘人，做拚死之鬥。」

召平失神良久，忽就癱軟下來，對長史道：「諸君都有家小，作無謂之死，又有何益？可嘆我一世英名，今日盡付流水，唯聽天由命而已。那齊王雖造反，然終究為齊國君上，你我不得冒犯，亦不能開門迎降。去架起木梯來，我要與齊王隔牆說話。」

片刻工夫，眾屬官就在院牆下豎起梯子，召平爬上去，頭伸出牆垣，見黑壓壓遍地都是甲兵，便知插翅難逃，當下打定主意，向齊王遙遙一揖，高聲道：「齊相召平，受國恩甚重，不忍見大王誤入歧途。自天下無兵燹，不過才歷惠帝、高后兩朝，何其短也！莫非大王忍心重見刀兵，要將萬民再推入火中嗎？」

劉襄聽罷，遙遙回了個禮，答道：「召平先生忠君，有大儒之風，然君主若昏瞶，權奸又當道，便不是臣民的好天下。高帝白馬之盟，言猶在耳，呂氏偽王便接二連三冒出，先生為高士，豈能假作看不見？若論忠君，將那僭越的逆賊擒住，方為正道。我今舉義，順從天意，上承陳勝王之志，下啟萬民擁劉之心，所到之處，必是望風披靡，婦孺簞食壺漿以迎。我聞先生早年仕秦，也曾反戈，投效陳勝王麾下。今日之勢，堪比昔年誅暴秦。此等大義，先生何不慨然相從，也好善始善終。若為那呂氏殉身，分文不值，徒留後世笑柄而已，還望先生三思。」

召平冷笑一聲，反駁道：「為人臣者，必遵禮法。大王以下犯上，實為毀禮；擅自調兵，更是犯法。如此鬼祟的烏合之眾，居然想舉大義而求仁，何其謬也！若此刻大王擲劍於地，不踰矩，老臣我保你無事。若執意要反，須細思量：朝中有幾人能容藩王造反？即便事成，終也難逃斧鉞。若不信，可拭目以待！」

劉襄漸漸收起笑意，冷下臉來道：「既舉大義，已將生死置之度外，且我之生死，召相怕也看不到了吧。」說罷，便命魏勃率隊進擊。

魏勃便掣出長劍來，下令道：「眾兒郎聽令，拆毀牆垣，踏將進去，將逆賊擒住，責令抵罪。」

眾軍卒得令，發一聲喊，便四面動起手來。軍卒十人一隊，抬起圓木撞牆，其聲如雷，地動山搖。

牆內相府諸人，各個拔劍在手，張皇不知所措，都只拿眼看著召平。

牆外魏勃忽又高聲道：「相府諸人聽好，我只要召平性命，與他人無涉。放下刀劍，便是一家，又何必為老叟賣命？」

相府吏員聞言，面面相覷，都垂下了頭去。

就在此時，忽見召平從梯上跨步，登牆而上，挺立於牆頭，高聲喝道：「民宅不可侵，何況堂堂相府？齊之封國兵，如此毀牆鑿洞，難道是江洋大盜嗎？你輩盡都罷手，召平一人做事一人當便是，與手下人無關。只可嘆，道家之言『當斷不斷，反受其亂』，吾未信，亂即到眼前。我知齊王今來，其志不小，亦有心招降我。然我為朝廷命官，握有相印，便不能與叛賊同處於一簷之下。嗟乎！想我五朝為官，閱盡盛衰，今日即便走不脫，又有何憾？以吾區區老命，為你輩小兒……抵罪了便是！」說罷，便猛地抽出長劍，橫在頸上，狠狠一抹。

霎時，牆外眾軍卒皆瞠目結舌，不再鼓譟，呆看著召平血染鬚髮，緩緩自牆頭跌落。

此時的召平，仍是一身白袍。衣袂飄逸如仙，墜落牆外，臥於枯草之中。

齊軍將士見此，都心存敬畏，不敢上前去看。劉襄望見，忙跳下車，大步奔上前去，駟鈞在旁不放心，大呼道：「小心老兒未死！」

劉襄頭也不回，高聲答道：「召平先生豈能有詐！」便大步來至相府牆下，躬身看去，只見召平雙眼圓睜，猶有不甘之態，不由就落下淚來，跪地為他緩緩合上眼皮，而後吩咐魏勃道：「先生以國事死，應享之尊，豈止二千石官秩？請以國禮葬之。」

魏勃領命，朝召平屍身下拜，三叩首道：「丞相，大人也。吾儕共事一場，請勿記恨。」便分派兵卒，將召平屍身仔細收殮了。

劉襄率軍返回，眼望王宮，仍心有餘悸，索性不再回宮，移往齊軍大營住下。隔日，便於轅門豎起大旗，招兵買馬。

隔了三五日，投軍丁壯雖多，然亦不過萬餘，加上原有封國兵，也僅兩萬。若以此數西行討伐，仍覺勢弱。

這日，劉襄便召集近臣，商議此事。駟鈞嚷道：「今既已反，便無退路，人少也須殺將過去，不然，我必成今之臧荼，坐等梟首。」

魏勃卻連連擺手道：「國舅，使不得！發兵平呂，乃我日夜之所思，然用兵者，最忌單薄。我軍僅有兩萬，實是令小臣為難，即是號稱四萬，亦為弱旅，不等開拔，便被天下人看低了，如何還能攻城略地？若湊齊四萬，我便敢攖其鋒，萬死不辭。以今日之勢，不如先聯繫近旁諸王，壯大聲勢，聯兵征討。」

駟鈞便嗤笑道：「近旁諸王，是何等豬狗？彼輩如何肯反呂氏之族？那魯王張偃，是呂太后外孫；瑯琊王劉澤，為呂嬃之婿；哪個不是呂氏私黨？你這裡去信邀約，他那裡倒要去朝廷變告了！」

劉襄便道：「舅父所論甚是，鄰國不來伐我，便是幸事。平呂事大，我只管自謀，無須驚動近鄰。」

祝午卻道：「微臣以為，魯王張偃為呂太后血脈，難以說降；然那瑯琊王劉澤，輩分甚高，身世與呂太后全不相干，可以為我友。當年他若是甘為鷹犬，何不留任京都，卻偏要到齊地來為王？顯見是心懷異志。微臣願前往瑯琊，說服他來歸，共襄大事。」

劉襄不禁猶疑道：「瑯琊王閱歷甚厚，若不欲犯上，將何如？」

駟鈞便道：「劉澤為人，顯是首鼠兩端，公然反朝廷，怕是不能。大王不若遣一善辯之士往瑯琊，巧奪其軍兵，為我所用。」

在座諸人便一起稱善，劉襄笑道：「舅父到底多智，如此便罷，明日即由祝午領一彪軍，東下瑯琊，見機行事，將那瑯琊王誆來。」

祝午便起身，領命而退，自去點驗兵馬了。

劉襄又道：「今齊相空缺，文武之臣名皆不正，出兵怎能有威風？可由舅父接任丞相，魏勃為將軍，祝午為內史。如此，便文武齊備，師出有名。今夜便請擬好《告諸侯王書》，傳檄四方，起兵平呂。」

駟鈞、魏勃聞命，皆叩首謝恩。駟鈞更是慨然道：「大王信我，我便為大王剖肝膽，南征北討，絕不言他！」

次日晨起，天晴麗日，兩萬餘齊軍披掛整齊，雲集臨淄南門。劉襄亦披上戎裝、頭戴皮弁，登車至軍前，展開剛擬就的《告諸侯王書》，高聲宣諭道：「高帝平定天下，以諸子弟為王。年前齊先王薨，孝惠帝立臣為齊王，孝惠帝崩，高后擅權，年事漸高，聽任諸呂猖獗，廢帝更立，連殺三趙王，滅梁、趙、燕三國而代之以諸呂，又分齊為四，益發不可忍。眾臣進諫不聽，朝廷惑亂不明。今高后崩，帝又年幼，不能治天下，本應依恃大臣、諸侯，而諸呂卻又自行加官，聚兵揚威，挾持列侯忠臣，矯詔以令天下。宗廟社稷，因此臨危。寡人今舉大義，率兵入都，將盡誅不當為王者，以申天下之憤！」

劉襄所讀，早已是世人心中所盼，只不過以往無人敢言而已。今忽聞「平呂」二字，眾軍卒頓感激奮，無不踴躍。

見軍心可用，劉襄心中便踏實了大半，即令祝午率兵五千，前往瑯琊。祝午領命，將令旗一招，齊軍一隊，便將那「齊」字大旗高舉，鳴起金鼓，往瑯琊國去了。

且說那瑯琊王劉澤，躲在臨海一隅，消停了幾年。自呂后駕崩，便覺不安，不知諸呂將如何擺布天下。國中長史田子春倒還沉得住氣，屢次勸劉澤靜觀就是。

那劉澤正在忐忑間，忽聞城上守將來報，說有齊軍一彪人馬，已兵臨城下，不知是何意。

劉澤聞報大驚，自語道：「劉襄這孫輩，與我並無往來，今日齊兵叩門，恐非善意。」遂下令，將城門四闔，要親上城頭去查看。

待上得北門城樓，劉澤手搭遮陽遠眺，見城下果然紫旗飄飄，齊軍士卒數千，已將瑯琊城四門皆圍住。正驚異間，城下忽有一戎車駛出佇列，車中立者，原是齊國一錦衣高官。

只見戎車駛近城下，那人跳下車來，向城上一躬，高聲道：「下官為齊內史祝午，在此拜見瑯琊王。」

劉澤只略略拱了拱手，便大聲質問道：「祝午！如此陣仗，不去討伐匈奴，來我瑯琊做什麼？」

「大王問得好！自太后駕崩，天下不寧，吾王劉襄更是寢食不安。今遣下官來，是要向叔祖討教，請示行止。」

「看爾等架勢，似是要提兵平亂。然天下若生亂，必起於朝中，來此海隅小國有何用？」

「大王教訓得是。微臣來，事關大局，不宜聲張，請大王下城來，微臣當面討教，勿為外人所知。」

劉澤想了想，便一撩衣襟，自語道：「下城便下城！」

此時，田子春聞訊趕來，連忙勸阻道：「兵臨城下，情勢不明，大王不宜出城。」劉澤便一笑：「劉氏骨肉，還不至於相殘。我便去聽他怎樣說，再做道理。」

田子春放心不下，又諫道：「若慫恿大王起兵，萬勿應允。」

劉澤便不耐煩道：「高后已崩，即是起兵，又算得了什麼？或百姓能聞風而從呢，也未可知，長史何須膽小若此！」

田子春只得退開，仍叮囑劉澤道：「事若蹊蹺，其必有因，請大王謹慎。」劉澤聽也不聽，便登上車，喝令戍卒打開城門，單車駛出城門去了。

兩人相見，祝午分外殷勤，迎上前去，將劉澤扶下車，躬身道：「近聞諸呂已於長安作亂，劫持功臣列侯，危及社稷。今吾王欲提齊國之兵西向，入都討逆，然又恐自家年少，不習兵革之事，難孚眾望。今遣小臣前來告之，願以舉國之兵交予大王，由大王統領。大王起自高帝駕前，久歷兵事，素有人望，今小臣前來，乃因齊王不敢離大軍，請大王臨幸敝邑，與齊王商量大計，率軍西向，平關中之亂。屆時若萬民擁戴，大王亦可正名。」

劉澤先是不動聲色，只想聽個分曉。那祝午才說了兩句，劉澤心中便已明瞭，心下只顧盤算利害，並未動心。直至聽到最後一句，不禁怦然心動，忽而就大笑：「正名？正什麼名？為天下討逆，功在千秋，其美名，還用草頭百姓來正麼？襄兒欲討逆，我來相助就是。」說罷，便一把拉住祝午衣袖道：「祝內史，今夜，你便隨我入城，好好商議一番。」

祝午聞言，怔了一怔，連忙堆笑道：「大王深知大義，為天下所敬。齊國上下，無不稱頌，諸臣更是渴慕一見。今吾王已在臨淄恭候，請大王及屬臣，同來臨淄把酒言歡，共商大計，便無須入瑯琊驚擾百姓了。」

「哈哈，你家大王，可備了蘭陵酒？」

「這個自然。宴請大王，豈能不備美酒？」

「那我今夜便啟程去臨淄，我那些屬臣之輩，無須理會。」

祝午心中狂喜，忙扶劉澤上了車駕，兩車一前一後，駛向齊軍大營去了。

那田子春立在城頭，將前後情形都看得明白。先見劉澤要拉祝午入城，心中便喜。不料一轉眼間，劉澤卻與祝午一道，往齊營去了，便知事情不妙，忙吩咐守將關好城門，諸軍不得歇息，徹夜守望，等候大王歸來。

怎料劉澤哪裡還能歸來？原來，當夜劉澤將那御者、驂乘打發回城，自己由百餘名齊軍甲士護送，一路狂奔，馳往臨淄去了。

飛奔三日，到了臨淄，便見劉襄率了群臣，恭迎於郊野。劉澤見此，不再存疑，拉住劉襄衣袖道：「襄兒，數年不見，竟是一虎威少年了！」

劉襄一笑，便將叔祖父迎入王宮，設宴款待。大殿之上，齊國君臣輪流祝酒，劉襄又提起願將齊軍交出之意。劉澤環顧眾人，不由躊躇滿志，大言道：「兩國之兵，還分什麼你我？」

齊諸臣聞言大喜，一片頌聲，劉澤更是忘乎所以，飲至半夜，早已是酩酊大醉，人事不省了。散席時，駟鈞喚了幾個力大的閹宦來，架起劉澤，安頓在了宮中。

至次日晨，日已遲遲，劉澤方才醒來，卻見臥在一幽室中，旁有婢女伺候。身上衣物，盡被換掉，連那腰間掛的長劍、印璽、虎符，也不知去向。忙起身問婢女，婢女卻只是搖頭。劉澤慌了，欲出門去找劉襄，方一推門，卻被衛卒兩支長戟逼住。

此時，駟鈞忽然閃身而入，面帶笑意，躬身一揖道：「大王稍安。承蒙昨夜大王應允，兩國合兵一處。今晨，吾王已遵大王之命，遣使持大王虎符，送交祝午，調遣瑯琊兵去了。」

「調兵？調兵做甚？」

「回大王，調來與我軍會合，也好即日西行呀。」

劉澤素知兵法，聞聽此言，便知昨夜是中計了，不由大呼：「劉襄小兒，黃髮尚未褪盡，竟騙到祖輩頭上來了！我何時允他動我虎符？何時允他調我瑯琊兵？我兵權盡失，人又遭軟禁，世間羞辱，還有比這更甚的嗎？！」

駟鈞便略略一躬，賠禮道：「大王息怒！吾王也是好意。勞師遠征，絕非易事，大王昔年征戰，多有創傷，實不宜諸事親為，可於軍中壓陣，為吾王多獻計。平呂之功，將來少不了有瑯琊王一筆。」

劉澤氣得發抖，戟指駟鈞道：「你君臣竟是何等人，沒有一個不說謊的！昨夜方允諾，由我來做兩軍統領，今日便奪我兵權，又欲挾持我在軍中。原來，夜宴之上，好話全是假的，看重的只是我的兵馬。」

駟鈞也不惱，只冷冷一笑：「大王，常理便是如此。故而，在上者不可輕棄權柄。」

劉澤不由怔住，呆了半晌，才憤恨道：「悔不聽田子春勸諫，信了小人之言，失卻根本，倒還要謝你君臣不殺之恩了。」

「大王，焉有此等事？臣只為大王慶幸 —— 不須勞累，便可獲澄清天下之功，又何樂而不為？若與吾王鬧翻，大王獨自在此，微臣只怕是事有不測。」

劉澤直瞪住駟鈞，半晌才啐了一口：「我竟盲了這雙眼！劉襄有獨吞天下之志，豈肯讓叔祖分沾？可嘆我豪雄半生，到頭來，反為豎子玩弄，只怪自家太蠢就是！」

說罷，便頹然坐下，揮揮手令駟鈞退下。

自此之後，駟鈞每日都來問候。幾個婢女雜役，亦是盡心伺候，竟無可挑剔。劉澤無人可以怨，只得任人擺布，暫不做他想。

那邊廂瑯琊城內，劉澤走後，田子春便下令緊閉城門，遣人多方打探，卻無從得知劉澤行蹤，亦不明城外齊軍動靜。

三日後，有齊使飛馬至瑯琊城下，將劉澤虎符及策書交予祝午。祝午得之，將那蓋了瑯琊王印璽的策書展開，讀了一過，心下大喜，當即點起軍兵，來至北門城下，喚守將出來，以劉澤虎符示之，吩咐道：「你看清了，瑯琊王虎符在此！軍情火急，在下受瑯琊王之命，進城調兵，請聽命。」

那守將接過虎符，看了又看，見無差錯，連忙招呼戍卒，放祝午入城。

祝午正欲揮兵而入，那守將忽又上前一揖，問道：「吾王日前赴臨淄，迄今未歸，不知王命意欲如何？」

祝午並不下馬，只一拱手道：「天下劉氏，根脈一家，將軍不必多慮。你家大王今有策書一道，令爾等聽命。」說罷，便展開那策書，高聲宣讀：「瑯琊王有令：瑯琊與齊兩軍，今合為一處，西行討逆。瑯琊兵暫由齊內史祝午統領，若有不從，便是附逆，必以軍法從事。」

那守將聽了，臉色便肅然，似有疑慮。祝午便催促道：「將軍不可再遲疑，請帶我赴大營，點起兵將，即刻西行。」

待祝午將瑯琊兵盡數帶出，正欲出城，田子春聞訊趕來，於北門阻住，大聲道：「瑯琊國長史田子春在此！吾王赴臨淄，音訊全無，足下不可憑一符一策，便將我軍兵盡數帶走。」

祝午一見，連忙下馬，躬身一揖道：「原來是田長史，久仰久仰。瑯琊王與吾王，雖為祖孫兩輩，然骨肉卻不可分。前日在臨淄，已歃血為盟，推瑯琊王統領兩國兵馬。我今所攜虎符，便是將令；我今所讀策書，便是王命。上有命，下必行之，請問長史：下官祝午，又何錯之有？平呂檄文，此刻已傳於四方，軍情刻不容緩，請長史允我出城。」

那田子春，雖為劉澤心腹，然手中並無虎符，喚不動一兵一卒。雖疑心有詐，卻是無力阻止，只得無言閃避一旁。

待瑯琊兵萬餘人開赴城外，與齊兵合為一處，祝午這才朝田子春一笑，拱手道：「瑯琊王今在臨淄，好吃好睡，田長史盡可放心。」

田子春無奈，只得禮送祝午領軍遠去，自顧收拾殘局。

再說那齊國的都城臨淄，此時已如湯沸，人人攘臂，聲言平呂。待瑯琊兵一開到，義軍人數便逾三萬，聲勢頓然壯大。那招兵旗下，每日都有數百壯丁入營，踴躍投軍。

兒郎們每日操演，士氣甚高，但見金戈耀日，旗幡高飄。人馬進退之間，可聞陣陣高呼：「平呂！平呂！」直是將十數年胸中憂鬱之氣，一洩而出。

劉澤在宮禁之中，聽得外面吵嚷，便愈加難耐，想來想去，覺唯有孤注一擲方可。這日，便隔窗大呼，要見劉襄。

劉襄聞報，想想劉澤已無兵權在握，見見也不妨，於是率左右近臣，來至軟禁劉澤處，見過叔祖。

劉澤此時，已然氣平，見了劉襄，便苦笑：「襄兒，乃父劉肥，忠厚為世間罕有，為何你卻有這許多心腸？你欲奪我兵，拿去就是，又何必將我幽禁，整日無事，只盼兩餐，好不氣悶也！」

劉襄無言以對，只得賠罪道：「叔祖大量，請寬恕晚輩冒犯，事急矣，不得已耳。」

劉澤便道：「你看我如今，王不王，民不民，國也無顏返歸，全沒個安置處。這數日，我倒也想好了：乃父劉肥，為高皇帝長子；由此推之，大王正是高皇帝長孫，立為帝，本無不妥。然朝中諸大臣，乍聞大王起兵，或心存狐疑。臣劉澤雖不才，在劉氏中卻為最年長者，諸臣倒還願聽我主張。今大王留我在此，毫無用處，不如命臣為義軍密使，西入關中，暗訪大臣，為大王謀事。」

劉襄聽了，不禁動容，忙起身揖道：「大王，我為晚輩，你怎可以稱臣？既如此，我也知叔祖之心了。這便將討逆檄文交予你，請叔祖先回關中一步，為大事謀劃。」

當下，劉襄便將瑯琊國璽奉還，又命人備好車駕，選了幾個得力隨從；次日，便放劉澤西行入關了。

劉澤主僕數人，皆換了商賈衣服，微服西行。至霸上，卻不敢再前行，於是尋得一間逆旅住下，以觀動靜。

卻說劉澤走後，劉襄便召近臣商議大計，發問道：「義旗已舉，檄文已發，然兵鋒所指為何，尚無定見。今日召諸君來，便是為此事。」

魏勃道：「吾王起事，雖屬大義，然僅為一方諸侯，勢甚弱，與漢軍相抗，不宜久戰。應效當年沛公軍，避實就虛，直搗長安。」

祝午卻搖頭道：「漢軍勢大，我軍豈能直搗長安？兩軍若迎頭撞上，我區區三萬兵，又如何能一戰？」

劉襄便道：「我軍薄弱，固不能直趨長安，然亦不能坐守臨淄，不然，臧荼覆轍即在眼前。」

駟鈞便指點著劉襄，笑道：「大王雖不懂兵，此話卻說得對！我軍若只顧搖旗，不殺出齊境，那呂產、呂祿也要將我看扁了。故而，大軍這幾日便要動。」

祝午望望駟鈞，道：「四周諸國，全無回應，我軍欲動，未免勢孤呀！」

駟鈞輕蔑一笑：「我軍弱小，當如何用兵，要竅就在攪水，攪得漣漪蕩起，事便有望。故我軍所先攻，只管揀那弱國便好。拿下一個，即聲勢大振。目下諸呂專權，功臣離心，我軍即是小勝，也足可激他生變。」

劉襄頓然醒悟，拊掌讚道：「阿舅真是高見！就依此計，明日由魏勃領兵，一鼓作氣，拿下那個濟川國。」

駟鈞便忽地按劍而起，雙目圓睜，逼視劉襄道：「此役，為舉事首戰，天下矚目。即便是小國，也須全力攻取。大王你也要親征，以取信於天下。你我君臣，不要留一個在臨淄！」

劉襄聞言一凜，便也霍然起身，朗聲道：「好，丞相既不畏死，寡人又豈敢偷生？祝午，去拿酒來！生死明日事，今宵且醉了再說。」

未央宮闕，殘陽血映悲歌

呂后崩逝沒幾日，長安城內，便處處暗流湧動。各家各戶，都惶惶不安，總疑心將有大禍臨頭。說來也奇，似是應印人心一般，自八月中起，濟川國、魯國果然就連連有警，飛報入都，說是齊王誅了丞相召平，與瑯琊國聯兵謀反，不日即將西取長安。

不數日，濟川國又有信使倉皇來報，說齊兵有數萬，直逼濟南。濟川王劉太是個嬰孩，留居長安，並未之國[29]。強敵壓境時，濟川相無計可施，官民惶恐，舉國已成崩解之勢。

呂產閱畢急報，立時面沉如水，急召呂祿入宮商議。呂祿聞召奔入，急問道：「齊王果然作亂了？」

呂產便將急報遞給呂祿，恨恨道：「姑母英明一世，臨了卻糊塗，齊悼惠王劉肥一門，豈能信任？」

「兩國急報，都稱有瑯琊兵參與作亂，卻不見瑯琊王劉澤蹤跡，這倒是蹊蹺。」

「那劉澤老兒，也萬不該放到瑯琊去。」

呂祿苦笑道：「事已至此，怨姑母已無用。劉襄倡亂，其弟劉章、劉興居仍在宮中，你看如何處置？那劉章為我婿，小夫妻並無嫌隙，依我看，尚不至勾連其兄作亂。」

呂產瞥了一眼呂祿，輕嘆一聲：「也罷。劉章在宮內宿衛，我這裡嚴密看管；他若回府邸，則由你多用心。當此之際，人心都難測……」

[29] 之國，指諸侯王前往封國，亦稱「就國」。

呂祿不由一驚，問道：「兄之意，是要我大義滅親嗎？」

呂產卻搖頭道：「算了！有你我掌南北軍，劉章、劉興居兄弟，諒也無膽作亂。我若開了殺戒，則都中功臣必不自安，各個與我離心，那倒是大禍患了！」

「唉！前日我倡言舉事，先誅盡劉氏。那時兄若首肯，便無今日之變了。」

「以往姑母誅劉，你我並未出面。今姑母已崩，又何必與劉氏結下血仇？凡昨日種種，都休要再提了！今日看來，濟川國陷於齊王叛軍，只是數日之內事。當今皇長子封國，竟為亂賊所陷，實是我兄弟之奇恥！我之意，發兵征討之際，須得聲勢浩大，不能教那天下人看輕我。可發大軍八萬，以堂堂之陣，壓住那賊勢。」

「統軍之將，欲用太尉周勃嗎？」

「周勃不可動。命灌嬰領兵即可。周勃若統兵在外，一旦跑掉，我將無以應對賊兵。留他在都中，即使灌嬰戰敗，我手中還有他這員老將。」

「兄所慮甚周，便將那周勃留住吧，遣灌嬰領軍亦不妨。昔年追得項王無逃路的，便是灌嬰。由他統軍，賊勢自然不敢囂張。」

至夕食過後，呂氏兄弟已將大計定好，便喚來張釋，起草平亂詔書，以備明晨發下。

不多時，詔書便擬好。張釋謄寫畢，又細看了一遍，才遞給二人。呂產、呂祿閱過，神情鬱鬱，呆望著張釋，竟是相對無言。

此時，正值日暮，斜陽紅光自窗欞映入，照在壁上，一派血紅。

呂產忽覺不吉，仰天嘆道：「鬼谷子言，『欲張反斂，欲高反下，欲取反與』。他劉肥父子，深諳其道，將我姑姪瞞得好苦！當年項王滅，便源自齊亂；看今日之勢，吾輩也難得安生了，只能打起精神來應付。」

呂祿便道：「今日之勢，其實姑母早也料到。不然，你我兄弟此刻，豈能穩坐於宮掖？以弟之意，賊來，自有王師阻遏，兄也無須多慮！」

次日，晨鐘剛鳴過，平亂詔書便發下，指斥齊王劉襄作亂，人神共憤，天地不容。今加灌嬰大將軍名號，領北軍及關中兵八萬討伐，絕無姑息。

詔書下過，長安官民聞之，無不群情聳動。此時，離呂后下葬尚不足一月，城內仍禁張燈結綵，北軍巡行甲士隨處可見。市井雖貌似沉悶，私底下卻已是滾沸，商民、僕婦竊竊私語，都憂心將有大亂起，怕是要重現秦末景象了。

這日，呂產在未央宮，召灌嬰受命。灌嬰上殿，向少帝拜了一拜，便對呂產道：「在朝列侯，冠蓋如雲。以灌某之才，實不足以服眾，望相國另選他人。」

呂產便道：「漢之大將軍名號，迄今僅三五人得之，莫非灌兄還嫌威名不重？」

「下官不敢。想那齊王雖叛，然到底是天潢貴胄，小民難分尊卑。不如委任絳侯周勃出征，絳侯聲名顯赫，師出便有名了，不怕百姓有疑慮。」

「哪裡話，將軍之名，不輸於絳侯。且周勃乃顧命大臣，另有重用。灌兄此去，不過略略費神。一切謹慎從事便可。」

灌嬰仍是躊躇，遲遲不願領命。

呂產臉色便一變，高聲問道：「將軍莫非心向齊王，不欲朝廷得勝乎？」

灌嬰額頭便冒出汗來，連忙伏地謝罪道：「蒙相國看重，本不該有疑，然下官多年未曾操戈，左右臂膀傅寬、靳歙，也先後病歿了，真真有所怯戰。」

呂產便大笑：「那劉襄小兒，懂得什麼戰？將軍出馬，不過鷹擊燕雀耳！能戰之將，周緤、徐厲不是還在嗎？兄無須多慮了。明日功成，當另有大用。」

灌嬰略略一怔，即正色道：「臣不求大功，唯求上下不疑，來日也好安安穩穩去見高帝。」

「不疑？」呂產怔了怔，方才領悟，便一揮手道，「自家人，請勿自擾，大將軍焉用心疑？甲冑、糧秣需多少，報來相國府，早日出征才是正話。」

「征戰事，相國可放心。日後在外應變，還請相國容我臨陣做主。」

「這個自然。加你大將軍號，便是不疑。高帝、高后或有疑人之舉，我呂氏兄弟，卻從未冤枉過一個功臣。」

灌嬰遲疑片刻，未再應對，道了聲「從命」，又向少帝一揖，便退下了。

過了旬日，關中兵馬已集齊，與北軍撥出的四萬餘兵合為一軍。擇好吉日，灌嬰便領著八萬兵馬，吹吹打打出清明門去了。

漢家至今，已有十五年未有戰事，百姓聞戰，如聞閭巷鬥毆，爭相來看出征。然無論是兵是民，都不再似高帝在時那般豪壯了，兵馬雖盛，卻極似執戟巡遊而已。

灌嬰率漢軍一路東行，未曾稍緩，只想離長安越遠越好。未及旬日，便來至滎陽城下。高帝駕崩時，灌嬰曾奉命駐守滎陽，在城中盤桓有日，內外都熟。此地可進可退，灌嬰便不想再走，號令三軍歇息，命軍卒每日擊鼓、吃飯，卻不布置征討。私下裡，吩咐副帥周緤潛回長安，與太尉周勃通消息。

周緤易裝遮面，單騎潛回長安，見了周勃。數日後，又馳返滎陽大營。灌嬰急忙問道：「太尉有何話說？」

周緤應道：「下官入太尉府，正是日中，見絳侯小睡剛起，於庭中漫步，懶得與我說話。聞我稟報，只以樹枝在地上寫字，再無二話。」

「寫字？寫了些甚？」

「反反覆覆，只是一個『止』字。」

灌嬰大喜：「好了，足下立了大功。太尉之意，我已盡知。」周緤甚詫異：「只這一個字，大將軍可知什麼？」

灌嬰笑道：「你莫將太尉看得憨直了。這一『止』字，大有深意在。二呂擁兵據守關中，我今若破齊軍，得勝回關中，豈非長了二呂的威風？長安諸臣，勢將更難，因此伐齊須見機而止。」於是便下令，屯兵滎陽，不再東行，鼓也無須再敲了。

漢軍原本就無鬥志，聞軍令下，滿營皆歡呼。立時全軍解甲休沐，兒郎們紛紛出營，鬥雞走狗，尋娼吃酒，玩個不亦樂乎。

灌嬰便又將周緤喚來，吩咐道：「事已至此，齊軍那邊，聞說已到了定陶，還須你去招呼。只說有功臣在朝中，無一日不想誅諸呂，我今止步，勸齊王也止步，不要相殺。稍假時日，自有人除去諸呂，還天下一個乾淨。」

周緤慨然應命道：「這有何難？下官去就是了。」

灌嬰卻搖頭道：「將軍有所不知，那齊王，敢冒天下之大不韙，舉兵犯上，所為何來？」

「不是平呂嗎？」

「若平呂得手，又當何如？」

周緤想了想，不禁瞠目道：「那是要……做皇帝？」

灌嬰一笑，又道：「若齊王軍至長安，新帝便非他莫屬；然朝臣是何主意，卻由不得一個藩王來左右，因此……你附耳過來。」

灌嬰將諸般機宜耳提面命，周緤這才領命，趁夜潛出了營，去尋齊軍蹤跡。

且說那齊軍在濟南得手，正沿河向西疾行，打算一路向西殺去，再做一回沛公軍。

這日，前鋒已至甾縣（今河南省民權縣），忽見一壯漢單人獨騎，當道而立，手舉符節大呼道：「齊軍止步！」

前鋒數十名士卒，立即將壯漢團團圍住，只聽那人自報導：「我乃漢家列侯周緤，欲見齊王，快去通報！」

齊王劉襄聞知，連忙宣召。周緤來至齊王車駕前，下馬剛要施禮，劉襄連忙攔住，滿面堆笑道：「前輩，萬勿多禮！今微服來軍前，定有要事，但說無妨。」

周緤便道：「請大王屏退左右。」

齊王連忙揮退左右從人，周緤這才神色肅然道：「齊王，大將軍灌嬰遣下官前來，是為稟告大王：朝中重臣已與大將軍有約，軍至滎陽，便駐足不前，靜等朝中生變。今漢軍已止軍於滎陽，不再前行。請齊王也止軍，兩軍不可自相殘殺。相持而不戰，方為萬全之策。」

劉襄聞言，頗覺意外，沉吟半晌才道：「灌嬰將軍既有平呂之意，何不與我聯兵，或是讓開大路，放我軍西行？」

齊王所請，早在灌嬰預料之中，此時周緤便按灌嬰所囑，從容答道：「大王為皇孫，舉兵起事，乃為廓清天下，世人也無話可說。我灌嬰大將軍，只是個臣子，若也隨大王舉事，則長安一道詔書下來，便立成叛臣。不旋踵間，左右必作鳥獸散，又怎能為大王襄助？」

劉襄不由一悚：「哦？這一層，寡人倒還未曾想過。」

「大將軍所統之軍，為天下精兵。此軍不為諸呂所用，大王顯是得天之助。如此想來，不如彼此都收劍，以觀長安之變。」

劉襄一時拿不定主意，便忽然一笑，拱手道：「將軍千里遠來，辛苦得緊，且在營中歇息一夜。天下事，不是這一時半刻就能了的，明日再議也不遲。」

這一夜，周緤在寢帳中安睡無話，齊國君臣卻是吵嚷了一整夜。

滎陽有八萬漢軍擋道，就此止步，還是殺將過去，君臣舉棋不定。丞相駟鈞平日脾氣最暴，這夜卻是悶聲不響。

魏勃為統軍之將，自恃軍已壯，便攘臂大呼道：「八萬漢軍，到底不是楚軍，我君臣不可膽怯！今我軍已可一擊，逢此天時，不戰更待何日？天子位，不親力奪之，何人能為大王爭來？」

祝午卻道：「灌嬰率大軍伐我，不來攻，卻來約定止軍，這個面子，算是給足了。我若攻漢軍，便是名不正；名既不正，勝負亦難料。」

劉襄頷首道：「然也。若是諸呂統漢軍來，我攻之，是為征討逆賊；今灌嬰統漢軍來，我若攻，便是舉兵反漢了，順逆頃刻便顛倒，又將以何名義曉諭天下？幸而灌嬰遣使來，相約罷戰，已執禮在前，故我軍斷無攻漢軍之理。」

魏勃爭道：「你不取，人何予？齊國不動一兵一卒，便有人送來天子冠冕嗎？」

祝午便逼視魏勃道：「與灌嬰爭，怎能與拿下召平相比？依將軍你看，可有幾分勝算？」

魏勃答道：「我為郡國兵，與朝廷大軍爭，即便有五分勝算，亦是大勝。」此時忽聞駟鈞幾聲咳嗽，眾人便一起拿眼去瞄駟鈞。

駟鈞雙目圓睜，已悶了好久，此時忽然猛擊案几，大呼道：「與漢軍爭，我軍固然羸弱，然你劉襄先祖，莫非一出生便是周武王嗎？天賜我良機，千載只這一回，諸君若無大志，自回臨淄去，擁嬌娘而飲美酒，我本大丈夫，天予而不受，必為後世所笑。

劉襄賢甥，你不敢做英雄，阿舅我便來做！」說罷，便起身拔劍，一把揪住劉襄衣領，「賢甥，什麼漢家不漢家，今日你反也得反，不反也得反！這便舉旗，去與灌嬰拚個死活。若勝，你便坐上未央宮龍庭，阿舅我不居功，自回臨淄做田舍翁。若敗，便是我駟鈞挾主造反，與賢甥無關！」

當下座中諸人大驚，紛紛跳起，拔劍在手，直逼駟鈞。劉襄急得連呼：「阿舅不可莽撞！」

駟鈞便仰頭大笑道：「可惜你先祖豪雄，竟生出此等孱頭子孫。座中諸君，拔劍向我做甚？但凡有血性，可上陣與灌嬰一決，自家裡相殘，算得了英雄嗎？」

諸臣都臉色慘白，汗流如注，手中長劍微微顫抖，片刻也不敢疏忽。

如此僵持半晌，祝午忽然棄劍於地，悲嘆道：「我少年時便隨齊王，豈有不欲齊王稱帝之心。丞相今有為齊王謀天下之心，下官愧不能及。

然昔年楚漢之爭，勇冠天下之項王，亦不能敵灌嬰，今日與灌嬰戰，我必不能生還。且容下官告假回臨淄，與妻、子作別，再來效死。若為灌嬰所敗，臣必也效項王，陣前自刎，授首於敵。臣若眨一眼，子孫萬代皆為人奴僕可也！」

眾人聞言，皆是一凜。那駟鈞雖正盛怒，聽罷也是怔住，劉襄見此，趁勢一把奪下他劍來。駟鈞頓然氣洩，委坐於地，嚎啕大哭。

諸臣連忙收起劍，上前勸慰。魏勃亦流淚道：「我輩死不足惜。只未曾料，今日之事，竟為灌嬰所左右！若與漢軍和，則新天子將不知是誰；若與漢軍爭，則新天子必定不是大王。」

眾人一時不明其意，思忖了片刻，方恍然大悟。駟鈞聽了，越發悲傷，只不住地拍膝捶腿。

諸臣又勸了片時，駟鈞方才收淚。君臣相對，一派沮喪。劉襄頹然道：「走到這一步，實乃天定。」

祝午勉強打起精神，寬慰道：「大王係高帝長孫，新天子若不是大王，別人也不易得之。」

劉襄搖頭苦笑，道：「天命所歸，強索不得。如此，也只得罷戰。好在有劉章、劉興居在都中，總還可為我出力。」

魏勃便道：「那劉章、劉興居，論起來，也是皇孫！」

劉襄愕然，半晌才回過神來，搖頭道：「他們⋯⋯哪裡會想做天子？」

此時，駟鈞怨氣已盡出，遂起身道：「失笑了！大丈夫，平生唯此一泣。天不佑我，漢祚亦不由我，然諸君氣不可洩。此刻天將明，各位也須小睡才好。都散了吧。待朝食之後，請大王禮送周緤回去，與他約好，朝中若有變，再合軍攻之。我軍先退回齊境，留在邊界觀望。今後事成事不成，唯看天意了。」

劉襄鬆口氣道：「丞相說得是，諸君不必喪氣。平呂之役，我為首功，朝臣必將感恩，不會虧待寡人的。」

魏勃便道：「天氣已轉涼，今日若罷了兵，拖上一兩月，雪落冰封，只怕是欲戰而不能了。」

駟鈞冷笑一聲：「這恰是灌嬰之所願，我能奈何？」

眾人聽罷，又唏噓了一回，不知不覺已至天明。劉襄便囑道：「昨夜所議，萬不可洩。我既不能與老臣爭，諸事便聽天由命。若強自出頭，必招來族誅之禍，諸君萬勿以為兒戲。」

眾臣都默然無語，相互望望，便各自散去。

次日朝食過後，劉襄客客氣氣送走周緤，便命齊軍返國，留駐邊界觀望，靜候消息。

且說陳平、周勃在朝，暗中與呂氏較量，見灌嬰率大軍出長安，都竊喜，私下裡三日必有一晤。

這日夕食過，周勃又輕裝簡從，到訪陳平府邸，見面便笑，附陳平之耳道：「灌嬰已有使者來，我囑他駐馬滎陽，以觀其變。」

陳平聽了，也喜出望外，頷首道：「灌嬰那裡，不與齊王相殺就好。如此，齊王人馬可保，二呂便多些顧忌。」

周勃隨陳平進了內室，先向窗外看了看，見院中無人，便拉陳平坐下，低聲道：

「灌嬰那裡，固然無須你我操心，然呂產、呂祿各握重兵，未可小覷。你我這文武之首，形同虛設，那百官都只怕他二人。陳平兄，今有何計，能逐二呂出朝？」

陳平便笑：「太尉稍安，白登之圍尚可解，區區二呂，不足為慮矣。」說罷，便高聲喚左右，端上兩盞臨邛香茶來。

周勃略覺詫異，問道：「丞相亦喜此物？」

「宮中諸郎都喜飲之，在下亦受薰染。太尉且飲，飲茶可以安神，諸事全不用著急。」

「若不急，呂產、呂祿怕是要先下手了！」

「他二人，逢迎呂太后，宛如事母。太后喪期中，總要顧忌天下之議，諒他們還不敢即刻就殺人。」

「唉！我只是連三日也等不得了。」

「太尉急，在下亦急，然心急當不得食吃。人做事，終非鳥卵無縫，必有縫隙，有隙，便可為我所乘。」

周勃將那茶飲了一口，圓睜眼道：「我乃武人，最不喜這茶汁，如溫吞水。丞相有何奇計，快些講出來吧。」

陳平望住周勃，問道：「可知酈商與二呂交好？」

周勃猛地一喜，旋又躊躇起來：「我與酈商，倒是可以共語，然酈商與二呂，也僅是未交惡而已。欲使酈商勸二呂棄兵，難矣！」

陳平便眨眨眼，笑道：「將軍臨戰，豈可不遣斥候打探，你可知酈商之子酈寄？」「略知。此豎子，不大成器。」

「此子與呂祿素為密友，朝夕與共。酈寄若能進言，呂祿必信。呂氏之破綻，便在此處。」

周勃心頭一震，猛然站起，問道：「丞相要我做甚，是要將酈寄那小兒綁來？」

「你手下，可有死士？」

「從軍多年，豈能無死士相從。」

「好好好！即去將那曲周侯酈商綁來！」

周勃立時漲紅臉，瞠目道：「酈商？綁一個列侯來⋯⋯」

陳平也起身，略一拱手道：「列侯也是常人！太尉若綁了酈商，其子酈寄為救父，自然勸得動呂祿棄兵。」

周勃怔了一怔，不由拍掌道：「丞相之機巧，當世所無，即便鬼谷子也是難及！」當下便拉陳平坐下，又密語了一番，將大計商定周全，至日暮方告辭。

數日之後，離曲周侯邸不遠處，忽多了幾個黑衣人，閒散觀望。

正值酈商這日閒得無事，午間寂寞，便喚了幾個隨從，往巷口酒肆去，打算邀幾個父老飲閒酒。

那幾個黑衣人轉臉望見，便一起閒踱過來，與酈商等人相向而行，老遠便閃避路旁，躬身揖道：「曲周侯安好！」

酈商只當是解甲的舊部，揮揮袖應道：「都好，都好！兒郎們，毋庸多禮。」

說話之間，兩夥人錯肩而過，但見有一黑衣人忽地伸手，迅疾如電，點中了酈商後肩穴道，酈商剛一張嘴，便動彈不得了。

另一黑衣人撩開衣襟，拽出一個布袋來，趁勢一躍，竟將酈商兜頭套住！

酈府隨從料不到會有這變故，都驚呆了，正要拔劍，幾個黑衣人早已一擁而上，只三五下，便將一行隨從通通擊倒在地。

為首一個黑衣人將酈商扛起，轉身便走，一名隨從躺在地上，掙扎著呼道：「英雄且慢！我家主公，不知得罪了何人？有話可講，萬不可傷及將軍性命。」

那黑衣人便轉身，冷冷道：「你家主公，得罪了天下人！我輩並不要他命，只要他賠罪。」

那隨從又道：「酈商將軍若有閃失，不單是小的們必死，各位英雄，莫非也不惜命嗎？」

黑衣人便仰天一笑：「你等若敢報官，待廷尉來了，便只能見到將軍頭顱！」

那隨從連忙爬起來，伏地哀告道：「我家主公得罪人，想必是因往日軍務，此非私怨，萬望英雄手下留情。」

「任是公仇私仇，總要他賠罪方可。」

「請英雄告知：事應如何疏通？」

那黑衣人回首望望，哼了一聲：「算你聰明。若想轉圜，去太尉府打探就好。」說罷，一聲呼哨，便有人牽馬過來。為首黑衣人將酈商往馬背一拋，飛身上馬，打馬便走。其餘人也撩開大步跟上，轉過街角，一陣疾奔，便無影無蹤了。

這一場劫人，只在三五句話之間，便乾淨俐落收手。巷中本就清靜，動手之際，正是正午，行人寥寥，竟無一個閒人在旁側看到。

幾個隨從爬起來，朝遠處張望了一回，不知所措，只得垂頭喪氣回府，去稟報酈寄。

酈寄聞報，心中大駭，不由脫口啐道：「太后方崩，長安竟有這等事出來。我這便去報廷尉，不信拿不住這幾個小賊！」

眾隨從連忙懇求道：「小主公，萬萬不可報官，只按那黑衣賊所言，去太尉府打探便好。」

酈寄心中大起疑惑：「太尉與我家能有何仇？只怕是賊人胡亂說。」

隨從們又苦勸道：「信與不信，任小主公自便，然總要往太尉府去問一問。」

酈寄想想，也別無良策，只得換上衰服，帶了親信，騎馬往太尉府去了。

在太尉府門前，酈寄遞了名謁進去。稍後，司閽出來道：「小將軍，太尉有請。」

此時周勃正在庭院中，斜倚著案几賞菊，見酈寄進來，便揚手招呼：「賢姪，你也來坐，看看這黃花。吾老了，唯有園圃可賞。這個……令尊近來如何？這幾年風頭不對，他便不來走動了，也不知他怕的是甚？」

聞聽此言，酈寄便咕咚一聲跪下，叩頭如搗蒜。

周勃連忙坐起，板起臉道：「賢姪，有話就說，這是為的甚？」

酈寄淚流不止，泣道：「家父粗人一個，早年不過一豪強，僥倖得封列侯，但仍不知輕重。在太尉面前多有得罪，還望太尉海涵。」

周勃只做惶恐狀，連忙起身，將酈寄扶起，嗔怪道：「賢姪這是哪裡話？酈氏一門，非忠即烈，令尊更是武人中之君子，待人謙和，如何便能得罪周某？」

酈寄便將老父被歹人劫走一事，詳述一過。

周勃聽了，略顯詫異之色，問道：「何不速報廷尉？」

酈寄道：「家父身邊隨從皆言，看那幾人，不似江湖之徒，倒頗似軍伍中人。那幾人又放話：轉圜須找太尉府。小姪這才斗膽前來，有擾太尉了。」

周勃拈鬚沉吟片刻，才道：「聽你敘說，歹人手段確非尋常，至於言語涉及敝府，卻是其意不明，你還是告官為好。」

酈寄又連忙哀告：「小姪若告官，家父性命必定難保，周世伯不可不救！」

周勃起身，踱了兩步，這才轉身道：「患難同袍，我豈能不救？那些歹人，或為解甲兵卒，與你父有舊怨，不過是挾嫌報復。幸而，軍中各部，迄今還都買老夫的帳，彼輩若是軍伍舊人，且容我幾日，定可查出。只是⋯⋯此事既不欲報官，便須自始至終私了，賢姪不可節外生枝，免得有不測。你且回府吧，三日後再來。」

聞此言，酈寄心中一塊大石落地，知周勃定與此事有關係，既有此話，便可保老父無虞。然老父究竟如何得罪了太尉，卻是一件蹊蹺事，一時也想不出名堂來。只得拭乾了淚，向周勃再三叩首致謝。

周勃淡淡一笑：「賢姪無須憂心，我手下，倒還有些雞鳴狗盜之徒。不出三日，定能探聽出眉目來。」

酈寄這才愁雲頓開，喜道：「事成，我必傾家以謝太尉。」

周勃笑道：「賢姪，你這是說笑了。乃父與我情同手足，我何須你來謝？」

三日後，酈寄如約來至太尉府門前，卻為一陌生司閽阻住。那人一臉漠然，搖頭道：「太尉今日有令，無論公事私事，概不見人。」

酈寄便急得直頓足，大呼道：「這如何使得？這如何使得！」

那司閽連忙拉住酈寄，低語道：「公子莫急，請隨我至僻靜處說話。」酈寄望住那司閽，遲疑道：「請問足下貴姓？」

「公子客氣了，門下之人，還談什麼貴？敝姓李，名尹桑。公子之事，小的也略知一二，頗為之不平，願為公子盡綿薄之力。」

酈寄雖是滿腹狐疑，終還是橫了橫心，隨李尹桑入了府門。兩人一前一後，曲曲折折走入一個僻靜處，見前面有一茅舍，室內幽暗，恍似洞窟。

李尹桑將酈寄引進門，回首笑道：「公子之事，白日底下說不得，且掌了燈來說。」便用火鐮打起火，點燃油燈，請酈寄坐下。

酈寄只覺此境有如夢寐，心中便不安，勉強坐下來。那李尹桑彷彿看透酈寄心事，只淡淡道：「此屋雖陋，然可議大事。」便從袖中摸出一條縑帛來，遞給酈寄。

只見那帛上，草草寫了「呂祿就國」四個字。酈寄看過，認出是老父字跡，不由就脫口而出：「就是為此事嗎？」

李尹桑答道：「劫令尊之人，來頭不小，乃絕代俠士。莫說太尉，即是呂祿、呂產，也奈何他們不得。如今之事，只能照俠士之意，勸呂祿速離北軍，赴邯鄲去做諸侯王。俠士放話，呂祿何日離京，令尊便何日得解脫，其餘再無二話。」

酈寄頓時惶急，幾欲泣下，搓手道：「我如何勸得動呂祿離京？」

李尹桑道：「俠士既如此說，必有其因。小的雖不才，倒是為公子想了些說辭。」酈寄連忙拱手道：「在下願聞。」

李尹桑便附酈寄之耳，說了些言辭。酈寄連連點頭，茅塞頓開，聽罷便伏地叩首。

那李尹桑忙扶起酈寄，連聲道：「公子禮忒大了，小的消受不起。請公子勿疑有詐，今日便去見呂祿。早一日進言，便早一日收效。旬日內，即可接回令尊。」

酈寄又叩首謝道：「李公仗義相助，酈某感激不盡，容日後再謝。也請轉致太尉，救命之恩，小姪沒齒不忘。」

李尹桑卻詭祕一笑，將那縑帛拿過，放在燈上燒了，而後囑道：「此事，太尉一無所知，李某亦是受人之託。公子自去救父，無須言謝，今後也不要來尋李某。太尉門下，確有李尹桑其人，卻是在十年前就已病歿了。至於鄙人是誰，公子今生，怕也是探聽不出了。救父事急，遲緩不得，請公子這便回府！」

酈寄驚得目瞪口呆，想了想，也不敢造次，只得向那假冒的李尹桑深深一拜，反身出了太尉府，去尋呂祿。

酈寄與呂祿交好，每三五日便有一晤，故而早已知：自高后駕崩，呂祿就極少在家中，日夜都在北軍大營中。酈寄來至轅門前，衛卒見是熟面孔，也不通報，便放他進去。

呂祿見酈寄來，便笑道：「酈兄，如何氣色不對？今日來此，又想去何處玩耍？如今齊王作亂，害得我也玩不安心，出城圍獵是萬萬不能了。」

酈寄便道：「如今之勢，豈有心思遊獵？來此，是打算與呂兄切磋棋藝。」「你來弈棋？笑談吧？」

「絕非玩笑。太后駕崩後，世事就是棋局。目下呂兄已執了先手，開局也是好局，然只要一子落不好，就難免滿盤皆輸。」

呂祿望望酈寄，疑惑道：「你怕不是來弈棋的，要說什麼，走，去校場上說。」

兩人便來至北軍校場。此刻，場上並無士卒操演，除兩三衛卒值守外，四處空空蕩蕩。

步入場中，呂祿便道：「酈兄，你是整日裡說笑之人，今日不苟言笑，必是有驚天的大事。你說吧，弟這數十日來，如坐火爐，也是燒煉出來了，天大的事，也不焦灼。」

酈寄便一揖道：「素日與兄來往，弟只知縱情聲色，今日忽生一念，不可不說與兄聽。」

呂祿便拉了酈寄席地而坐，頷首道：「唔，且說。」

酈寄拱了拱手，徐徐說道：「高帝與太后共定天下，劉氏立了九王，呂氏立了三王，皆出自大臣之議。呂氏新封王，事前告知諸侯王，各王都以為相宜。朝中之事，看來已各自相安。今太后崩，新帝年少，兄臺不急於之國，好為天子守藩，反而仍為上將軍，留京統兵。如此悖理，大臣、諸侯怎能不疑你？」

「之國？前此，是太后不欲我赴趙國。且那幾個趙王，接二連三地薨掉，我想想便膽怯。」

「正是劉氏坐鎮不住，才要你去！趙地緊鄰塞上，天高皇帝遠，正是逍遙的好去處。劉氏王之國便薨，是他們命不強；呂兄乃天地間強者，百毒不侵，神鬼遠避，何人敢與你為難？何不歸還將軍印，速交兵權予太尉；並請梁王呂產也歸還相國印，與大臣盟誓，永不相犯，而後你二人各自之國，做個逍遙諸侯去？如此，齊王師出便無名了，必然罷兵，大臣也樂得自安，不再與呂氏齟齬。兄臺為王，高枕而擁千里之地，豈不是萬世之利嗎？」

呂祿面露迷惘，道：「酈兄今日，怎的忽然雄辯起來？這道理，我竟聽不大懂了，你再說一遍。」

酈寄忙拜了兩拜，重說了一遍。

呂祿搖頭道：「心裡亂了！也知酈兄是為我好，然我須靜一靜，理出個頭緒再說。」

送走酈寄，呂祿在軍營呆坐半晌，耳聽得士卒操演呼喝聲，忽覺心煩，嘆了一口氣，自語道：「酈寄所言，當是至理！人生在世，快活莫過於封王。放著清福不享，日日如此怵惕，所為何來？」

想到此，呂祿便狠了狠心，決意退讓，不再過這焦心的日子了。當即起身，欲往未央宮去找呂產商議。然轉念一想，若呂產及諸呂不贊同，則此事必將落空，不如遣人知會一聲就算了事。想到此，便喚了一名心腹來，將酈寄所言告之，命其入宮稟報呂產。

呂產聞報，吃了一驚，再三盤問來人，知呂祿退意已決，亦是無奈，只得召來諸呂老人商議。眾人聞聽呂祿有意之國，立時起了爭議，或以為可行，或以為不便，亂哄哄地吵成一團。

贊同者言：「投桃報李，是為常理。呂氏半有天下，今讓出高位來，大臣豈能不感恩？如與大臣盟誓，相安勿擾，則天下萬世可安。」

言不便者則甚感疑慮：「呂氏之盛，緣於太后，太后今已不在，空有威名，能嚇得住誰？世事之變，不可不防。呂產、呂祿在朝中，百官不得不服；一旦離朝，諸呂又何所依恃，豈不成了待宰的豬羊？」

呂產聽了半晌，也不得要領，便對眾人道：「設若今日我諸呂起事，易了這漢家旗幟，又何如？」

眾人驚異片刻，都一迭連聲說不可。有人憂心忡忡道：「我呂氏所提防者，內有陳平、周勃，外有灌嬰、齊王。我若舉事，灌嬰率大軍叛去，我將奈何？」

也有人諫言道：「不若稍候，免得四面樹敵。若聞灌嬰有與齊王勾連之舉，則在長安以呂代劉，也不為遲。」

因茲事重大，呂產猶豫而不能決，便令諸呂都散去，改日再議。

那邊廂，呂祿卻是鐵了心腸要走，只覺一身輕鬆，便邀酈寄來，同去打獵。

二人帶領隨從，馳出清明門，一路往驪山狂奔。呂祿揮鞭策馬，逸興遄飛，笑對酈寄道：「這一月有餘，為天下事擔驚受怕，夜不能安枕。今棄重權，坐享諸侯之福，方為人間至樂也。」

酈寄心懷異謀，便無一句真心話，只一力勸誘道：「趙地雖為邊塞，然天高地闊，最宜快意馳騁。兄若之國，弟當為賓客。三秋草黃時，與兄同赴塞下，縱馬遊獵，豈非神仙日子？」

呂祿大笑道：「正是。天賜我一個姑母，得享這萬人所羨之福，若不盡興，便是愧對上蒼了。」

酈寄心中且嘆且笑，只附和道：「正是。天道將如何，人不能逆。」

呂祿回首望望酈寄，又道：「吾有酈兄為友，也是天之所賜，呂某今生足矣！」

兩人恣意玩了大半日，獵得許多禽鳥狐兔，載了半車歸來。入城後，恰好路過臨光侯呂嬃府邸，呂祿便忽然想起，對酈寄道：「我多日未見小姑母了，今日順路，正好略作問候。酈兄且在門外稍候。」便提起幾隻獵物，進了臨光侯邸。

不想，呂嬃一見呂祿來，勃然大怒，戟指責問道：「你來做什麼，還未赴塞上逍遙？你好得意，上將軍都不想做了，竟想棄軍權而去，好一個敗家豎子！想當初，這將印還是我為你爭來。此物有何不好，有何不吉？竟棄之如敝屣！我這寒舍，你也無須再來了，再來還不知誰住在這裡。豎子無能，不知好歹，我呂氏一門，還有何處可安身？」

呂嬃之威，一如往日，呂祿雖橫霸，然自幼便怕這位姑母。今日遭呂嬃劈頭喝罵，全不敢回嘴，只囁嚅了兩句「這又何必」，便拋下獵物，反身出了門。

呂祿走後，呂嬃猶自憤恨，急喚左右來，將室內珠寶箱籠，盡都搬上堂來。呂嬃上前，掀開蓋子，將箱籠全都翻倒，霎時珠寶傾瀉一地，堂下各處，一片狼藉。

呂嬃雙手叉腰，眼望堂下，怒道：「留此物何用，還要為他人守財嗎？」

左右不禁目瞪口呆，全不知女主為何發火。有幾個婢女心中不忍，默默流淚，欲彎腰去撿拾那珠寶，呂嬃卻高聲喝止：「莫動！拿去賞了門外乞丐。呂家的飯食，不知能吃幾日，無須你們心痛！」

那侯邸門外，酈寄見呂祿滿面陰沉而出，心中一驚，忙問：「臨光侯不欲你之國？」

呂祿嘆口氣道：「婦人之見，唯重眼前，我不與之計較。」

此後數日，酈寄唯恐呂祿變卦，便攛掇呂祿離了大營，搬回府邸去住。又每日上門走動，呼朋喚友，飲宴終日，令呂祿更無意戀棧。

如此，秋光易老，人心紛亂，堪堪已近八月末梢。庚申這日午間，曹參之子曹窋在朝房值守，正與呂產商議朝中事。此前，因任敖患病，已由曹窋代行御史大夫職，執掌朝政。

兩人正說話間，忽有郎中令賈壽，出使齊國歸來，到朝房來繳還符節。呂產、曹窋見了，忙問：「齊王事如何？」

那賈壽乃一本分之臣，恪守上下尊卑，二呂當朝，他也並無二心。

日前，奉呂產之命出使齊國，勸齊王息兵。一番言說，並無收效，只得黯然而歸。想想二呂種種失策，心中自然有氣，這時便數落呂產道：「相國日前不早些之國，如今欲往梁國去，還去得了嗎？」

呂產便一怔：「此話怎講？」

「相國端坐朝堂，僅憑著文牘獲知天下事，其謬誤，就是神人亦不可免！」「你這是如何說？莫非灌嬰那邊，有了閃失？」

「豈止是閃失？灌嬰率軍進至滎陽，便按兵不動，已與齊王暗中有約，合縱抗旨。眼下無聲息，只是在坐等時機罷了。」

呂產驚呼一聲，腿一軟，險些跌坐於地，憤然道：「難怪近日傳回的軍書，都是在搪塞。這灌嬰……豈不是反了嗎？」

賈壽道：「灌嬰此舉，朝中大臣豈能不知，怎的將相國瞞到今日？大亂或在眼下，請相國速回宮，早做防衛。」

曹窋在一旁聽了，心中一驚，知大臣密謀已然洩漏，忙以虛言勸呂產道：「相國勿慮，灌嬰將軍並未明發檄文，便是尚未反，事猶可轉圜。」

呂產想了想，便道：「你二位請在此，容我回宮稍作應對。」說罷，便疾步奔出公廨，上了車，往宮中狂奔而去。

曹窋、賈壽眼望呂產背影，一時都怔住。

曹窋望望賈壽，低聲問道：「此去所見，大勢如何？」

賈壽冷笑一聲，應道：「大勢去矣！相國若不先發制人，就只有秦王子嬰一條路了。」

曹窋聞之，更加急不可耐，便推說有事，匆匆出了公廨，跨上坐騎，往右丞相府飛馳而去。

到得丞相府外，曹窋滾下馬來，一迭連聲地呼道：「速去通報，中大夫曹窋求見！」

司閽通報後，便將曹窋引入，陳平聞聲，忙迎出屋門來，見曹窋滿頭大汗，神色不寧，便笑道：「賢姪，何事張皇，竟貌似逃人一般？」

曹窋氣喘吁吁道：「小姪確是逃出來的。」

陳平又瞄了他一眼，心中有了數，便低聲道：「賢姪，請隨我入密室談，太尉也恰好在此。」

曹窋不由驚喜：「甚好甚好，真是天意也。」

待曹窋見過周勃，陳平便請他坐下，笑道：「賢姪平素穩重，今日卻衣冠顛倒，汗流浹背，莫非出了大事？」

曹窋面露憂色道：「適才，下官與呂產在朝房議事。有郎中令賈壽使齊歸來，言灌嬰已與齊王盟約，伺機西向討呂。呂產聞此言，轉身就回宮中去了。」

周勃大驚，拍案道：「密謀已洩，二呂若先動手，則吾輩命將不保矣！」

陳平道：「呂產必已猜到，你我二人也有參與，故此，才倉皇逃回宮中。」周勃道：「事不宜遲，這便發動吧。」

陳平略作沉吟，道：「諸呂所恃，唯南北軍耳。南軍守在宮內，我輩無可奈何，然北軍卻在未央北闕之外，呂祿又搬回了府邸，這便有隙可乘。」

周勃凜然道：「那麼，老夫就賭上這條老命，直入北軍，策動將士倒戈。」陳平遲疑道：「然太尉無符節在手，可入北軍乎？」

周勃道：「往日前往北軍，並無人阻攔，今日唯有捨命一試。」曹窋急道：「事有凶險，太尉不可輕動。」

周勃並未應答，起身正了正衣冠，才從容道：「求生求死，都只此一途了！」

陳平也起身，向周勃深深一揖道：「太尉保重，我這便知會張釋、劉章、劉興居，在宮中策應。」

「張釋那閹宦，可與我一心乎？」

「人同此心，無人情願做賊。在下早已與之有約。」

「那好！若死，只死我一個，總強於諸臣皆死。若聞聽我在北軍遭不測，速知會眾臣逃出城去。今日，即便二呂得手，他二人也活不到落雪之日！」

周勃與陳平作別，帶了曹窋及隨從，便疾奔北軍大營。至轅門，本想如往日一般，昂然而入，不料眾多衛卒挺起長戟，攔住了去路。

周勃厲聲喝道：「放肆！連老夫也不認得了嗎？」

只聽為首一校尉答道：「太尉請息怒。大將軍呂祿有令：無符節者，斷不可入。恕下官有所冒犯。」言畢一揮手，數十士卒便一字排開，長戟向外，堵住了轅門。

周勃只得退回，勒馬在營前空地上徘徊，不由得急出滿頭汗來。點數身邊的隨從，計有五六名，便命他們分頭去請人，將那紀通、酈寄及典客劉揭等人，一併請來。

那紀通，乃漢將紀信之姪。紀信早在滎陽被圍時，就做劉邦替身赴死了。紀通因伯父之功，得封襄平侯，在朝中掌符節事。他平素敬重周勃，事之如父，視諸呂則如寇仇。此時聞召，立時遵周勃之囑，持了符節趕來。

周勃一見紀通，便面露喜色，心知大事必成，遂囑道：「賢姪，你乃忠烈之後，應知大義。漢家運祚，今日即在你手中，請速持節，傳令衛卒：君上命太尉周勃統領北軍，命北軍速迎太尉入營，聽候調遣。」

紀通聞之，熱血上湧，知平呂大計已然發動，便欣然從命，撥馬馳至轅門前，高聲宣諭「詔令」。那些北軍衛卒聽了，又見紀通高擎符節，自是無話可說，便閃開了轅門通道。

說話間，酈寄、劉揭也都騎馬趕到。周勃便問酈寄：「呂祿今日可在家中？」酈寄答道：「在。」

周勃便吩咐道：「你與典客往他府邸去，勸他交還將印，從速之國，從此萬事皆消。」

酈寄拱手道：「世伯放心，小姪定然能說動他。」說罷，便帶了劉揭，飛馬馳至呂祿府邸。

呂祿見酈寄來，全不知大禍將至，只顧笑道：「一日不遊獵，你便心癢，今日又請了劉揭兄來？」

酈寄答道：「非也。朝中有事，弟已無心玩耍。今晨有詔命，命太尉周勃領北軍，令呂兄儘早之國，從速歸還將軍印。不然，恐將有禍至。」

呂祿聞言，驀然驚起，望望典客劉揭，疑惑道：「上命將印信交予你？」劉揭朗聲答道：「然也。」

呂祿喃喃自語道：「如何有此等詔命？莫不是宮中有變？」

酈寄便笑道：「有相國在，宮中怎能有變？無非呂兄欲之國一事，相國已經准了。」

呂祿便一振：「也好，從此不為天下事擔憂了。」便解下腰間大將軍印，交給劉揭。案頭上還有些軍中文牘，也請酈寄轉交周勃。

酈寄見呂祿面色怏怏，便安慰道：「臨行前，吾當為兄餞行。待明春，弟便往趙國去，與兄同樂。」

呂祿心神不寧，慘然一笑：「當時若無寇犯，你自可前往。嗟乎，朝中數月，恍如一夢。我此去，或將終老於塞下也未可知。」

酈寄便笑：「兄將去逍遙，卻如何要感傷？明日我來，與兄再作一日遊獵。」呂祿神色卻愈發黯淡，略一揖道：「多謝酈兄好意。你二人，便覆命去吧。」

待酈寄、劉揭馳返北軍轅門前，見門前已聚起多人，皆為功臣及其子弟。各個神情激奮，摩拳擦掌。

周勃接過大將軍印，高高擎起，喊了聲「好也」，便繫在了腰間，而後一揮手，帶領眾人馳入了轅門。

進了中軍大帳，眾人略作收拾，周勃便發下號令，令眾軍在校場集齊，有話要說。

此時北軍大營中，尚有八千餘名士卒，聞太尉奉詔掌北軍，都大感振奮，不消片時，便齊集於校場。

周勃自大帳虎步而出，率曹窋、酈寄、紀通等一干人，登上校閱臺，環視眾軍，一時沉默。

此時秋風蕭瑟，可聞黃葉簌簌作響。頭頂天穹淡遠，白雲渺渺，越發多了些蒼涼意。眾士卒眼望周勃立於臺上，戰袍飄飛，若天神下凡，便都心存敬畏。

指顧之間，周勃忽覺時光倒流，似又回了楚漢交鋒時，頓時血脈僨張，決意冒險一試。遂將左襟拽下，露出了左臂來，高聲道：「兒郎們，蒼天在上，為呂氏者右袒，為劉氏者左袒！」

眾北軍將士聞此言，心中頓時豁亮 —— 這世道，要變了！

十五年來，呂氏跋扈，劉氏衰微，民間多有怨言。北軍將士耳聞目睹，亦是人同此心。聞太尉這一聲猛喝，多年積怨頃刻湧出，都一齊左袒，呼聲震天。

周勃大喜，又道：「諸呂猖獗，狐假虎威，將那高帝骨血，逐一誅滅。去年春正月，趙幽王劉友於上元節遇害，臨終前，仍念念不忘兩字，那便是 —— 『平呂』！」

眾士卒頓時狂喜，以戈擊盾，齊聲呼號：「平呂！平呂！平呂！……」

此時，北軍雖僅八千，然亦遍布校場內外，望之如海。兵士之玄色甲冑，與漢家旗色相映，氣勢雄渾。兒郎面容，個個黧黑如鐵，其怒聲一出，便地動山搖，外人聞之喪膽。

周勃舉起臂，猛向下一劈道：「兒郎們，且執戈待命，養好精神，即日起將有大用。」

眾軍皆大呼：「願從太尉之命！」又喧騰雀躍多時，方才各自回到帳中。

步下校閱臺時，紀通悄悄拽住周勃衣袖，問道：「太尉，何不趁勢攻南軍？」周勃擺手道：「漢軍自家相攻，終是不妥，勿輕開此例。」

此時在右丞相府中，陳平聞周勃得手，頓覺憂喜參半，只怕周勃一人獨力難支，忙喚了劉章來，命他速往北軍大營，助太尉一臂之力。

劉章聞之大喜，片刻不留，翻身上馬，疾馳往北軍大營。周勃聞劉章來援，連忙召進，急急道：「來得好！那呂產如何了？」

「稟太尉，呂產聞灌嬰已與齊王盟約，便急返未央宮，在東闕與南軍諸校尉商議，擬據武庫，挾天子，舉旗作亂。」

「哦！天子竟被他所挾？」

「幸而尚未。天子仍居前殿，暫無恙。南軍諸校尉還在議論不休。」

「這真是，天不予逆賊活路！你便為我守住這轅門，兵不得出，將不得入。今日掌了這北軍，便是掌了漢天下。」

劉章領命去守營門，周勃便又急喚曹窋前來，詢問道：「未央宮衛尉，如今是哪個在任？你可熟否？」

「俞侯呂他，今為未央宮衛尉，下官與他倒還熟。呂他也是太后之姪，卻並不服呂產、呂祿，平素只恨二人跋扈。」

「好！你這便入未央宮，知會呂他，便說今上有令，不放呂產入前殿之門。你一向為帝近臣，又兼代御史大夫職，依你看，如此矯詔，他可否聽命？」

「小姪以為：以我二人交情，他定當不疑。」

「那你便去，成敗皆在於此。即是殺身成仁，亦不能退！」

「小姪明白。天雷轟頂，亦絕不瞬目。」

曹窋當下奔回未央宮，見到呂他，便假傳詔令。呂他聞言，也不疑有詐，笑對曹窋道：「莫說皇帝詔令，即是你曹大夫有令，我亦不許他呂產入殿門。」便立調郎衛上百名，將前殿之門嚴密守住。

曹窋不放心，問道：「若呂相國擁兵闖門，俞侯將奈何？」

「他若敢攻殿門，便是作亂。本官一聲令下，南軍人人皆可誅之。」曹窋大喜，朝呂他揖了兩揖，這才離去，尋了個僻靜處遠遠觀望。

此時，呂產並不知呂祿已棄北軍而去，只道是南北軍互為應援，謀變之事，何愁不成；便與幾個南軍校尉商議好，欲劫持少帝，矯詔殺盡功臣。

將大計議罷，呂產便率諸校尉離了東闕。一行人執戟提劍，來至前殿，忽見殿門緊閉，門前有郎衛群集，劍戟如林。為首者，乃未央宮衛尉呂他。

呂產便大呼道：「呂他，無事關閉殿門作甚？我有急事，要面謁陛下。」

往日呂他見了呂產，不得不客氣三分，今日則換了一副面孔，冷冷答道：「奉帝命，無論何人，均不得入殿門。」

呂產聞言，大出意外，立時質問道：「相國入殿奏事，也不許嗎？你身為未央衛尉，何人命你阻擋相國？若有詔令阻我，你拿少帝錯金符來！」

呂他正不知如何應對，殿門忽然打開，裡面走出一娉婷婦人來。

眾人一齊注目看去，原是皇太后張嫣。張嫣聞聽殿外嘈雜，聽出是呂產欲闖殿，不由就警覺，唯恐二呂與群臣爭鬥，殃及少帝，便命郎衛打開門，走出來道：「帝今日疲累，須小睡片刻，都不要再喧嚷了。」

呂他連忙告狀道：「相國呂產不從帝命，欲闖殿門。」

張嫣便望住呂產，高聲問道：「呂產，何事心急，片刻也等不得了？且退下去！」

呂產見張太后出來，氣便短了三分，連忙拱手道：「遵太后懿旨。臣不過有急事，欲面奏陛下。」

張嫣平素就看不慣二呂跋扈，此時便叱道：「高后駕崩，不過一月，漢家莫非要禮崩樂壞？不奏而行之事，你也做了許多，如何今日非要面奏？且去稍歇，我只不想聽到喧譁。」說罷，掉頭向呂他伸出手道：「殿門鑰，你都交我。」

呂他連忙解下一串門鑰，遞與張嫣。

張嫣收了門鑰，回首瞄一眼呂產，對眾郎衛道：「前後門及掖門，全都落鎖，我不發話，便不許開。」

呂他應諾了一聲，便要隨張嫣進殿門去落鎖。張嫣卻伸臂攔住，道：「你且在門外，親執戟戈，任是誰也不得入。」說罷轉身進門，兩扇松木殿門便重重闔上，門內再無聲息。

呂產左右親隨見了，大為惶急，對呂產道：「情勢有異，不如殺進去便罷！」

呂產卻搖頭道：「不可。少帝與張太后在殿內，此時動武，便是作亂。名既不正，人人皆可來誅，我貿然撞門，驚動內外，便是自陷死地。帝既小睡，且稍候再說，事尚有可為。」

如此，一行人拔劍在手，望殿門而卻步，只得按下性子來等。

曹窋在旁殿遠遠望見，知呂產並無急智，便略微放心，然仍恐情勢有變，若呂產僥倖進了殿，後事便難料。於是急忙出宮，騎馬馳入北軍大營，催促周勃領兵逼宮，以誅呂產。

周勃低頭稍沉吟，而後道：「北軍僅有八千，兩宮各處，南軍計有兩萬餘。一旦相殺，難有勝算，故此時不可聲言誅呂產。」便急喚劉章來，吩咐道：「呂產率屬官，欲入前殿劫持少帝，暫為未央宮衛尉呂他所阻。情勢危急，你這便入宮去，護衛少帝。」

劉章怔了怔，脫口道：「職下僅一人，如何能成大事？不如撥與我一彪人馬，伺機行事。」

「也好，這便撥一千兵卒與你。只須與呂產相持一日一夜，便是大勝，我這裡自有調遣。」

「謝太尉！人心向劉，這一千兵卒，便可當萬人來用。」

當下，劉章便率了一千北軍士卒，疾步奔至北掖門。衛卒見北軍絡繹而來，心便起疑，正要攔阻，見是朱虛侯領軍，便不疑，閃避開放行了。

入得宮門來，一軍疾行至前殿外，恰好望見呂產在。此時，呂產在中庭徘徊往復，不知所為。其所率南軍校尉，也在殿門前或立或坐，與守門郎衛僵持。劉章望見，便未敢造次，令千名兵卒單膝跪下待命。

那邊廂，呂產忽見有上千北軍突入，吃了一驚，立即遣人來問。劉章從容答道：「奉帝命，未央宮內外不靖，調北軍來助相國。此部千人，奉上將軍呂祿之命前來。」

呂產聞報，這才放下心來，嘟囔了一句：「此處何用呂祿操心？」便仍去痴等少帝睡醒。

至日交申時[30]，天色已暮，殘陽血紅，四面有薄霧泛起。北軍兵卒等候了多時，皆不耐煩，隊中便略起騷動。劉章見此，心知不能再拖了，便舉劍大呼道：「起來！」

千名北軍一同起身，眨眼間，豎起了一片長戟。

劉章豪氣沖天，下令道：「眾兒郎聽令，今日將有大用！」眾軍聞令，便是一激，長戟鏗鏘相碰。

劉章便劍指殿門，一股怒氣，衝口而出：「帝有命，誅呂產了——」

北軍士卒便發了一聲喊，挺起劍戟，向殿門步步挺進，一面大呼道：「呂產不要走！」

呂產在殿門前猛回首，望見殘陽殷紅，有如滴血；暮光中，千餘北

---

[30] 古代採用十二時制，表示每日時間。申時，即下午 3 時整至下午 5 時整。

軍挺戟逼近，心下不禁大駭，驚呼道：「北軍如何能反？」便喝令南軍校尉列隊，阻住亂兵。

望見劉章仗劍，正衝在前面，呂產便怒喝道：「呂祿之婿，你也要反嗎？」

劉章劍指呂產，斥道：「天下姓劉，我如何要反？欲謀反的，正是你！」說罷，又回首高呼：「諸呂無道，罪不可赦！眾兒郎聽好，得呂產頭顱者，賞千金。」

眾北軍便齊呼道：「願得賞！」遂各個疾步往前。

呂產見勢不妙，也顧不得屬官了，往殿外奪路便逃。

此時，南軍校尉尚能聽命，都提劍在手，疾呼道：「宮禁之地，豈容作亂！」遂高聲召集前殿南軍，欲與北軍格鬥。

恰在此時，忽有大風驟起，飛沙走石，對面看不見人。南軍將士正是迎風而立，腳便立不穩。

劉章見此，騰躍大呼道：「我乃朱虛侯。南軍亦屬漢家，勿為諸呂死！」眾北軍也齊聲吶喊，趁機進擊，一時刀劍相撞聲四起。

南軍校尉聞喊聲，都心慌意亂，頓失鬥志。加之呂產平素並未格外施恩，眾人也無效死之心，抵擋了片刻，便一哄而散。南軍兵卒見官佐遁逃，更無心賣命，都紛紛棄戟，伏地請降。

北軍兵卒也不去理會，只瞄住了呂產一路狂追。呂產慌不擇路，竄入前殿之外的郎中府內，見有一茅舍，便慌忙奔入。原是吏舍的茅廁，當下也顧不得骯髒了，蜷縮於角落，欲躲過一時再說。

不過片時，便有一彪北軍追至，將呂產搜出。呂產持劍不降，斥罵道：「賊子作亂，必遭天譴！」

北軍中有校尉回罵道：「謀害高帝之子，你才是個賊子。」眾軍卒便一擁而上，將呂產團團圍在核心。

呂產環顧眾軍士，仰天嘆道：「劉氏子姪，哪個是我呂產所殺？鼠輩居心，無非在篡逆，名既不順，竟以流言滅我，天道何其不仁也！」

那校尉啐道：「惡賊居廟堂，不知己惡，反自認是善人。可知民間怨憤，已恨不能食你輩之肉！昨日跋扈，便是你今日罪狀，死到臨頭了，還有何怨？」說罷上前便是一劍，將呂產砍翻在地。

眾軍卒見了，都歡呼向前，一陣亂砍，割下頭顱來，提著請功去了。

劉章見斬了呂產，精神大振，提劍來至殿門，對諸郎衛道：「請速報陛下，朱虛侯劉章奉太尉之命，率北軍入宮除逆，已誅呂產。」

呂他在人叢中聞之，魂飛天外，怕亂兵殺紅了眼，株連到自己，連忙抽身而退，逃出宮去了。

前殿之上，少帝劉弘聞報，方知殿外出了大事，忙去問張太后：「外面兵亂，劉章已誅呂產，奈何？」

張嫣略一驚，默然片刻，方應道：「孩兒，你我婦孺，能如何？既如此，須安撫好劉章，不得激怒。」

劉弘便向張嫣索要了門鑰，吩咐謁者苟貞夫，持節出了殿門去，慰勞劉章。

劉章一面遣人安撫南軍，一面謀劃奪取長樂宮。此時見謁者出來勞軍，忽生一念，便去搶奪苟貞夫手中節杖。

苟貞夫不肯放手，死死將節杖攥住，只道：「朱虛侯可殺我，然苟某不敢失節。」

劉章怒氣上來，欲揮劍斬殺苟貞夫，轉念又覺不妥，於是拉住苟貞夫衣袖，拽他上車，命道：「謁者請隨我來。」遂帶了五百北軍兵卒，往長樂宮而去。

長樂宮衛卒早知未央宮有變，雖不知出了何事，然聞聽隔壁有喊殺聲，便知是動了刀兵。日暮不久，忽見劉章率數百北軍，各個擎火把，殺氣騰騰來叩北闕，眾衛卒便大駭，一面持戟阻住宮門，一面飛報長樂宮衛尉。

那長樂宮衛尉，是呂后的另一姪兒，名喚呂更始，年前新封了贅其侯。聞說有謁者及北軍至，連忙迎出。見是苟貞夫持節與劉章同來，便不疑有他，施禮道：「足下持節來，不知君上有何詔命？」

劉章便搶先答道：「贅其侯聽好，我奉帝命，前來誅殺諸呂，一個不留！」

呂更始渾身一震，臉便慘白。劉章不由分說，掣出劍來，對他當頭就是一劍！

只聽呂更始悶哼了一聲，便緩緩倒下，頸血如噴泉般湧出。轉眼間，便有士卒圍上來，割下了他頭顱。

長樂宮衛卒見此，皆大驚，紛紛挺起長戟，準備廝殺。那苟貞夫身不由己，只在車上僵立，並無一語。劉章望了苟貞夫一眼，便高聲矯詔道：「今上有詔，誅殺諸呂，與他人無涉！」

眾南軍聞聽此言，知並無性命之憂，便都鬆了口氣。稍事商量，便一齊向劉章喊道：「願從帝命！」

至此，兩宮南軍都願臣服。劉章大喜，對南軍士卒道：「相國呂產欲謀亂，今已伏誅。南北軍之權，均歸太尉，諸兒郎只須守好宮掖，便是立了大功。」

此時，劉章身後的北軍將士，都一齊呼道：「平呂！平呂！」其聲如巨浪拍岸，一聲高過一聲。

諸南軍見呂產已死，北軍都聽命於太尉，知呂氏敗亡已成定局，便也無人願為呂氏賣命，都跟著高呼「平呂」。兩宮各處，一時喊聲如雷，成排山倒海之勢。

劉章在兩宮宣撫畢，命南軍各盡職守，勿信謠諑，便率千名北軍馳返大營，去向周勃覆命。

周勃坐於軍帳中，連連接到劉章捷報，已是大喜。至入夜後，見劉章率隊浩浩蕩蕩返歸，提了呂產、呂更始頭顱來，更是喜不自勝。周勃起身離座，伏地向劉章一拜，歡欣道：「賢姪有虎威！吾所患，唯呂產一人耳。今呂產已誅，天下即定矣！」

劉章連忙上前，扶起周勃，臉紅道：「太尉，使不得。你是祖輩，小兒當不起。」周勃起身，執劉章之手道：「天有眼，天有眼呀！」兩人便相視大笑。

當夜，周勃與陳平、劉章、曹窋、紀通、酈寄等人商議，既誅了呂產，諸呂或有耳聞，必連夜潛逃，故應圍住諸呂府邸，不教他脫逃一人。至天明，待與右丞相陳平會齊，再行處置。

曹窋忽然想起，急忙道：「俞侯呂他，從我之言，未放呂產入殿門，其功可以抵罪，請勿追究。」

周勃想想，便道：「呂氏之惡，人人切齒，已無可轉圜，寬縱俞侯，怕是不易。此事勿張揚，囑俞侯潛逃便是。」

當下，劉章、曹窋等一干文武，便分領兵卒，去圍困諸呂府邸。

次日辛酉，將至平旦，陳平便偕同廷尉馮圍、代御史大夫曹窋，前來北軍大營，與周勃會齊。

眾臣當日要務，是要將諸呂悉數逮住，如何處置，便是一樁大事。陳平率先道：「凡呂氏三代，須斬草除根，勿留後患，免得三十年後朽木復生，呂氏孑遺來掘我祖墳。」

周勃道：「正是。撥亂反正，對餘孽不存仁心，便是最大仁心。」曹窋忽想起問道：「張太后及魯王，應如何處置？」

陳平應道：「張太后到底是高帝血脈，且無大惡，究竟該如何處置，日後再議吧。魯王張偃，可廢為庶民，任其在民間生息，如何？」

諸人想了想，皆曰可。周勃笑道：「如此甚好，高帝的面子，也顧到了。」

陳平也一笑：「諸君既無異議，我便代帝擬詔了。」於是親自揮毫，草擬詔令，分派吏員偕兵卒四出，捕捉都中所有諸呂眷屬，無論男女長幼，皆解往詔獄。諸呂在封邑之地的，則遣使攜賜死令前往，會同有司，勒令其闔家自盡。

此令一出，各地的諸呂王侯被一網打盡，如燕王呂通、沛侯呂種、扶柳侯呂平、呂城侯呂忿、東平侯呂莊等，皆是全家賜死，無一孑遺。

那呂祿在府邸中，昨夜聽到些風聲，也知宮內有變。欲往宮內探聽，卻為府門的北軍士卒所阻，半步也不得出。由是徹夜未眠，繞室徘徊，卻無計可施。

晨間，尚未至朝食，曹窋便領了一隊兵卒，闖入呂祿府邸。呂祿在堂上，見是曹窋帶人來，便明白了七八分，心下一沉，勉強寒暄道：「曹窋兄，平日有所得罪，今日時勢易耳，還望兄手下留情。」

曹窋也不理會，只高聲道：「奉詔，捕逆賊呂祿全家入獄。」

呂祿眉毛便一挑，驚道：「逆賊？全家？高后屍骨未寒，爾等便來捕我，是何心腸？」

曹窋睨視呂祿，微微一笑：「朝堂上的事，心慈不得！否則被縛者，還不知是誰人。」

「曹窋！高后待你父不薄，我亦敬你三分，怎忍心做這不仁不義之事？」

「此事無關恩怨，你兄弟是開罪了全天下。否則，我怎能得此詔令，又怎能進得你府中？」

呂祿憤然道：「昨日尚同堂共事，今日便成寇仇，人心便是如此嗎？後世又豈能怨趙高歹毒！」

曹窋喝道：「謀害趙王之日，怎不聞你嗟嘆？今日才來問人心，遲了！」言畢，便一揮手。

眾兵卒見了，一擁而上，將呂祿按在地上，一根繩索捆了。又將他全家親族聚攏，全都綁縛了。

此時，忽有廷尉馮圍飛騎而至，下馬奔入大門，對曹窋道：「奉太尉之命：呂祿罪大，全家無須解至詔獄，當街斬了便是！」

呂祿聞聽，掙扎而起，怒道：「漢家還有王法嗎？我本趙王，豈能說殺便殺？」

馮圍叱道：「這話，昨日還可當作聖旨，今日便是屁話！漢家怎無王法？『非劉氏者不得封王』，難道不是王法嗎？」

呂祿頓時怔住，無言以對，少頃才又道：「高后不該誅劉氏子，然高帝亦曾誅殺過功臣，前代之事，後輩何辜？諸君亦可問閭里百姓：哪個劉氏子，是死於我呂祿之手？」

馮圍喝斥道：「呂氏興，漢家君臣，便如黃葉飄落，死無葬所。此乃世人所共睹，狡辯還有何用？能瞞住百姓，能瞞住蒼天嗎？」

曹窋在旁亦道：「呂氏得意時，可知冤魂有多少？至天道已移，尚不知收斂，豈不是自尋死嗎？」

呂祿遂大悲，仰天哀號道：「呂產無能，害我滅族呀——」

馮圍哪裡還想聽他囉唣，一聲令下，眾兵卒便將呂祿及家眷拖出大門，拔出劍來，恣意砍殺。不多時，呂祿闔府數十口，便都人頭落地。

此時呂祿府邸門口，觀者如堵。每落一頭，便有歡聲四起，熱鬧猶如圍觀賽龍舟。

另一邊，那呂嬃府邸中，則由劉章親率軍卒上門，將家小捉拿淨盡。呂嬃不服，雖被捆綁，仍是一路狂罵：「劉章小兒，你父是野種，果然你也不正。以呂氏之婿，竟敢犯上作亂，任是誰坐天下，也容不得你這等禽獸！」

劉章氣盛，焉能忍受如此詈罵，然呂嬃屢屢提及呂祿，便也不好回嘴，只得忍了，一路面色鐵青。至詔獄，廷尉馮圍收了人犯，便命獄卒為諸人戴上枷鎖，分室關押。

獄卒來戴枷時，呂嬃劈面就是一掌，回首怒罵不止：「廷尉，你是哪家的廷尉？我堂堂臨光侯，是漢家皇親，今日坐漢家何罪？犯漢家何法？敢打我入牢獄？！」

馮圍叱道：「有詔令，呂氏盡捕，不留一個。你若是識相，只管閉嘴。」

「劉弘為我親姪孫，他怎能有如此亂命？爾輩亂臣賊子，矯詔欺瞞天下，總不得好死。」

「臨光侯，你從未入過詔獄，可知這詔獄是何處？」

「是惡狗成群之處！你主子，無非陳平、周勃者流，食漢家祿，卻存反釁之心，還能是什麼好物？」

馮圍旋被激怒，喝道：「詔令雖未教你死，然詔獄可教你死！」呂嬃也氣極，戟指馮圍道：「你敢！」

馮圍便回首喚道：「獄令！此婦鬧獄，你且稍作教訓，笞一百杖即可。」說罷，掉頭便走。

呂嬃不禁狂怒，大罵道：「惡狗，下世亦是變狗！」

獄令大喝一聲，即有獄卒上前，將呂嬃按倒，以竹杖一陣亂笞。呂嬃一老婦也，哪裡禁得住這般打？起初尚能哀號，後來漸無聲息。獄卒有恃無恐，也不知打了幾百下，再看人，早已一命嗚呼了。

將近午時，宮中又有詔令傳出：將所有已捕諸呂眷屬，無分老幼，盡都解至西市，斬首棄市。

至正午，數百諸呂男女，皆是五花大綁，背插斬標，解至西市街面跪下。內中有那嗷嗷待哺小兒，也都棄置於地，任由哭號。長安百姓聞訊，蜂擁而來，將刑場圍得水洩不通。

在場監斬官，正是廷尉馮圍。待三通鼓擂過，馮圍一聲號令，一隊刀斧手便應聲而出，人人赤膊，頭繫紅巾，手提鬼頭刀，在刑場當中站定。

馮圍望望日影，靜默片刻，便一揮袖道：「呂氏重犯，全數在此。兒郎們，開刀問斬！」

眾犯跪在地上，聞令便是一片哭聲。觀者也知好戲將要開場，都爭相向前。

霎時，刀斧手齊聲低喝，震人心魄。當下便有差役出來，將人犯十個一排提出，刀斧手輪番上前，但見刀起頭落，血光四濺。

圍觀人眾頓時一片譁笑，喝采聲陣陣，隨刀光陣陣騰起，如浪拍岸。

至此，單父呂公一門，幾近全數滅門。僅俞侯呂他一家，因曹窋報信，得以趁夜逃匿，陳平、周勃亦有意放過，不予追究。這一支呂氏，便藏匿民間，後改姓為「喻」，竟也繁衍了下去。

這一日過去，不知有多少人頭滾落，市井小民看得盡興，流連忘歸。至日暮，陳平、周勃復召大臣商議。陳平道：「今日滅了諸呂三族，殺氣未免過重，須適可而止。

諸呂猖獗十五年，附庸者眾，若究治太急，或激起變亂，那便不好了，我意須略施寬懷，以安人心。」

周勃未料有此議，亢聲道：「我正嫌殺得少呢，如何便要寬大了？」

陳平笑笑，對周勃一拜：「太尉除孽之心，人皆有之，然朝政即是調理人心，不可操切。呂氏一黨中有一人，若得寬恕，則所有附呂之官吏，聞之必安心，不至於生亂。」

周勃笑道：「何人能有此神通？」陳平緩緩道：「便是審食其。」

周勃不禁一怔：「審食其？此賊亦可不誅乎？」

陳平道：「陸賈老夫子，於平呂之事居功甚偉。今日大臣能同心，咸與平呂，全憑他當初奔走說服。然陸賈素與審食其友善，早就為審氏說情在先，我迫於當時情勢，便應允了。今日諸呂已平，則不可背棄前諾。」

「竟有此事！」周勃大出意料，想想便嘆道，「那麼，這個面子，也只得賣與老夫子了。」

這日大臣之中，多半也受了平原君朱建遊說，都紛紛附和陳平，以為審食其曾追祭趙王如意，尚存仁心，可不誅。原來，當年朱建曾受審食其贈金葬母，有心報答，昨夜聞諸呂被逮，知審食其將有大難，晨起便四處遊說公卿，為審食其解脫。

眾人保下審食其，諸呂餘黨自是亦概不追究。議定，陳平遂知會張釋草擬詔書。

次日，便有後少帝詔下，命審食其復任左丞相，稱：審食其曾於高后未崩之時，順天應人，為趙王如意修墓祭掃，存大仁之心，堪為天下楷模，故復其原職，以示嘉勉。

此詔一下，原阿附於諸呂的大小官吏，都鬆了口氣。朝野上下，人心漸安。此舉可謂深謀遠慮，那呂氏黨羽得了寬恕，都心存感激，自此再無異念，心甘情願歸附了老臣。

此後，又過了六日，朝中接連下詔，將那後少帝之子、濟川王劉太徙為梁王。此前被呂后幽禁而死的劉友，有一子名曰劉遂，今尚在，遂立為趙王。如此，呂產、呂祿死後空出的王位，便有人接替了。

同日，陳平、周勃又遣劉章出使齊國，通告諸呂伏誅事，請齊王劉襄罷兵；並詔令灌嬰亦罷兵，自滎陽還都。

行前，陳平喚劉章至近前，殷切道：「平呂大義，乃兄劉襄功不可沒，然諸呂既伏誅，則諸侯便不宜擁兵，你此番去，務必勸乃兄罷兵，不得藉口拖延。」

劉章當即慨然應諾：「此番去，定不辱使命，勿使天下生亂。」

陳平又密囑道：「至於廢少帝、立新帝之事，今日看來，須經大臣共推。請囑乃兄，萬不可造次，勿留千古之憾。」

劉章領命，便道：「下官謹記，以天下為重。丞相可放心。」

半月之後，劉章馳驅千里入齊境，見了長兄劉襄，便將都中誅呂之事詳述一過。

劉襄聽罷，也覺驚心，呆了半晌，方道：「諸臣既有此意，我罷兵就是。看來擁立新帝事，非你我兄弟所能左右。」

劉章道：「正是。老臣在朝中，深根固蒂，非同尋常。呂氏專擅十五年，竟一朝覆亡，況乎他人？故萬不可莽撞。」

劉襄頷首道：「天不助我，只得隱忍，你且回去覆命吧。」

當日，駟鈞在營寨中見到劉章，便覺驚奇：「朝廷如何不召齊王入都，卻遣了你來？」

劉章答道：「是為宣諭齊王罷兵。」

「是何人遣你來？」

「甥兒奉詔命，然實是陳平、周勃之意。」

駟鈞仰首想了想，猛然一甩袖，頓足道：「我輩今日是輸了！那陳平、周勃之流，到底是狠辣之輩，豈肯將天下讓與我？夫復何言，唉，夫復何言呀！」說罷，揚了揚手，扭頭便走了。

此時，灌嬰也於同日，得了朝中罷兵詔令，探得齊王已準備罷兵，便傳令三軍，收拾齊備，拔營還都。

北軍離長安時，是為撲滅齊王而發，然返回之時，卻似平呂大軍得勝還朝。入都門那日，引得闔城百姓都來觀看，熱鬧異常。

眼看內外事定，陳平、周勃便召夏侯嬰、灌嬰、張蒼、張釋等人，商議大事。此時劉澤蟄居於長安郊野，聞諸呂伏誅，才敢現身。陳平便也喚了他來。

原本也曾邀酈商前來，然酈商為周勃設計所綁，扣為人質，至呂祿伏誅日，方才放歸，於此事羞憤難當，拒絕入朝，此後又大病一場，不久竟薨了。自此，酈寄便襲了曲周侯，然並不得意，皆因天下人都說他賣友求榮，令他百口莫辯。此為後話了。

且說這日，諸臣在右丞相府聚齊，便拉低帷幕，屏退左右。幾位重臣欲密議之事，是一樁驚天的大事 —— 謀立新帝。

陳平先開口，一語便道出諸臣心中所慮：「少帝及淮陽王、常山王、新立梁王這四人，名為孝惠子，實則，有哪個是真的？都是呂后使計，以他人之子調換，殺其母，養於後宮，令孝惠認作親子。其用心，無非是藉此壯大呂氏。今已誅滅呂氏，若置這幾人不顧，將來年長，追懷呂氏，則我輩便要無活路了。不如盡行廢黜，在諸王之中，覓一賢者，另立新帝。」

此言一出，眾人知事大，都沉吟不語。稍後，張釋才試探道：「另覓賢者，便是要迴避呂氏遺脈。齊悼惠王劉肥，乃高帝庶長子，與呂氏無緣。其嫡子劉襄襲為齊王，又首舉討逆之旗，天下皆讚之。追本溯源，劉襄為高帝長孫，名正言順，可立為帝。」

話音剛落，張蒼便大有異議，劉澤也不住搖頭。

張蒼道：「呂氏亂政，是因皇帝外家惡，故而幾欲危宗廟、滅功臣。今齊王母舅駟鈞，亦是個大惡人。若立齊王，則又來一個呂氏，天下將何以堪？」

劉澤便苦笑道：「那駟鈞之惡，我是領教過的。」

張蒼又道：「幸而齊王為灌嬰所阻，未能一路打到長安來。否則，重現呂氏之禍，恐也難免。」

周勃聞言讚道：「說得好！遣劉章去勸齊王罷兵，正是陳丞相所出的萬全之計。」

夏侯嬰此時便提議道：「淮南王劉長，為高帝幼子，年少可教，其母為趙姬，與呂氏並無血緣，不如將他立為帝。」

眾人又一齊搖頭，紛紛道：「淮南王母家，終究還是呂后，此議不妥！」

陳平見此，便道：「數日來，我食不甘味，於此事翻來覆去想了個遍。目下有一人，想來諸君定無異議，那便是代王劉恆。高帝之子，今尚存二人，代王劉恆年為長，仁孝寬厚，天下聞名。代王太后薄氏，又是恭謹溫良，頗有美名。若立劉恆，便是立長，名正言順。母賢子孝，立為帝，也好向天下萬民交代。」

諸人紛紛頷首，又都一齊注目劉澤。劉澤低頭想想，復抬頭，拊掌笑道：「此子甚好！實乃漢家之福。」

周勃拍掌道：「如此便好！今日即可遣密使赴代，迎劉恆入都。」

於是，大事就此議定。陳平喚從人進來，拉開重重帷幕，陽光頓時透入，滿室明亮，眾人心中便是一鬆。

陳平瞇起眼，凝望窗外片刻，方嘆道：「社稷安危，天下歸屬，盡皆於密室中議決。待何時無須如此，方才是聖人之世吧？」

眾人也都生出些感慨，周勃更自嘲道：「早年在故里織蓆，一便是一，二便是二。入了這仕宦場，卻是一不能直，二不能白。」

陳平笑笑，忙叮囑眾人：「說是說，此事卻是萬不可洩。若事洩，內外皆有怨望者，必起而作亂，我輩老臣便難堪了。」

周勃道：「這個自然。在座僅數人，各個都閉好嘴就是。」

陳平注視周勃良久，對眾人道：「高帝識人，天下無人可及。以今日觀之，安劉氏者，豈不正是絳侯？往日蕭曹在，我輩飽食終日，不知其苦心。今日方知：天下只這一個『安』字，竟是如此之難！」

漢家天下——呂氏興衰：

權傾天下，呂后專政！宗室能否奪回帝位？

作　　者：清秋子
發 行 人：黃振庭
出 版 者：複刻文化事業有限公司
發 行 者：崧燁文化事業有限公司
E-mail：sonbookservice@gmail.com
粉 絲 頁：https://www.facebook.com/sonbookss/
網　　址：https://sonbook.net/
地　　址：台北市中正區重慶南路一段 61 號 8 樓
8F., No.61, Sec. 1, Chongqing S. Rd., Zhongzheng Dist., Taipei City 100, Taiwan
電　　話：(02)2370-3310
傳　　真：(02)2388-1990
印　　刷：京峯數位服務有限公司
律師顧問：廣華律師事務所 張珮琦律師

定　　價：450 元
發行日期：2025 年 01 月第一版
◎本書以 POD 印製
Design Assets from Freepik.com

國家圖書館出版品預行編目資料

漢家天下——呂氏興衰：權傾天下，呂后專政！宗室能否奪回帝位？/ 清秋子 著 . -- 第一版 . -- 臺北市：複刻文化事業有限公司, 2025.01
面；　公分
POD 版
ISBN 978-626-7620-80-9(平裝)
1.CST: 中國史 2.CST: 通俗史話
610.9　　113020621

電子書購買

爽讀 APP

臉書